大展好書　好書大展
品嘗好書　冠群可期

大展好書　好書大展
品嘗好書　冠群可期

武術特輯
110

陳氏太極拳術

陳正雷　著

大展出版社有限公司

1995 年作者當選為中國當代「十大武術名師」獎牌與證書

太極拳創始人陳王廷遺像
（1600－1680）

叔祖陳公發科遺像

（1887－1957）

伯父陳公照丕遺像
（1893－1972）

堂叔公陳公照奎遺像
（1928−1981）

作者近照

作者全家照

前排右：陳正雷（作者）　　前排左：路麗麗（夫人）
後排右：陳　斌（長男）　　後排中：陳　娟（長女）
後排左：陳　媛（次女）

作者於 1990 年 11 月在瑞士講學

作者於 1996 年 8 月在美國講學表演

作者於 1995 年 8 月在日本講學

作者於 1993 年 10 月在香港教拳

作者簡介

陳正雷　男，1949 年 5 月生，河南溫縣人。他是河南溫縣陳家溝，陳氏十九世，太極拳第十一代傳人，現任中國陳家溝太極拳推廣中心總教練，國家武術高級教練，河南省武術館副館長，中國武術協會委員，中國當代「十大武術名師」。他自幼師從太極拳宗師陳照丕、陳照奎學藝，歷時三十餘載，千錘百煉，絕技在身，有「太極金剛」之稱。

1974 年至 1988 年連續十多次在全國及國際武術比賽中獲金獎、冠軍，1989 年至 1996 年在省及全國武術太極拳比賽中，出任領隊教練獲 3 次團體總分第一，學生兩次獲全能冠軍，單項金牌 35 枚。

1972 年開始傳拳授藝，學生遍及全國 20 多個省市。

1981 年接待來訪的日本三浦英夫一行 30 人，此後每年都多次接待來訪與學習的外賓團體，至今已逾百批。

1983 年開始應邀數十次出訪日、美、法、德、義等二十餘個國家和地區講學，並被五十餘家武術團體聘為太極拳顧問、主席和名譽會長。

臺灣武術界贈旗譽其拳藝「登峰造極」，馬來西亞太極

拳界贈銀牌稱他為「太極泰斗」，在國內外武術界享有盛譽。

　　他的武術理論造詣頗深，主要著作有《十大功法論》、《陳氏太極拳械匯宗》三冊（高等教育出版社）、《陳式太極拳養生功》（大展出版社）、《太極神功》大型畫冊（人民體育出版社）等，洋洋數十萬言，圖文並茂，實為太極拳學研究的珍貴資料。部分著作被譯成日文和英文在國外發行。1988年高等教育出版社錄製《世傳陳氏太極拳術》教學片，1996年人民體育出版社錄製陳氏太極拳、劍、推手、養生功等系列教學片，均被譯成日、英、韓等外文發行世界各地。1986年他被選為焦作市六屆政協常委，1988年被推選為河南省七屆人大代表。他曾被列入《中國當代教育名人辭典》、《中國人物年鑒》、《中國武術人名辭典》、《當代改革英才》、《當代技術人才薈萃》、《世界名人錄》等權威辭書。

前　言

　　中華武術，源遠流長，品種繁多，色彩紛呈。太極拳乃武術百花園中的一支奇葩，構思特異，獨樹一幟。它以技擊和健身兩方面的作用，深受人們的喜愛，故逐漸得以推廣普及。

　　陳氏太極拳是各派太極拳的始源。幾百年來世代沿襲，歷久不衰，不斷發展，在各式太極拳中獨留其剛柔相濟，快慢相間，竄蹦跳躍，鬆活彈抖特色，深受拳界青睞，享譽中外。

　　余自幼隨伯父照丕公學習陳長興系統的老架一、二路和刀、槍、劍、棍等器械，以及推手和拳術理論。1972年伯父去世後，又隨堂叔父照奎公學新架（叔祖發科公晚年所訂）一、二路和推手、擒拿等技巧，並對余拳理有所深化。余有幸跟隨二位先輩學藝20餘載，基本掌握各種套路、器械練法。後又與同門師兄弟共同切磋交流、探討研究，才稍悟奧妙。

　　1982年，國家提出搶救中華武術，做好挖掘整理工作。在此之前，陳家溝的陳鑫、陳子明、陳照丕等先輩都相繼著書立說，但均為拳術方面的論述，理論精奧，初學者不易看懂。陳氏太極拳論、拳術套路、器械套路都亟需要系統地、較為通俗地整理成書，余早有此願，惟感力不從心，故遲遲不敢動筆。後在省、縣體委領導的大力支持

下，在各界朋友的熱誠幫助下，終於於 1992 年完成了《陳氏太極拳械匯宗》一、二、三冊的書稿（但沒有陳氏太極拳新架）。此書由高等教育出版社出版。

近年來，許多太極拳愛好者多次提議，希望將陳氏太極拳新架整理成書。為此，余從去年 5 月份開始，根據堂叔父照奎公的親傳和筆錄著手編寫新架書稿。

為讓讀者儘快瞭解和掌握新架的特點及練法，在編寫過程中結合理論指導，對動作要求作了比較細緻的敘述，並插入必要的過渡動作圖片。但對拳勢呼吸法、肉勁運行法、技擊作用諸方面不像老架一路那樣敘述得詳細。因為習練者練太極拳有一定基礎後，已對太極拳有了比較明確的認識，太極拳要求的是整體性、根本性，並不刻意追求一招一勢，所以，應該努力提高自己的整體功力，這才是登堂入室的正確途徑。

本書除新架一、二路外，原出版的老架一、二路，經過重新整理、修改、充實的理論概述部分，推手及增加的一些技擊實用法，對散手技擊實用法的簡單介紹和舉例等，一併收編入內。至於陳氏太極器械，將於以後整理出版。

在整理和編寫過程中，得到河南省體委、山西科學技術出版社的大力支持，得到路麗麗、崔廣博、張學成、陳娟、陳斌等同志的熱心幫助。值此書出版之際，一併深表謝意。由於水準所限，不妥之處，敬請同好指正。

陳正雷　於鄭州

目　錄

第一編
太極拳概述

太極拳的源流、發展及演變

　　要知太極拳之由來，必先知太極之涵義。太極即太虛。「太」者，有極其至大的意思。「虛」者，空虛無物之意。太虛為空空之境，真氣所充，神明之宮府。真氣之精微無運不至，故主生化之本始，運氣之真元。太極乘氣動而生陽，靜而生陰。這就是太極生陰陽之理。

　　「陰陽」是古代哲學理論的代名詞，用來說明一切事物內部不同屬性的相互對立統一與轉化。陰陽觀念中具有對立統一，相互依存，相互協調，相互轉化的特點，太極拳就是在符合陰陽對立統一的基礎上，創造出的一套剛柔相濟，內外相合，上下相通，快慢相間，形意結合，順逆纏絲等陰陽相合的動作套路，陰陽相合而為太極，所以將這套拳稱之為太極拳。

　　如按太極拳姿勢要求去練習，持之以恆，日久就可以練到五陰五陽的功夫，進入「妙手一運一太極，太極一運化烏有」的境界。達到這種程度時，太極理氣活躍，氣機相通，真氣充盛，陰陽平衡，周身上下內外形氣一體，如太極之象，混然一圓。

　　太極拳發源於河南省溫縣陳家溝。

　　陳家溝位於溫縣城東的青風嶺上，600 年前叫常楊村。據溫縣縣志記載：「明洪武初年，因元鐵木耳守懷慶（懷慶府管轄八縣，溫縣在內），明兵久攻不下，急於統一天下。太祖遷怒於民，大加屠戮，時溫民死者甚多……」相

傳有三洗懷慶之言。人煙幾絕，乃遷民填補，屯田墾荒。十有八九由山西洪洞遷來，當地至今尚有「問我祖先何處來，山西洪洞大槐樹」的說法。

陳氏始祖陳卜，原籍山西澤州郡（今晉城），後來由澤州搬居山西洪洞縣。明洪武7年（1374年），遷居河南懷慶府（今沁陽）。因始祖陳卜為人忠厚，精通拳械，深為近鄰鄉民所敬重。故將其居住的地方叫陳卜莊（解放後，陳卜莊併歸溫縣，至今仍叫陳卜莊）。先祖後因陳卜莊地勢低窪，常受澇災，又遷居溫縣城東十里的常楊村。村中有一條南北走向的深溝，隨著陳氏人丁繁衍，常楊村易名陳家溝。

始祖陳卜居溫縣後，為奠定家業基礎，偏重於墾種興建。先是六世同居，七世分家，興家立業，人繁家盛。為保衛桑梓，地方得安，在村中設武學社，教授子孫。1711年，陳氏十世祖陳庚為陳卜立碑，方簡單記述了陳卜史實。關於拳藝、人物、事跡的文字記載，僅從陳氏九世祖陳王廷記起。

據溫縣縣志和陳氏家譜記載：「陳王廷在明末拳術已著名。於拳術更加研究，又多所心得，代代相傳，成為獨特之秘。」

陳王廷（1600—1680），又名奏庭，明末清初人，文武兼優，精於拳械，功夫深厚，在河南、山東一帶很有聲望。他曾在山東掃蕩群匪，賊聞名不敢逼近。因當時社會動蕩，久不得志，他在年老隱居期間，依據祖傳之拳術，博採眾家之精華，結合太極陰陽之理，參考中醫經絡學說及導引、吐納之術，創造了一套具有陰陽相合，剛柔相濟的太極拳。陳王廷傳授下來的有一至五路太極拳、炮捶一

路、長拳 108 勢、雙人推手和刀、槍、劍、棍、鐧、雙人粘槍等器械。其中雙人推手和雙人粘槍，更具前所未有的獨特風格。

陳王廷的著作因年代久遠，多遭散失，現尚存《拳經總歌》和《長短句》詞一首。《長短句》曰：

「嘆當年，披堅執銳，掃蕩群氛，幾次顛險！蒙恩賜，枉徒然，到而今，年老殘喘。只落得《黃庭》一卷隨身伴，悶來時造拳，忙來時耕田，趁餘閑，教下些弟子兒孫，成龍成虎任方便。欠官糧早完，要私債即還，驕諂勿用，忍讓為先。人人道我憨，人人道我顛。常洗耳，不彈冠。笑殺那萬戶諸侯，兢兢業業，不如俺心中常舒泰，名利總不貪。參透機關，識彼邯鄲，陶情於魚水，盤桓乎山川，興也無干，廢也無干。若得個世境安康、恬淡如常，不忮不求，哪管他世態炎涼，成也無關，敗也無關。不是神仙誰是神仙？」

自陳王廷之後，陳家溝練習太極拳之風甚盛，老幼婦孺皆練習，當地流傳的諺語說：「喝喝陳溝水，都會翹翹腿。」「會不會，金剛大搗碓。」這在一定程度上反映了當時的情形。這種風氣世代沿襲，經久不衰，使得歷代名手輩出。

十四世陳長興（1771—1853），字雲亭，著有《太極拳十大要論》、《太極拳用武要言》、《太極拳戰鬥篇》。他在祖傳老架套路的基礎上將太極拳套路由博歸約、精煉歸納，創造性地發展成為現在的陳氏太極拳一路、二路（又名炮捶）。後人稱其為太極拳老架（大架）。長興公以保鏢為業，走鏢山東，在武術界享有盛名。他在戲臺前看戲，站立在千百人中（當時農村演戲，

身強力壯者擠在臺前，無座位），無論眾人如何推、揎、擁、擠，腳步絲毫不動，凡近其身者，如水觸石，不抗自頹，時人稱為「牌位大王」。

子耕耘拳藝精奧，繼續保鏢山東，歷時 10 餘年，所遇匪盜斂跡，魯人立碑敘其事以為紀念。耕耘子延年、延熙均為太極名師。長興公教有名弟子楊露禪。

十四世陳有本在原有套路的基礎上，又有些改動，逐漸捨棄了某些難度和發勁動作，架式與老架一樣寬大，稱為新架（現在稱小架）。

十五世陳清萍，贅婿於趙堡鎮（陳家溝東北 2.5 公里）在那裡傳拳。他在原套路上再進行修改，形成了小巧緊湊，逐步加圈，由簡到繁，逐步提高拳藝技巧的練習套路，傳和兆元（趙堡架），李景延（忽雷架）。

十六世陳鑫（1849—1929），字品三，他感到陳氏拳術歷代均以口傳為主，文字著作很少，為闡發祖傳太極拳學說，遂發憤著書立說，用 12 年的時間寫成《陳氏太極拳圖畫講義》四卷，闡發陳氏世代積累的練拳經驗。以易理說拳理，引證經絡學說；以纏絲勁為核心，以內勁為統馭，是陳氏太極拳理論寶庫中最重要的一篇。他還著有《陳氏家乘》、《三三六拳譜》等著作。

十七世陳發科（1887—1957），字福生，是近代陳氏太極拳的代表人物，對發展和傳播太極拳有傑出的貢獻。自 1929 年至 1957 年一直在北京教授拳術。以其剛柔相濟，採、挒、肘、靠、拿、跌、擲、打，兼施並用，技擊技術極好，與人交手時以得人為準，以不見形為妙的高超擊法將人跌出，因其為人忠厚，武德高尚，受到各界人士的歡迎。教授徒弟很多，有沈家楨、顧留馨、洪均生、田

秀臣、雷慕尼、馮志強、李經梧、蕭慶林等。

其子照旭、照奎，女豫霞，拳藝亦很好。陳照奎曾在北京、上海、鄭州、焦作等地教拳（主要傳授其父晚年所定83勢拳架，現稱新架），徒眾很多，為普及陳氏太極拳做出了很大貢獻。

十八世陳照丕（1893—1972），字績甫。1928年秋，北平同仁堂東家樂佑申和樂篤同兄弟二人，慕陳氏太極拳之名，托河南沁陽杜盛興到陳家溝聘請拳師，族人公推陳照丕前往。到北京（時為北平）後，有同鄉李敬莊（慶臨）為其在「北平晚報」（1928年10月）登載宣傳，「我國提倡武術，其目的在於強種衛國，自衛禦敵，收復失地。」

陳照丕理論造詣極深，積數十年之經驗，著有《陳氏太極拳匯宗》、《太極拳入門》、《陳氏太極拳圖解》、《陳氏太極拳理論十三篇》等書。他所授弟子的代表有陳小旺、陳正雷、王西安、朱天才等。

他品德高尚，誨人不倦，對推廣陳氏太極拳做出了巨大貢獻，深受國內外各界人士的崇拜，為陳氏太極拳承前啟後，繼往開來的一代宗師。

現陳家溝所練的拳術套路有：老架一、二路（炮捶），新架一、二路（炮捶），小架一、二路，五種推手法。器械有：太極單刀，雙刀，單劍，雙劍，雙鐧，梨花槍夾白猿棍，春秋大刀，三杆，八杆，十三杆等。這些套路，從風格上，技擊應用上，仍基本上保持原有的傳統風格。

陳氏太極拳經過近百年發展，演變出有代表性的楊、吳、武、孫四大流派。

楊式太極拳：

楊福魁（1799—1871），字露禪，河北永年人。陳家溝陳德瑚在永年開中藥鋪，楊在藥鋪學徒，後陳德瑚帶楊回陳家溝家中做些雜活。陳氏十四世祖陳長興在陳德瑚家設武學，教後人習拳舞械。陳長興見楊聰明伶俐，作事殷勤，為人忠誠老實，又喜愛拳術，與陳德瑚商量後，乃收為徒弟，傳授太極拳。

楊練拳極下功夫，夜裡練拳疲困時，僅在長板凳上打盹。這種長凳很窄，很快就跌下來，醒後繼續再練，如是者七年之久，拳乃練成。經老師與東家同意後，裝捲歸里，離開陳家溝（後又兩次拜訪陳家）。

楊露禪回家後，經親友推荐到北京教拳，打敗許多名手，名聲大震，後到清宮王府教拳，因習拳的都是些貴族子弟，為了適應他們嬌嫩體質的需要，便將陳氏太極拳套路中的纏絲勁及竄蹦跳躍發勁等難度較大的動作做了些改動，使其姿勢較為簡化，動作柔和，不縱不跳，後經其三子健侯修改成中架子。後再經其孫澄甫的修改而成為目前流行較廣的楊式太極拳。其特點是：拳架舒展、動作和順、姿勢柔軟。要求綿裡藏針。

楊澄甫（1883—1936）著有《太極拳使用法》、《太極拳體用全書》，曾在北京、上海、廣州等地傳拳，是著名的楊式太極拳一代宗師。

吳式太極拳：

楊露禪在清宮王府教拳時，滿族人全佑從學於楊，後又學於楊班侯（1837—1892）。全佑傳其子鑒泉，後來鑒泉從漢姓為吳，吳鑒泉（1870—1942）的拳架以柔化著稱，推手守靜而不妄動，形成了架式大小適中，柔和緊湊

的特點。吳鑒泉曾在上海開辦拳社，培養學生，成為現代流行的以柔化見長的吳式太極拳。

武式太極拳：

武禹襄（1812—1880），河北永年人，初學同鄉楊露禪大架動作，後慕名至陳家溝，求長興公教拳，因長興公年歲已高（80餘歲），不再傳拳，其子耕耘走鏢山東，不在身邊，但見他求學心切，便將武介紹給陳氏同族十五世陳清萍，陳清萍的拳架小而緊湊，加圈纏絲，是陳氏小架拳派的支流。武禹襄學拳很下功夫，潛心專練。在楊式大架和陳氏小架的基礎上演變成為現在的武式太極拳。

後傳其甥李亦畬（1832—1892），李再傳郝為真（1849—1920），郝傳其子月如、少如。月如以教拳為業，武式太極拳始在外傳。其特點：動作輕靈、步法敏捷、緊湊纏綿。

孫式太極拳：

孫祿堂（1860—1930），河北完縣人，先學形意拳，精通易理，兼習八卦。著有《形意拳學》、《拳意述真》等書。在北京有「活猴」孫祿堂美名佳稱。後又從郝為真學太極拳，將形意、八卦、太極拳融為一體，形成現在的開合鼓蕩，架高步活，獨具風格的孫式太極拳。

其他太極拳：

國家體委以楊式太極拳為主，並輔以其他流派的太極拳整理創編成簡化太極拳二十四勢、四十八勢、八十八勢。

為了適應國內、國際比賽，原國家體委、中國武術院創編了陳、楊、吳、孫、武五式太極拳競賽套路。

為貫徹落實國家體委倡導的「全民健身計畫」，陳家

溝陳氏十九世、太極拳十一代傳人陳小旺、陳正雷先後分別創編了陳氏三十八勢太極拳和陳氏太極拳精要十八勢。

綜上所述，現在社會上流行的各式太極拳雖然在風格和特點上有所不同，在套路形式大小、繁簡上也有差異，但是就其套路結構和拳勢名稱以及鍛鍊要領看，都明顯地是從陳氏太極拳演變而成的。

太極拳流傳至今已有 300 餘年歷史，真正進入鼎盛發展時期，則是在本世紀 80 年代以來。

為了進一步弘揚太極文化，加強國際間太極拳的交流與發展，太極拳發源地溫縣從 1992 年開始，已成功地舉辦了 4 屆國際太極拳年會，有 30 多個國家和地區參加，吸收年會成員組織 120 多個。目前，國內外陳氏太極拳團體組織已達 150 多個。

陳氏太極拳主要傳遞系統表

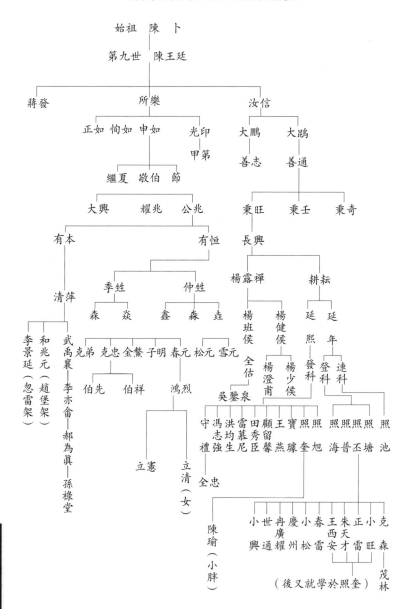

☆注：照丕、照奎全國學生很多，此表只限陳家溝。

陳氏太極拳門規戒律

(一)門尊十二嚴

端（舉止端正莊重）　　　敬　恭敬尊重

公　公正　　　　　　　　正　正直正派

仁　仁慈、善良　　　　　義　正義

浩　浩然之氣、胸懷寬廣　勇　見義勇為

忠　忠誠老實　　　　　　信　守信、信義

誠　誠心誠意　　　　　　德　品德、道德

(二)規守二十備

1. 不倚權欺人。
2. 不畏強凌弱。
3. 不懼險，救危。
4. 不為非作歹。
5. 不仗技採花。
6. 不借勢狂妄。
7. 不走街賣藝。
8. 不串鄉結黨。
9. 不奢逸流浪。
10. 不自驕自滿。
11. 不與狂徒較量。
12. 不與無知爭強。
13. 不可驕諂貧富。
14. 不貪無義橫財。
15. 不與酒色處事。
16. 不抗公私之債。
17. 不得損公礙私。
18. 不圖顯官厚祿。
19. 不當叛國臭徒。
20. 不應蹉懈習拳。

（三）戒章十二禁

邪　不正當的事（歪風邪氣）

反　壞、惡（指壞人壞事、為非作歹）

刁　無賴

猾　狡猾

奢　過分奢侈、揮霍

詐　欺詐、誆騙

瘋　言行狂妄

卑　下賤、品質低劣

奸　奸詐、虛偽、背叛、下流

謊　不老實

狂　極端任性、狂妄、妄自尊大

惡　惡毒、凶狠、極壞行為

（四）律則二格

1. 善良之人，端德者習拳，以健康強壯身體，為衛身之根，此乃陳門拳術本貌共遵。

2. 不良之人，邪惡者從拳，以資侮掠人致本，為患害。此乃陳門拳術戒絕反對。

（五）學拳須知

學太極拳不可不敬，不敬則外慢師友，內慢身體，心不斂束，何能學藝。

學太極拳不可狂，狂則生事非。不但手不可狂，言亦不可狂，外面形跡必帶儒雅風氣，不然狂於外，必失於中。

學太極拳不可滿，滿則招損。俗語云：「天外還有天」。能謙則虛必受教，人豈不樂告之以善哉，積眾以為善，善斯大矣。

　　學太極拳著著當細心揣摩，一著不揣摩，則此勢機智情理終於茫昧，即承上啟下，處處尤當留心，此處不留心，則來脈不真，轉關不靈，動一著自成一著，不能自始至終一氣貫通矣，不能一氣貫通，則與太和元氣終難問津。

　　學太極拳先學讀書，書理明白，學拳自然容易。

陳氏太極拳的特點

(一)外似處女　內似金剛

　　中華武術，門派繁多，各門派都有其獨到之處，歸納起來，不外乎是內外兩家。

　　外家拳多以拳打腳踢為主，竄蹦跳躍，騰挪閃戰，攻防含意較為明顯，讓人一看便知是武術。

　　陳氏太極拳則別具特色：以意導氣，以氣運身；內氣不動，外形寂然不動，內氣一動，外形隨氣而動；以內氣催動外形，上下相隨，連綿不斷，以腰為軸，節節貫串，不丟不頂，圓轉自如，輕輕運轉，默默停止。

　　其攻防含意大都隱於內而不顯於外，往往使人誤認為此拳像摸魚一樣，不是武術。特別是老架一路，以柔為

主，要求周身放鬆，不用僵力，主要是鍛鍊下盤功夫，使足下生根，轉髖靈活，疏通氣血，練就充足的內氣，意到氣到，氣到勁到，立身中正，八面支撐，使身體內外各部建起鞏固的防線，形成一身備五弓的蓄發之勢。這樣，不遇敵則已，若遇勁敵，則內勁猝發，如迅雷烈風，故外似處女，內似金剛，此為陳氏太極拳的一大特點。

(二)螺旋纏繞的運氣方法

頭頂碎磚，脖纏鋼筋等，這是硬氣功的運氣方法。內氣運到頭頂上，頭能將磚碰碎；運到脖頸上，能將鋼筋纏繞起來。

陳氏太極拳結合力學和經絡學的理論，採用螺旋纏繞的運氣方法，以小力勝大力，以弱力勝強力，好像用一個小小的千斤頂，就能將載重幾噸貨物的汽車頂起來一樣。所謂太極拳蓄發相變、引勁落空、借力打人，以四兩撥千斤，皆是螺旋勁所起的作用。故《陳氏太極拳圖說》講：「虛籠詐誘、只為一轉。」

從經絡學上來講，經絡是指布滿人體的氣血通路，源於臟腑，流於肢體，臟腑經絡氣血失和，則神機反常而生疾病，和則氣血流暢而強身延年。

太極拳結合經絡學說，以拳術與導引吐納為表裡，拳勢動作採用螺旋纏絲式的伸縮旋轉，要求「以意導氣、以氣運身」，「氣宜鼓蕩、氣遍身軀」，內氣發源於丹田，以腰為軸，節節貫串，微微旋轉，使腰隙（兩腎）左右抽換，由旋腰轉脊，纏繞運動，布於全身；通任、督兩脈，上行為旋腕轉膀，下行為旋踝轉膝，達於四梢，復歸丹田，動作呈弧形，圓活連貫，一招一勢，承上啟下，一氣

呵成，導致氣血循環，此為運勁（即運氣），它區別於用勁。這種系統的運氣方法符合經絡學說的道理，是其他拳法和體育運動所少有的。

(三)把武術與導引吐納相結合

導引和吐納是我國源遠流長的養身術，早在公元前幾百年的《老子》、《孟子》等著作中就有記載。漢初淮南子劉安就編成《六禽戲》，漢末著名醫學家華佗又改為《五禽戲》，他模仿禽獸的動、搖、屈伸、仰俯、顧盼、跳躍等動作，並結合呼吸運動，用於治病保健鍛鍊，是後來氣功和內行功的先導，也是道家養生學的基礎。

陳氏太極拳把導引、吐納術和手、眼、身法、步法的協調動作有機地結合起來，成為內外兼修的內功拳運動。

(四)陳氏太極拳的剛柔相濟

剛和柔，兩者是相互對立的，然而陳氏太極拳卻把剛勁與柔勁揉和在整個套路中，一招一勢剛中寓柔，柔中寓剛，達到剛柔相濟。《太極拳十大要論》中規定：「運動之功夫，先化勁為柔，然後練柔成剛，及其至也，亦柔亦剛。剛柔得中，方見陰陽。故此拳不可以剛名，亦不可以柔名，直以太極之名名之。」

為什麼太極拳的勁力要以剛柔相濟為準呢？因有剛而無柔的勁缺乏韌性，易折易損，沒有技擊格鬥的實用價值，只有柔而無剛的勁因失去爆發力也無實用價值。故《太極拳十大要論》指出：「然剛柔既分，而發用有別，四肢發勁，氣形諸外，而內持靜重，剛勢也；氣屯於內而外現輕和，柔勢也。用剛不可無柔，無柔則環繞不速；用

柔不可無剛，無剛則催迫不捷。剛柔相濟，則粘、游、連、隨、騰、閃、折、空、掤、攦、擠、捺無不得其自然矣。剛柔不可偏用，用武豈可忽耶！」

剛和柔的變換，從神與氣上來講，是由隱與顯表現出來的，隱則為柔，顯則為剛。從姿勢上來講，是由開與合表現出來的，合則為柔，開則為剛（即蓄則為柔，發則為剛）。在運勁過程中表現為柔，在運動到落點時表現為剛。因有神氣的隱顯與姿勢的開合，剛柔就能夠充分地表現出來。

落點是運動到達盡頭之點，是神顯與氣聚之處，所以表現為剛，除此之外，運氣轉換過程則宜用柔法。

陳氏太極拳的每個動作都是有開有合，每個開合動作都有運勁、有落點，落點要用剛勁，其他都用柔勁。這是做到剛柔相濟必須掌握的原則，也是練習避實擊虛，蓄而後發，引進落空，鬆活彈抖的基礎。

（五）意識、呼吸、動作三者密切結合

陳氏太極拳是內外兼修的內家拳術，內家拳的動作都是在意識的引導下進行的。意，即心意、意識。

陳鑫《拳論》說：「打拳心為主」，「妙機本是從心發」，「運用在心，此是真訣」。「以心為主，而五官百骸無不聽命」。「問：運行之主宰？曰：主宰於心，心欲左右更迭運行，則左右手足即更迭運行；心欲用纏絲勁順轉圈，則左右手即用纏絲勁順轉圈；心欲沉肘壓肩，肘即沉，肩即壓；心欲胸腹前合，腰勁塌下，襠口開圓，而胸向前合，腰勁剎下，襠口開圓，無不如意；心欲屈兩膝，兩膝即屈，右足隨右手運行，左足隨左手運行，兩膝與左

右足皆隨之，不然多生疵累，此官骸不得不從乎心也。吾故曰：心為一身運行之主宰。」以上所言，即是心意與動作的關係。

《拳論》又云：「打拳以調養氣血，呼吸順其自然……調息綿綿，操固內守，注意玄關……輕輕運行，默默停止，惟以意思運行。」由此可知意識、呼吸和動作三者的密切關係。在走架子時，一舉一動都是在意的指揮下，將手、眼、身法、步法的協調動作和呼吸有機地結合起來，開呼蓄吸，順其自然，心意不可使氣，輕輕運轉，成為內外統一的內功拳運動。

(六)實戰性的競技運動
——雙人推手和雙人粘槍

武術自古以來就有踢、打、摔、拿、跌五種分部練習法，而摔法只講摔，不講打，幾千年來就一直獨立發展，其他四種雖也綜合鍛鍊，但仍各具特色。古代有「南拳北腿」、「長拳短打」之稱，也就說明這種分歧。

與戚繼光同時代的名手，如山東的「李半天」之腿，「鷹爪王」之拿，「千跌張」之跌，「張敬伯」之打等，也都各具一技之長。同時，由於踢、打、拿、跌四法在實踐中有較大的傷害性，因此，歷來大都只作假想性或象徵性的練習，這就為花假手法開了方便之門。而前人所苦心積累的點滴經驗，也因實踐不足，很難提高技擊水平。這就是我國古代一些著名拳種在教傳之後「失其真意」或競技無一人傳習的原因之一。

陳王廷以粘、黏、連、隨、掤、撮、擠、按為中心內容，在螺旋纏繞的基礎上，創造了陳氏太極拳雙人推手

法，練習大腦反應和皮膚觸覺的靈敏性，綜合了踢、打、摔、拿、跌等競技技巧，並且還有所發展。譬如拿法，它不限於拿人的關節，而是著重拿人的勁路，這就高於一般拿法的技巧。

陳氏太極拳這種推手方法，技擊性較強，因此對發展體力、耐力、速度、靈敏和技巧都是行之有效的。這種推手方法代替了假想性和象徵性的花假手法，解決了實習時的場地、護具和特製服裝等問題，成為隨時隨地兩人可以搭手練習的競技運動。

陳王廷創造了雙人粘槍法。粘隨不脫，蓄發相變的刺槍術和八杆對練是太極拳派長兵器的對抗性基本練法。結合陳氏拳術與眾不同的纏絲勁運到器械上，為長兵器對練開闢一條簡便易行、提高技術的途徑。

陳氏太極拳的健身與技擊作用

「戶樞不蠹」這句古代的名言，遠在《呂氏春秋》就有記載，它在我國人民中廣為流傳，說明我國人民很早就懂得了「運動」有增強體質防治疾病的作用。我國古代的史學家陳壽在《三國志‧魏書‧華陀傳》中，記載了華陀所創的《五禽戲》，就是摹仿虎、鹿、熊、猿、鳥的動作來活動關節，以防病延年。

我國古代道家的「靜坐」、「導引」之術，均為養生療病之道。《素問‧異法方宜論》說：「其民食雜而不

勞，故其病多痿厥寒熱，其治宜導引按蹻」。《素問・上古天真論》又說：「恬憺虛無，真氣從之，精神內守，病安從來。」這都充分說明「運動」和「清靜」各從不同的角度養生，有達到強身療病的生理效應。

自古迄今，養生療病之術，種類頗多，各有特色。而太極拳則是總結了前人各種養生之術的精華，結合陰陽之理，把螺旋纏絲運動融於清靜之中，把清靜化於螺旋纏絲運動之內。這種動與靜的巧妙結合，產生了內氣催外形，思維與動作、快與慢、開與放、分與合等動作意氣的相互協調，從而在思想上得以安逸，從形體器官上得以鍛鍊，元氣得生，宗氣得充，精氣得保，收到袪病健身、技擊防身的雙重效果。

(一)太極拳的健身作用

1.改善神經系統的抑制過程，消除病灶反饋性影響。

神經系統的作用，是調節全身各器官功能活動，保持人體內部的完整統一，以適應外部環境變化的需要。太極拳中清靜用意、「意守丹田」，乃為靜功養身之術。這種靜功，可以增加自我意念的控制能力，從而產生阻止病因病灶反饋信號機制的傳遞，起到糾正修復病灶反饋的惡性循環，抑制病情發展，提高健康水平。

心靜勿慮，意守丹田，是鼓動內氣的基礎，是產生毅力的條件。毅力是練拳的保證，鍛鍊持之以恆，就可以從內氣到外形協調一致。使氣沉於丹田，貫於尾閭，環流周身，從而使臟腑得充，周身得養，精力充沛，有利於病變和精神創傷的修復，有利於病體的恢復和精神的保養，由於它能促進大腦神經細胞的功能完善，使興奮與抑制過程

協調，對精神創傷，神經類疾病，如神經衰弱等，有良好的防治作用。

2.增強心臟功能，改善微循環系統，擴大肺活量，提高氣體交換能力。

血液擔負著營養周身各組織器官的作用，然而心臟則是血液運行的動力，毛細血管是微循環物質交換的場所。一個久練拳的人，每分鐘心律在 60 次左右，這種由於久經鍛鍊而得來的心律減慢，延緩了心臟舒張期，使心肌得以充分休整，促使心肌收縮力加強，輸出量增加，提高了心臟的工作能力。

持久鍛鍊，內氣得以流通，周身放鬆，使微循環功能加強，有利於毛細血管內外的物質交換，促進組織對氧的利用率，減少肌酸的蓄積，減輕疲勞，益於疾病的恢復，特別是對慢性冠心病、高血脂症、動脈硬化症都有較好的防治作用。

肺是氣體交換的場所，呼吸下納於腎是氣體交換的重要條件。腎納氣，則氣沉丹田，腎不納氣則上浮胸中而喘。

太極拳鍛鍊的呼吸方式要求深長勻柔，它可以增加膈肌及腹部肌肉的活動度和調節肋間肌的呼吸功能，使肺與胸廓之間的牽張力加大，增加肺活量，提高肺泡與毛細血管壁的接觸面積，使氧及二氧化碳彌散能力增強。經過長期鍛鍊，可使呼吸頻率減少，增強呼吸效果，具體的表現是在練拳時「汗流夾背不發喘」。它對防治慢性肺氣腫有一定的作用，對防治各種慢性肺部病變均很適宜。

3.強健肌肉，改善骨的理化特性，暢通經絡，有利於營衛氣血的通行。

太極拳的運動方式是一動無有不動。從內氣的暢通到

外形的變化，從五臟六腑到四肢百骸，都寓於「動」中。順逆纏絲的螺旋運動及上下相隨，內外結合，快慢相間，節節貫串運動都融為一體。

從臟腑組織到肌體組織、關節韌帶、腱鞘肌群，都得到活動和鍛鍊。久而久之，肌肉豐滿發達，骨骼強健有力，使骨的理化特性得以改善，提高骨的抗折、抗壓、抗彎、抗脫臼能力。對老年人關節病（關節僵硬，行走坐起不便，足膝萎軟，屈伸無力、骨質增生）有良好的預防作用。

經絡是氣血運行的通道，人體健康與否，與經氣暢通與否密切相關。練太極拳的人，練到一定程度，就有小腹發熱，四肢末梢發脹、發麻之感。中醫針灸學認為這種現象是「得氣」的表現，也就是調動內氣，打通經絡，經氣運行的表現。

太極拳運動，「主宰於腰」，「虛領頂勁」，「氣沉丹田」，腰為腎之腑，又為帶脈所繞之處。腰脊運動帶動身形，行於手指，行於四梢，復歸丹田。丹田乃小腹部位，任督沖脈乃一源三岐，出會陰，復灌諸經。長期鍛鍊，可使腎氣旺盛，帶脈充盈，陰陽調和，神清目明。

「尾閭中正」乃太極之要領，這是穩定自己重心，加強發勁的根本。太極拳中的「虛領頂勁」與「尾閭中正」上下相應，「百會穴」與「長強穴」相互灌注，有利於督脈經氣的暢通。百會、長強乃督脈之要穴，氣通此穴後，便能升提中氣、增強韌帶及擴約肌功能。故對脫肛、痔瘡、子宮下垂均有良好的治療和預防作用。

總上所述，「尾閭中正」、「虛領頂勁」有利於任脈、督脈經氣的運行。任為陰脈之海，總任一身之陰經

（手足三陰經脈），督為陽脈之海，總督一身之陽經（手足三陽經脈）。內聯奇經諸脈，使之暢通。加之「氣沉丹田，螺旋纏繞」，從內到外，從軀體到四肢末梢，得以特殊的運動，動則穀氣得消，血脈流通，病不得生」（華陀傳）。當然，要使其起到防病健身作用，並非一朝一夕之功，在動作正確的基礎上，持之以恆地刻苦鍛鍊，不管男女老幼，都可收到防病健身，延年益壽的效果。

（二）太極拳的技擊作用

陳氏太極拳不僅健身有法，而且技擊奧妙。中華武術，門派繁多，攻防技巧，各有所長，拳打腳踢，謂之一般。然而，陳氏太極拳卻獨樹一幟，流傳 300 餘年，仍保持本來特色。它以掤、攦、擠、按、採、挒、肘、靠為中心內容，在粘、黏、連、隨的基礎上以螺旋纏絲的內勁為統馭，將抓、拿、摔、滑、打、跌，熔為一爐，內外兼練，成為武壇上最優秀的拳種之一。

練習陳氏太極拳三年一小成，九年一大成，練到上乘功夫，可達周身一家，以靜制動，以逸代勞，以不變而應萬變，亦可得機得勢，捨己從人，隨機應變，靈活運用，引進落空，借力打人。陳家溝流傳的簸手歌云：「掤攦擠按須認真，周身相隨人難侵，任人巨力來打我，牽動四兩撥千斤。」

拳論中說：「斯技旁門甚多，雖有區別，概不外乎壯欺弱，慢讓快耳。有力打無力，手慢讓手快，是皆先天自然之能，非關學力而有為也。察四兩撥千斤之句，顯非力勝，觀耄耋能禦眾之形，快何能為？」可見，太極拳技擊不是比力而是比技巧。「壯欺弱、慢讓快」那是自然的本

能，不是技巧的功能。

　　所謂技巧，則是順應自然以克制自然，達到「弱勝壯、慢勝快」。自然界中的槓桿支點和螺旋轉化的原理，就具有「四兩撥千斤」的功能。

　　太極拳技擊利用這種原理，即可柔化一切重力，此為化勁。有此化勁功夫，就可以輕制重。同時，太極拳的運動是運用了離心力，並以腰脊作中軸，使一切動作皆走內圈；走內圈速度雖較慢，但仍可勝過走外圈的快，這是「後人發，先人至」的緣由，也是「慢勝快」的關鍵所在。

　　透過持久練功，內氣充盈，在此基礎上，陳氏太極拳螺旋纏絲勁在技擊時有三種表現：一種是受到外來侵力的衝撞時，用不失掤勁的「旋貫力」將力點化解。若其餘力未盡，再加力相助使其撲空栽倒。若對方感到力點被化，隨即回抽時，就馬上轉勁跟上加力打回勁，使其跌出，此為引進落空合即出之法。另一種是進擊時的旋轉「穿透力」。就是借機發人時，將周身之力集中一點，快速旋轉加力，如子彈離開槍膛的來輻線，有穿透之威力。其三就是「化解力」。在被人擒拿控制時，順其勁別螺旋纏繞，避實就虛，無孔不入，將對方勁力化解，並能順勁制人。

陳氏太極拳
對身體各部位的要求

　　陳氏太極拳對周身各個部位，都有嚴格要求。

（一）頭頸部

陳鑫在《太極拳圖說》中說：「頭為六陽之首，周身之主，五官百骸莫不體此為向背。」《拳論》規定：「百會穴領其全身」，「自始至終頂勁決不可失。」還有「虛靈頂勁」、「提頂」、「吊頂」、「頭頂懸」等說法。所以用領、提、虛、靈等字來描繪頭頸部位，主要是怕中氣過於上沖，從而引起頸部肌肉僵直，失掉頭部的靈活性，導致全身的僵滯。

從力學來講，頭處在人體上下垂直線上；從生理學來講，頭部的大腦是神經系統的中樞。如果練拳時頭部東倒西歪，勢必影響身體的平衡和協調，不但失去動作姿勢的優美，也影響精神的集中。

《拳論》說：「腰脊為第一主宰，喉頭為第二主宰。」練拳時，頭頸部要領掌握得好，才能使精神集中，一招一勢，舉手投足，受著意識的指導，動作起來，才能使周身靈活。否則就顯得精神渙散，動作失去完整和協調。就像陳鑫指出的：「一失頂頸，四肢若無所附，且無精神。故必領起，以為周身綱領。」

具體要求是：頭部要保持正直，勁部肌肉要保持鬆弛狀態，使頭部有懸起的感覺。注意不要勉強和呆板，避免前俯後仰東倒西歪。身體移動和旋轉時，頭頸部與身軀四肢要上下一致，兩目要平視延遠。運行中，某手為主，眼神注於該手的中指端。下頦要微向內收，牙齒和唇要微合。舌尖抵住上腭，以加強唾液分泌。耳聽身後，兼顧左右。總之，處處要自然輕鬆，不可有絲毫急躁的情緒。

(二)軀幹部

軀幹部指的是人體的胸背、腰脊、腹部和臀部。這些部位是人體內臟所在和內臟的保護性支架，在健身、防身和技擊等方面，都起著重要的作用。

1.胸　背

陳氏太極拳對胸部的要求是要含、要虛、要鬆。陳鑫說：「胸要含住勁，又要虛。」「胸間鬆開，胸一鬆，全體舒暢。」胸部含虛和胸間鬆開，可以自然形成腹式呼吸，使呼吸深長舒暢。從技擊意義上講，「緊要全在胸中腰間運化」。胸部虛含，鎖骨和肋骨鬆沉，可以使上肢虛靈和身體重心向下降，於技擊大有助益。

陳氏太極拳對背部的要求是：要舒展鬆沉，「用中氣貫注」。人體背部呈微弧形，有脊椎骨上下連接，是脊髓神經所在的部位。按照經絡學說，背部是督脈的通道，督脈則屬陽脈之海。練拳時，背部肌肉要注意舒展和向下鬆沉，要根據脊椎生理狀態，隨屈就伸，保持脊背的相對端正，以利於氣血的通暢，做到「牽動往來氣貼背」，便於及時使「力由脊發」。

有的學派對背部提出了「拔背」的要求，筆者認為用這個「拔」字，容易使人產生誤解。就字義講，「拔」是向上提拔的意思。人體脊背部不論是上拔或前屈，都會使背闊肌和肋間肌拉緊前伸，迫使胸部向內吞縮，兩肩前扣，形成弓背聳肩的錯誤姿勢，既影響和破壞身法的優美，又使胸腔受到一定壓迫，妨礙呼吸的順暢。

2.腰　脊

人在日常生活中，行走坐臥，要保持正確的姿勢，腰

脊起著重要的作用。在練習太極拳的過程中，腰脊的作用更為重要。有「腰脊為第一主宰」的說法。

陳氏太極拳對腰部的要求是：腰勁向下塌。就是腰部椎弓要按生理特性，略向內收下沉，向下塌住勁，腰是上下體轉動的樞紐。在含胸的情況下，向下塌住勁，能夠使心氣下降，下盤穩固。同時，還要注意兩肋微內收，即拳論中的「束肋」。但是腰勁下塌不可用力太過。

在陳鑫的論著中，一方面說「腰勁貴下去，貴堅實」，另一方面說「腰中要虛，一虛則上下皆靈」。他說：「腰為上下體樞紐轉關處，不可軟，亦不可硬，折其中方得。」如果腰部過於用力，會使腰大肌收縮，影響上下體轉動的靈活性。

在塌腰的同時，還要注意使腰脊直豎，就是所謂「直腰」。成年人的脊柱由 24 塊椎骨、1 塊骶骨和 1 塊尾骨借軟骨、韌帶及關節緊密連結而成，由於直立的影響，從側面看，有頸彎、胸彎、腰彎和骶彎四個生理彎曲。其中腰椎是向前彎曲的。又因為椎骨之間，有關節軟骨和關節韌帶相連接，活動性強，伸縮性大，所以，容易受其他部位的肌肉牽引，而出現俯仰歪斜的現象。做好「直腰」，就是為了盡可能的減小腰彎的前曲度，避免在全身放鬆的情況下，影響脊椎的正常生理狀態，維持立身中正，使腰脊更好地起到「車軸」的作用。拳論說：「心為令，氣為旗，腰為纛」（古代軍隊裡的大旗），這裡指的就是腰脊要像旗杆那樣直豎著。需要說明的是，在練習過程中，腰椎以上的胸椎部分，根據動作的需要，有時雖然有些輕微的伸縮，但不可隨意搖擺，要注意曲中求直。

3.腹　部

陳氏太極拳對腹部的要求是要「合」。陳鑫說：「中間胸腹，自天突穴至臍下陰交、氣海、石門、關元如磬折，如鞠躬形，是謂含住胸，是為合住勁，要虛。」又說「胸腹寬宏廣大，向前合住，中氣貫注。」腹部是丹田所在的地方，丹田是中氣歸宿的場所。練習太極拳時，周身之勁，往外發者，皆起於丹田。腹肋的左右氣沖向維道穴、氣海、關元，中極虛虛合住，有利於中氣出入丹田，有利於任脈的通暢。

有的太極拳家提出「腹鬆」；有的提出「空胸實腹」。實際上，腹部肌肉隨著中氣出入丹田有張有弛，兩者並不矛盾，是「中氣存於中，虛靈含於內」。

4.臀　部

陳氏太極拳對臀部的要求是要「泛」。陳鑫在《太極拳圖說》中，曾多次提出臀部要「泛起」，要「翻起」。他說：「屁股泛不起來，不惟前襠合不住，即上體亦皆扣合不住。」在塌腰、合腹、開胯、圓襠的配合下，臀部向後微泛，有利中氣貫於脊中，有利於腰勁、襠勁、腿勁的運用。泛臀絕不是撅屁股，不是凸臀。泛臀是塌腰、合腹、圓襠、開胯、合膝的必然結果。「前襠合住，後臀自然翻起」。

有的太極學派提出了「斂臀」，就是臀部微向裡收的要求。斂臀固然可以防止撅屁股的毛病，但是，如果只注意臀部向裡收斂，則前襠大開，後襠夾住，襠勁不能開圓，這會影響身體轉動的靈活性。

（三）上肢部

1. 肩　肘

「鬆肩沉肘」是各派太極拳的共同要求。有的也叫「沉肩垂肘」或「沉肩墜肘」，就是兩肩關節要向下向外鬆開，兩肘關節要向下沉墜。鬆肩和沉肘是相互聯繫的，只有做到沉肘鬆肩，兩臂才能圓滿鬆活，運動自然。拳論講：「轉關在肩，折疊在腕。」也就是說，解脫擒拿，內勁運動在胸腰。由肩肘，力達手腕，方能解脫。肩肘關節通順，內勁才能達到掌指。如果肩肘受到障礙，便會影響內勁運用，從而也影響了周身協調。

在練習時，經常要注意兩肩關節的鬆弛，有意識地向外引伸，使勁逐漸拉開下沉；兩肘則要有下垂之意，以起到「護肋」的作用。同時，還要注意使腋下留有大約一個拳頭的空隙，以利於手臂的旋轉自如。肩臂的上下左右旋轉，雖然要求輕靈，但不可漂浮和軟化。處處要力爭圓滿，做到輕而不浮和軟化；處處要力爭圓滿，做到輕而不浮沉而不僵。但是這種功夫必須日久才能達到。

陳鑫說：「肩膊頭骨縫要開。始則不開，不可使之強開。功夫未到自開時，心說已開，究竟未開。必功苦日久，自然能開，方算得開。此處一開，則全胳膊之往來屈伸，如風吹楊柳，天機動蕩，活潑地毫無滯機，皆繫於此。此肱之樞紐，靈動所關，不可不知。」

2. 腕

陳氏太極拳有豎腕、坐腕、折腕、旋轉腕等多種變化，是隨著動作的需要，身法的協調而變化的。

如摟膝、懶扎衣、單鞭等勢，手掌都應豎腕；掩手肱

拳、雲手、當頭炮等勢應直腕；抱頭推山、六封四閉等勢應坐腕；懶扎衣轉六封四閉和高探馬下邊的過渡動作三換掌等勢應折疊腕；六封四閉前邊的過渡動作，倒捲肱轉換動作等勢應旋轉腕。

但是，不論千變萬化，必須結合身法，以中氣運行而變化之。既要使腕部靈活多變，又要使腕部具有一定的柔韌性。絕不可為了花哨好看而變為浮漂軟化，失去腕部的掤勁，這樣在推手時就容易被對方拿住手腕而受制。

3.手

陳氏太極拳很重視手的作用。拳論說：「此藝全是以心運手，以手領肘，以肘領身。」「每一舉一動，其運化在身，表現在手。」又有「梢節領（手為梢節），中節隨，根節催」之說，從手型講，主要有掌、拳、勾三種。下面分別論之。

（1）掌：陳氏太極拳對掌的要求是瓦攏掌。就是拇指與小指有相合之意，中指、食指、無名指微向後仰。五指均輕微合攏，但不可用力，掌心要虛。有的拳家主張「三空」，即掌心空、腳心空、心空。但這不是絕對的，在拳式的運動中也會有變化。如在運勁與合勁時，掌心要虛；在開勁與發勁時，掌心就要實。

陳氏太極拳的纏絲勁有順有逆，在手上的表現也有所不同。如在做逆纏絲時，拇指領勁向外按（如六封四閉為左右雙逆纏），內勁由拇指到食指，到中指，依次貫足趾梢；在做順纏絲時，小指領勁向裡合（如雲手一勢往裡合勁時，皆為順纏，往外開時皆為逆纏），由小指到無名指到中指，一直合於拇指，都是隨著手臂的旋轉依次貫注指肚，也就是力達指梢。只是陳氏太極拳在運行中除隨著身

法與手臂的旋轉依次貫注指肚外，思想意識與眼神都是貫注於中指。陳鑫說：「中指勁到，餘指勁也到。」

（2）拳：陳氏太極拳的握拳形式是以四指併攏捲曲，指尖貼於掌心，然後拇指捲曲，貼於食指與中指中節上，握成拳形，但又不能握得太緊。如握太緊會使整個手臂與半側身體肌肉的緊張度增加，呈現僵硬，內勁不能順利達到拳頂。所以拳諺有「蓄勢散手，著人成拳」之說。

也就是說，在蓄勁時要虛握拳，在發勁著人的一瞬間成拳，力貫拳頂。使勁由足而生，行於腿、主宰於腰，由肩肘，達到拳頂，周身完整一氣。但注意在發拳時腕部千萬不能軟，拳頂不能上撩，也不能下栽，必須直腕。如腕部軟塌，拳遇實物，就會受傷。

（3）勾手：就是五指合攏，腕部鉤住放鬆，不能形成死彎。如用力死鉤，會使腕部與臂部僵直，失去靈活，阻礙經氣的循行。勾手可以鍛鍊腕部的旋轉，含有叼手、擒手與解脫擒拿的方法，在套路練習中對勾手的動作意義不可忽視。」

（四）下肢部（腿部）

下肢是支撐身體的根基和勁力發動的根源。拳論說：「其根在腳，發於腿，主宰於腰，形於手指」，「有不得勁處，身便散亂，必至偏倚，其病必於腰腿求之」，「步為周身之樞紐，靈與不靈在於步，活與不活在於步」，都是講腿步姿勢動作的重要性。

1.襠

陳氏太極拳對襠部的要求是要圓、要虛、要鬆、要活。避免出現尖襠，塌襠和死襠。拳論說：「腎囊兩旁謂

之襠，貴圓貴虛。」又說：「襠內自有彈簧力，靈機一轉鳥難飛。」襠在套路運行和技擊方面都起著重要作用。

圓襠：就是兩胯根與兩膝蓋要撐開撐圓而又有相合之意。每逢開步時，一腿實，一腿虛，虛腿腳尖裡扣，小腿肚和大腿肌（即股內斜肌）才有內旋外轉之意，再加上會陰處的虛虛上提，襠部就有圓、虛之感，就可避免尖襠（人字襠）的虛實不分。鬆襠和活襠，就是胯節與臀部肌肉要放鬆，不能死頂住骨盆，虛實要靈活變換。

襠部的虛實變換，不像掛鐘一樣左右擺動。在左右變換時，走的是平行「∞」字，內外旋轉；在前後變換時，走的是下弧線。這樣才能避免「死襠」不動，虛實不分，只見上肢活動的現象。塌襠是臀部低於膝蓋，膝關節有了死彎，步法不輕，犯了轉關不靈的毛病。襠部的會陰穴是任督二脈的起點，練拳時頭頂的百會穴與襠部的會陰穴上下呼應，陰陽經氣得到平穩，也有利於立身中正。

在運動過程中，腰與襠有密切關係，襠與胯膝也要相互配合。腰能鬆沉，胯能撐開，膝能裡合，襠勁自能撐圓。陳鑫在《陳氏太極拳圖說》中說：「下腰勁，尻微翻起，襠勁自然合住。」又說：「尻骨，環跳蹶起來，裡邊腿根撐開，襠自開；兩膝合住，襠自然圓。」

2.胯（髖）

陳氏太極拳對胯部的要求是：胯根要開，就是胯關節要鬆開。拳論講：「腰如車軸，氣如車輪。」腰部的左右旋轉和腿部的虛實轉換，是靠胯關節的鬆活來完成的。如果兩個胯關節不鬆活，死頂住骨盆，腰也難以起到車軸的作用。「鬆胯」這一要求，一般是不太好掌握的。

因為胯部支撐著上半身的重量。跨部放鬆，膝關節的

負擔就要加重。一般初練的人，腿部力量差，膝關節支持不了全身的重量，所以不敢鬆胯，形成膝蓋前載，鼓肚挺胸，身體後仰的不良姿勢。

正確要求是：保持軀幹部的中正安舒，下蹲時，膝蓋不能超過前腳尖，胯部和臀部像是後邊有凳子坐著一樣。髖關節的放鬆，又必須與肩關節的放鬆上下結合。如果胯不鬆而肩硬向下垂，肋部和腹部肌肉受壓，影響肋部腹部肌肉的鬆馳下沉及膈肌的下降，氣機升降功能就會不同程度地受到影響，就難以達到「腹內鬆靜氣騰然」的要求。

3.膝

膝是由關節和關節韌帶等周圍組織所組成，活動性能好，伸縮力強，是脛腓骨與股骨的結合部，它在太極拳運動中的地位是非常重要的，因為太極拳是在屈膝鬆胯的基礎上保持立身中正的。

在整套架式練習時，膝關節要始終保持一定的彎曲。拳架身法的高低，步法的大小，都與膝關節有直接的關係。從身法上講，身法低，步定大，膝關節承受負擔就重。在套路練習中，腿部支撐力的大小，全身的重量都是由膝關節的調節來完成的。

初學太極拳的人，應該先練高身法，待腿上有了支撐力，再逐漸降低身法。這樣由高到低，活動量由小到大，循序漸進，以免膝關節受傷。同時還要注意膝關節的保護，練拳之後，關節及身體組織血液運行加速，關節局部有熱感，這時皮竅開而腠理鬆，千萬不可用冷水洗或風吹，以免風濕乘機入侵，引起關節皮肉的風濕痺症。

陳氏太極拳在技擊上對膝部也有一定的要求，雙人推手，兩腿相併，兩膝互相粘化，可以外撇、裡扣、膝打，

既可迫使對方失勢，也是護襠、護臁骨（小腿骨）的方法。《拳論》有「遠用足踢，近便加膝」的說法。

4.足

足是周身之根基，兩足姿勢的正確與否，對保證步法的靈活穩健有重要的作用。

陳氏太極拳對兩足的要求是：兩足踏實地，足趾、足掌、足後跟皆要抓地，湧泉穴（正腳心）要虛。足趾不能翹，足掌不能左撇右歪，前搓後晃。在開步及邁步時，要定準方向和位置，要做到「落地生根」，不能亂動。這樣才有步履清晰、沉著、穩健的感覺。

另外，在運行中，向前邁步或向左右開步時，都要屈膝鬆胯，足尖上翹裡合，足跟裡側著地向外鏟地滑出，開到適當的位置，再移重心落實。向後退時，足尖先落地，再移重心逐漸踏實。在向左右旋轉方向時，一足支撐重心，另一足足尖上翹外擺或裡扣，以足跟外側著地，方向位置移好，再移重心踏實。足尖外擺和裡扣時，要使腿部還具有螺旋纏絲勁。

足在技擊上可分為鉤、套、蹬、踢、踩等方法。鉤、套、踢一般是用足尖的方法；蹬、踩是用足跟及足掌的方法。

以上對周身各部位的要求，貫串在整個太極拳套路中，它們是相互依存、相互聯繫、相互制約的，任何一部分的姿勢正確與否都會影響全身。所以初學者必須細心揣摩，認真思考，按照全身各部位的要求，在基本功夫上打好基礎，這樣才能逐漸在整個套路運行中，將各部位的姿勢恰當配合，從而掌握動作中的速度、路線和方法，逐漸達到身端步穩，動作連貫圓活，節節貫串，上下相隨，周

身協調，一動全動，一氣呵成，動如流水靜若山，慢如行雲疾似電的境界。

陳氏太極拳的練習步驟與方法

（一）熟練套路　明確姿勢

所謂「套路」是指太極拳的整套架式；所謂「姿勢」是指每個架式的動作結構。初學時主要側重於套路熟練，方位正確。同時適當注意姿勢的規範。經過一段時間練習後，套路已熟練，這時就必須側重於姿勢的正確，這樣才能產生內氣，發揮健身及技擊上的效果。現分兩個方面，談談這一階段的練習方法及注意事項。

1.動寓靜之內，靜寓動之中

練陳氏太極拳必須保持思想上的清靜，排除一切內外干擾，只有這樣才利於收斂內氣，引動鼓蕩。

《太極拳論》說：「靜養靈根氣養神」。所謂靈根的「根」，就是根本，也就是腎臟。中醫學認為「腎為先天之根」，內藏元陰元陽，是人體生命活動的原動力。「靜則養根」，也就是說，只有在意識清靜的條件下，才能有助於腎氣的旺盛與收藏，從而使五臟健運，內氣充沛，神得所養，動作矯健。

2.注意身體

初練太極拳，不應要求過高，操之過急，就像初學寫

字一樣，能寫成橫平、豎直、點、鈎等筆畫，組合成方塊就行。初學太極拳，身法上只要求頭部自然端正，立身中正，不偏不倚；步法上只要求能做好弓步、虛步、開步和收步，知道方位即可。至於不可避免出現的毛病，像挑肩架肘、橫氣填胸、呼吸發喘、手足顫抖等現象，不宜深究。但運行方位、角度、順序必須絕對正確，力爭做到姿勢柔軟、大方順隨。

每天堅持練 10 遍左右，兩個月即可將套路練熟。這時要進一步考慮動作要求，從頭至足，一招一勢進行糾正。在動作速度上盡量放慢，以利於揣摩思考動作的正確與否。每天堅持練 10 遍拳，再練習一個時期，就可以由這一階段而進入第二階段了。

(二)調整身法　周身放鬆

所謂「身法」，是指練拳時對周身各部位要求的原則。要調整身法，首先必須在放鬆上下功夫。為了使骨節鬆開，伸筋拔骨，可選練些動作，如「金剛搗碓」、「掩手肱拳」、「擺腳跌叉」等，但要盡量放鬆，不要用拙力。

這一階級練習出現的主要毛病是立身不正，橫氣填胸，挑肩架肘等。產生這些毛病的主要原因有兩個：一是對「放鬆」的含意理解不夠；二是腿的支撐力不足，難以放鬆。《拳論》說：「身必以端正為本。以周身自然為妙。」也就是說套路架式的練習，身法上要以立身中正為根本。所說的「端正」，也有兩種含意：一是指軀幹四肢及頭的位置中正，即身體不偏不倚之意；另一種是身體在歪斜情況下，保持相對平衡，如開步時的上引下進動作。

所謂「放鬆」，就是說在腿的支撐下，全身各部自然協調地鬆下，氣沉丹田。初學時由於對這些問題沒有理解和注意，加上功力淺薄，所以不可避免地會發生上述毛病。可由增加練拳遍數放低身法，加大運動量，並且做一些單腿或雙腿下蹲運動及站樁功來克服上述毛病。

　　同時注意鬆胯、屈膝、圓襠，保持立身中正。隨著腿部力量的增長，身法的放鬆，胸部、背部、肋部及膈肌自然下沉，體內的氣機升降協調，呼吸自然，肺活量增強，這些毛病就會消除。

　　這一階段練習，需有 3～4 個月時間。屆時，身法已得到調整，姿勢已基本正確，並且隨著練習質量的提高，已有內氣活動的感覺。

(三)疏通經絡　引動內氣

　　經絡遍布周身，內聯臟腑，外繫肌表，從而溝通人體上下表裡，是調節機體和內氣運行的通道。「氣」是構成和維持人體生命活動的精微物質，是極其微小的物質微粒，很難直觀察覺，只能由人的感覺器官，根據事物的各種變化而體現它的存在。人體的氣的來源有以下幾個方面，一是稟賦於先天父母之精氣，二是飲食物化生的水穀之精氣，以及存在於人體內的精氣，通過脾、肺、腎三臟的生理功能綜合作用而生成。

　　《太極拳論》說：「氣者，生之本，經者，氣之路，經不通則氣不行。」又說：「以吾本身自有之元氣，運行吾身」，「以氣運形，一氣貫通。」說明氣是本身固有的本元物質，只有在經絡暢通無阻的情況下，才能引動與鼓蕩，達到一氣貫通，從而產生防病健身和技擊效果。

前面已經說過，在「調整身法，周身放鬆」階段後期，體內已有內氣流動的感覺，練拳也有興趣。但是這個感覺如波浪起伏，時有時無，時隱時現。經過一段時間，甚至會全然無有。這是經絡之氣通流不暢，氣機運行不利，內氣引動不力之故。因此，在這一階段練習中必須注重於意念引導，在大腦意識的指揮下，以意運形，使內氣節節貫串；如有不順之處，可以自行調整身法，以得勁為準；練習速度宜慢不宜快；一招一式要精力專注，活潑無滯。外形盡量與內氣意識保持一致。這樣進一步練習一段時間，內氣就會自然暢通，僵勁拙力也會慢慢克服，逐漸達到周身相隨，連綿不斷，內氣會按拳勢要求，產生有規律的鼓蕩，達到一氣貫通。

(四)形氣結合　如環無端

所謂「形」是指形體，也就是拳勢動作的外在表現。「氣」即指內氣。從醫學角度講，「形」、「氣」是統一的，是相互依附，相互為用的。《太極拳論》說：「以心行氣，務令沉著，方能收斂入骨」。又說：「以氣運身，務令順隨。」就是要求每招每勢，都要注意以意引氣，以氣運身，順其自然，催動外形。

由形氣結合的反覆練習，使內氣周而復始，如環無端地在體內運行。努力做到：周身一致，內外合一，外形在內氣的催動下，一動則周身全動，一靜則周身全靜，動靜開合，起落旋轉，無不順其自然。在練習過程中，身與手、內與外某一部位不夠協調，某一部位即產生矛盾，就會影響內氣的貫通，從而使意氣與形體難以結合。如動作運行速度的快慢，以及身法位置角度掌握不夠，就難以適

得其中，在套路架式的練習中，就會產生身慢、手快、眼不隨等散亂現象，不能身手一家，動作協調。諺云：「手到身不到，擊敵不得妙；手到身也到，擊敵如摧草」。說明形氣結合，身肢順隨的重要性。

這一階段的練習，要注重於意念與形體姿勢的結合，也就是心到、意到、氣到、形到，使內氣一氣貫通。同時應當理解，某一部的開合，是全身整體開合的局部表現；全身總的毛病，也可以從局部反應出來。因此，凡是調整局部姿勢時，務必注意整體的調整，從而達到意氣合一。

這一階段的具體表現為：肌膚發脹，手指發麻，足跟發重，丹田有發沉之感。

(五)周身相隨　內外一致

「周身相隨，內外一致」的意思，是指全身形成一個完整的運動體系。陳長興在《太極拳十大要論》中說：「太極拳者，千變萬化，無往非勁，勢雖不侔，而勁歸於一。夫所謂一者，自頂至足，內有臟腑筋骨，外有肌膚皮肉，四肢百骸，相聯而為一者也。破之而不開，撞之而不散。上欲動而下自隨之，下欲動而上自領之，上下動而中部應之，中部動而上下和之，內外相連，前後相需，所謂一以貫之者，其斯之謂歟！」此段論述，具體闡明了周身相隨，內外一致，以及一氣貫通的整體表現。

在周身內外相隨一致這一階段，內氣雖已貫通，但很薄弱。在練拳時，稍不注意或運動不當（如疲勞過度或精神欠佳），都會影響內氣的貫通和運行。

在前一階段，如身、手、內、外產生了矛盾，可以用調整身法的辦法去解決，使姿勢順隨，內氣貫通。而在這

一階段，就不許可用調整身法的辦法去解決。這一階段，要求周身相隨，以內氣催外形。氣不到，外形寂然不動；氣一到，外形隨氣而動。以心行氣，以氣運身。每招每勢，氣由丹田發起，內走五臟百骸，外行肌膚毫毛，運行周身而復歸丹田，纏繞往來，圓轉自如。動作以纏絲勁為核心，以內氣為統馭，形成一個完整的運動體系。

「纏絲勁」發源於腎，起於丹田，遍布全身，處處有之，無時不然，衍溢於四體之內，浸潤於百骸之間，達四梢通九竅，增長內氣無窮，使內勁收斂入骨。伸筋壯骨，氣血流通，消化飲食，祛病延年，皆纏絲內勁之功效。「纏絲勁」為陳氏太極拳之精華。

此段時間，每天除堅持練架式套路以外，可以結合練習推手，從而體會粘連黏隨、掤捋擠按的勁別，校正拳勢運勁的正確與否。每天還可以增加練習幾遍炮捶，用來增強耐力和爆發力；練習刀槍劍棍等器械，以檢驗手眼身法步的配合。從而在練拳時，能夠做到不假思索，不犯疑意，不期而然，內外一致，周身相隨的程度，完全掌握太極拳的要求和運動規律。

經由這一階段練習，已有了自我糾正的能力，可以脫離老師的指導，不走彎路。繼續深入研究，就可逐步進入奧妙境界。陳鑫說：「理不明，延明師；路不清，訪良友；理明路清，而猶未能，再加終日乾乾之功，進而不止，日久自到。」

(六)穩固根基　充實內氣

所謂「穩固根基，充實內氣」，意思是指在上一階段練習的基礎上，更進一步地紮穩下盤，以促使內氣的充實

和飽滿。《拳論》云：「根本固而枝葉榮」。「培其根則枝葉自茂，潤其源則流脈自長」。練習拳架，就是培根潤源的方法。這裡所指的「根」，具有根基之意，也就是下盤。《太極拳論》云：「下盤穩固，上肢自然輕靈」。所說的「下盤」，就是指肢體的下半部分「腿」而言，靠腿的支撐力，以兩足為基礎，襠勁圓活自然，沉穩。

另一種說法是「根本」指元氣。元氣藏於腎，腎氣足則精力充沛，即為「根本固」。所謂「潤其源」，源指根源，即本源。元氣為諸氣之本。根源於腎通於丹田，稟賦於先天，又稱先天之本，五臟六腑之根。腎藏元陰元陽，元陰以養五臟之陰，元陽以養五臟之陽，周身之陽得以溫，陰得以養，故生機旺盛，則又反過來益助腎氣，充盈丹田。這樣相互資益，周而復始，從而使根本固，源流潤。

經過以上幾個階段，練拳時周身已形成一個完整的運動體系。但在配合呼吸上不能恰當自然和細膩。在第一至第四階段，由於動作姿勢的僵硬不協調，及內氣外形不結合，要求動作配合呼吸是做不到的。到了第五階段，雖然周身相隨，內外結合一致，但在動作加速、疾變，或者快慢相間時，動作與呼吸就難以配合。

在這一階段練習時，隨著練拳質量的提高，動作與呼吸必須嚴密配合。要特別指出，此階段的腹式呼吸形式與醫學上的腹式呼吸恰恰相反，就是要做逆式呼吸。在正常的生理條件下，人們的呼吸方式和過程，是由肺、胸膜、肋間內外肌、膈肌等來參與完成的。主要表現以胸式呼吸為主，同時在腹肌配合下完成。在胸腔臟器病變時，由於胸式呼吸受到限制，則代償性地使腹式呼吸加大加強。

這種腹式呼吸的運動表現為：吸氣時膈肌收縮，腹腔臟器下移，腹內壓升高，腹部向外凸出；呼氣時膈肌舒緩，腹腔臟器上移回位，腹壁收斂。太極拳中的「腹式逆呼吸」與上述情況恰好相反。其表現為吸氣時，小腹內收，膈肌上升，丹田之氣由小腹上升，胃部自然隆起，胸廓自然擴張，肺活量加大；呼氣時小腹外凸，膈肌下降，內氣下沉至丹田，胃部與胸廓自然平復。由於腰腎旋轉，氣沉丹田與丹田內轉就結合一致。發勁時呼吸的配合，是用短促的一吸一呼來完成的。

在呼吸配合一致以後，除了正常的套路練習外，還要加練些輔助功。如練站樁，採用大馬步、弓步、丁步都行，練拳前後堅持 20 分鐘，練習穩固樁步，呼吸行氣，發展力量和耐力；練抖杆子，用後尾直徑 6 公分～8 公分，長 3 公尺的白蠟木杆，每天用攔、拿、扎的方法抖 100下。另外還要把拳式內的單勢發勁分別抽出練習，以增加在根基穩固、內氣充實情況下的蓄發力。

(七) 觸覺靈敏　知己知彼

這一階段，主要是練習全身空靈，身體皮膚感受的靈敏性，也就是接受信息傳遞採取行動的應激反射。練習太極拳的人，隨著功夫的加深，這個應激反射過程也隨之加強，直至接受信息傳遞如閃電，應激反射如雷霆。

人體的反射活動基礎稱反射弧，包括五個基本部分，即感受器，傳入神經，神經中樞，傳出神經和效應器。簡單地說，反射過程的進行，是由一定的刺激被一定的感受器所接受，感受器發生興奮，興奮由神經衝動的方式經過傳入神經，傳向神經中樞，由神經中樞的分析綜合活動產

生興奮。興奮又經過特定的傳出神經到達效應器。這一階段主要是練習加強加快這個反射過程。練好這種功夫，必須以充實的內氣做中流砥柱，使內氣充盈丹田，貫注全身，內至臟腑經絡，外至肌膚毫髮，周身各部如電充身，觸覺極其靈敏。格鬥時才能做到：「動急則急應，動緩則緩隨」。「彼微動，己先動，後發先至」。

這一階段，仍應按前段練習套路和輔助功，還應經常練習推手競技，在實踐中，鍛鍊聽勁、靈勁，周身上下結合勁。在練拳時，功應內收，氣行於外的表現和纏絲勁的外形動作，也應內收與縮小。這也就是由大圈到中圈的練習方法。拳架練習，應緩慢柔和，平穩舒展。陳復元說：「學時宜慢，慢不宜痴呆；習而後快，快不可錯亂；快後復緩，是為柔，柔久剛自在其中，是為剛柔相濟。」這段練習，就是「快後復緩」階段。積功日久，就可做到靜如山岳，急如閃電。就像射箭一樣，慢拉弓弦開滿月，力聚弓背；鬆弓弦，矢疾出，威力大，其快無比。

這一階段後期，可以做到：眼神如捕鼠之貓，動作如翱翔之鷹，身形輕靈矯健，意識反應及皮膚觸覺十分靈敏，運動出於無心，鼓舞生於不覺。

（八）得機得勢　捨己從人

「得機」就是利用最恰當的時機；「得勢」就是得到己順人背的形勢；「捨己從人」意思是捨掉自己，以順從別人，隨順化解，不頂不抗。對方控制住我的手（梢節），我以肘肩來化解；控制住肘肩，我以胸腰來化解；控制住胸腰，我以襠勁與手臂來化解。

陳鑫在「單鞭」一勢中寫道：「擊首尾動精神貫，擊

尾首動脈絡通，中間一擊首尾動，上下四旁扣如弓……」形象地說明練拳時要周身相隨，蓄發相變，捨己從人，順隨化解。所謂「借力打人」或「四兩撥千斤」，就是利用槓桿、滑輪、離心力、向心力、摩擦力等力學原理，使對方之力又加於對方之身，以我之小力擊倒對方。

這一階段，是由中圈到小圈時期。《太極拳論》云：「要想拳練好，除非圈練小」。在這一階段練習時，外形要求輕鬆自然，舒展大方；內勁如行雲流水，連綿不斷。應用時勁由內換，一般人難以看出。

這些內勁在體內的表現，像是一股熱流發於丹田，隨著意識的引導，由根到梢，由內到外，綿綿不斷地遍布全身，每時每刻都有肌膚發脹，手指發麻、腳跟發重、頭頂髮懸、丹田發沉，膀胱發熱的感覺。對敵時得機得勢，捨己從人，以得人為準，以不見形為妙。

(九)身如火藥　一動即發

「身如火藥，一動即發」是內氣充實飽滿階段技擊的形式表現。此段是太極拳的基本成功階段，功夫已基本達到剛柔相濟，周身肌膚充滿了內氣，已具有強大反彈力。只要對方之力一加我身，猶如火藥見火，烘然而發。

達到了這層功夫，周身內外已成為混圓一體，猶如太極之象。在這個充盈的太極圈內，有純厚的真氣為根基，有旺盛的機能之氣為動力，有十二經絡聯繫內外，在意氣鼓蕩的作用下，使一切外來之力無法加於自身。不但不能使這個混圓的太極整體遭到絲毫破壞，反而由於太極內氣的無窮威力，產生強大的反彈作用，使進擊者得到相反的效果。這好像去擊打充滿氣的皮球一樣，用力越大，它跳

得越高。另一種是太極混圓一體的球形圓滑作用，遇有外力接觸其身，就會像旋轉著的圓球將它引化落空。

如陳發科在北京教拳時，弟子們紛紛傳說，陳老師的背部有弩弓（所說的弩弓即是反彈力）。有一天，發科公便對幾個好奇的弟子爽快地說：「來，你們一摸便知。」說著面壁而立，讓兩個身強力大的徒弟，分別按住背部，只聽「哈」的一聲，將二人發出 2 公尺多遠。發科公則屹然而立，腳步絲毫未動。接著又叫徒弟們往他身上撞，不但絲毫不能撞動他，反而他在兩腳未動的情況下，將徒弟們發了 3 公尺多遠。這說明太極內氣充盛了，就可以「遭到何處何處擊，我也不知玄又玄」。

在這一階段練習時，除了保持適當的運動量外，主要以培養本元為主，陳鑫說：「心為一身之主，腎為性命之源，必清心寡欲，培其根本之地，無使傷損。根本固而枝葉榮，萬事可作，斯為至要。」所謂「清心寡欲」，「培其根本」，「無使損傷」等，都說明在此階段更應注意心靜、神安、精固。只可培其不足，不可伐其有餘。《素問·上古天真論》說：「恬瞻虛無，真氣從之；精神內守，病安從來。以志閑而少欲，心安而不懼……」

（十）變化無方　神鬼莫測

「變化無方，神鬼莫測」，是形容拳術已達到爐火純青，登峰造極的境界。運動變化及技擊表現難以看出，難以意測。玄奧淵博皆在其中。人不知我，我獨知人。

練拳到此階段，功夫已經成熟，出神入化，奧妙無窮；舉手投足，皆能陰陽平衡，八面支撐；內氣已達皮膚之外，毫毛之間，外力雖未接觸皮膚，動觸毫毛即有感

覺，隨即化勁發出，威力無窮。陳鑫有詩贊云：「神穆穆，貌皇皇，氣象混淪，虛靈具一心，萬象藏五蘊，寂然不動若愚人，誰知道陰陽結合在此身，任憑他四面八方人難近，縱有那勇猛過人，突然來侵，傾者傾，跌者跌，莫測其神，且更有，去難去，進難進，如站在圓石頭上立不穩，實在險峻，後悔難免殞，豈有別法門，只要功夫純，全憑一開一合一筆橫掃千人軍。」

陳氏太極拳的練功法則

陳氏太極拳的練功法則是練理不練力，練本不練標，練身不練招。

(一)練理不練力

「理」就是太極拳的道理、原理。太極拳練的是大道，即太極陰陽轉換中陽極生陰、陰極生陽的原理。太極拳要求剛中寓柔、柔中寓剛、剛柔相濟；虛極生實、實極生虛、虛實轉換。由精神集中，以意導氣、以氣運身、意到氣到形隨的練習，做到一動全動，周身相隨，內外相合。練功時循規蹈矩，順其自然，不能急於求成。練「力」指的是練習氣力，此種練法雖然將局部力量練得很大，但這種力量是拙力、僵力，缺少靈性，所以為太極拳家所不取。

(二)練本不練標

「本」是指本源、根本，即腎中元氣和下盤功夫。腎藏元陰元陽，為先天根本和發氣之源。腎氣充足則五臟得養，心、肝、脾、肺、腎各行其職，故能精力充沛，反應靈敏，身體協調，內氣充盈，此為本源之一。本源之二是指在周身放鬆的基礎上，氣納丹田、沉入湧泉，達到上盤靈、中盤活、下盤穩固、落地生根。

「標」是指以練習身體各個部位的力量和硬度為主要目的的局部練習方法。太極拳是內功拳，內外兼修，以練內培元為主，「培根潤源」，「培其根則枝葉自茂，潤其源則流脈自長。」

(三)練身不練招

練「身」就是練整體功力，「招」則是每一動作的攻防含義。初練太極拳的人往往最愛了解每招每勢的用法。如果單從招勢上去解釋和理解太極拳用法和內涵，就不可能得到太極拳之精髓。練太極拳必須經過熟練套路、動作正確、去僵求柔的過程，使周身相隨，內外相合，內氣充實飽滿，把功夫練上身。

太極拳主要是訓練自身整體功力，在應用時則根據客觀形勢，捨己從人，隨機應變，並不拘泥於一招一勢。內氣充實了，全身猶如充滿氣的球體，有感皆應，挨著何處何處能擊。如《太極拳論》所說：「到成時，敵人怎來怎應，不待思想，自然有法。」

關於圖解的幾點說明

（1）本書圖解未寫明方向的一般以預備式方向為準，面南背北，左東右西。書中以身體向「左轉」、「向右轉」標明。熟練後不受方向限制。

（2）有些動作分解圖較多，讀者可先看文字，待看懂運行路線後，亦可不間斷，連續進行。

（3）凡是背向讀者的動作，請參照附加的正面或側面圖解。

（4）每個動作後邊寫的呼吸、內勁、用法等，在初學時最好先不要參照、模仿、體會，可先按運行路線和動作要求練習套路，待有一定基礎時，再逐步體會結合。否則，在練習中將會出現有斷續、有丟頂，致使渾身僵硬。請務必注意。

陳氏太極拳的手型和步型

(一) 手 型

1. 掌

陳氏太極拳對掌的要求是「瓦攏掌」。拇指與小指有相合之意，中指、食指、無名指微向後仰。四指均輕微合攏，但不可用力，掌心要虛（圖1-1）。

圖 1-1

2. 拳

陳氏太極拳的握拳形式，是以四指併攏捲曲，指尖貼於掌心，然後拇指捲曲，貼於食指與中指中節指骨上成拳形，但不宜握得過緊，避免手臂僵直（圖1-2）。

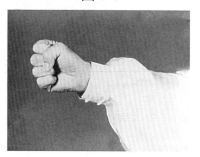

圖 1-2

3. 勾 手

五指尖捏攏，屈腕放鬆。不能用力形成死彎，影響氣血的循環（圖1-3）。

圖 1-3

(二)步　型

陳氏太極拳的弓步與其他拳種的弓步有所區別，均要求屈膝鬆胯。

左弓步

左腿為實，右腿為虛；實腿膝蓋與腳跟上下對照，方向與腳尖對照；虛腿腳尖內扣；膝關節微屈，屈中有直。重心三七分（實腿為 7 份，虛腿為 3 份）。鬆胯屈膝，襠要開圓，既外開又內合，有「開中有合，合中有開」之意，如「單鞭一勢」等（圖1–4）。

右弓步

右腿為實，左腿為虛，其他要求與左弓步相同，只是方向相反，如「懶扎衣一勢」等（圖1–5）。

虛　步

虛步是一腿支撐重心，另一腿虛足，腳尖點地，虛足支承全身重量的 1/10，起支點作用。屈膝鬆胯，虛實分

圖1–4

圖1–5

明。虛步也分左虛步、右虛步，如「白鵝亮翅一勢」為左虛步（圖1-6），「前招、後招一勢」為右虛步。

仆　步

仆步是一種低步法，也稱「單跌岔」，一腿屈膝下蹲，一腿伸直鋪地，但不能全坐死，臀部離地約4指，使襠內有靈活旋轉力，是練習腿部支撐力的一種方法，如「擺腳跌岔」、「雀地龍」等（圖1-7）。

獨立步

獨立步是一種高步法，恰和仆步對稱：一高一低。它是一腿站立支撐身體重心，另一腿屈膝提起，膝高與胯平，腳尖內扣，旋於襠內。站立之腿挺而不直，要穩重自然，如「金雞獨立」等（圖1-8、圖1-9）。

左坐盤

左坐盤步是右腿在前，左腿在後，交叉盤腿下坐，如「左擦腳一勢」等（圖1-10）。

要求：右腿支撐重心，左腿虛足，腳尖點地，屈膝下

圖 1-6

圖 1-7

蹲。

右坐盤

右坐盤步是左腿在前，右腿在後，交叉盤腿下坐，如「右擦腳一勢」等（圖 1–11）。

要求：左腿支撐重心，右腿虛足，腳尖點地，屈膝下蹲。

圖 1–8

圖 1–9

圖 1–10

圖 1–11

陳氏太極拳
的基本動作及纏絲勁練習

（一）上肢練習

左單雲手

動作一：兩腿開步成左弓步，左手掤至左膝上與肩平；右手叉腰，拇指在後，四指在前，重心在左，目視左手（圖1-12）。

動作二：接上勢，身體向右轉，重心移至右腿；同時左手畫弧下沉，裡合於小腹前，為順纏絲勁（圖1-13）。

動作三：接上勢，身體繼續右轉，重心移至左腿；同時左手向右上穿掌外翻至右胸前，為逆纏絲勁，目視身體左側前方（圖1-14）。

圖1-12

圖1-13

圖 1-14   圖 1-15

　　動作四：接上勢，鬆左胯，身體向左轉，左手逆纏外開至左膝上與肩平，目視左手。至此整個左單雲手動作完成，目視前方（圖1-15）。

　　一合一開為一拍，一般在每個動作單練時，練夠二八拍為一節，也可以反覆多練。初學時，可按照文字，對照圖解細心揣摩，搞清動作運行路線。熟練後，再體會重心移動的盤旋路線，以及腰左右旋轉和手臂的順逆纏絲的轉換速度。只有這樣，才能由生到熟，由熟到順，逐步達到周身相隨，連綿不斷。

右單雲手

　　動作一：兩腿開步，成右弓步，右手掤至右膝上與肩平；左手叉腰，拇指在後，四指在前，重心在右，目視右手（圖1-16）。

　　動作二：接上勢，身體微左轉，重心移至左腿；同時右手畫弧下沉，裡合至小腹前，為順纏絲勁，目視身體右側前方（圖1-17）。

圖 1-16

圖 1-17

動作三：接上勢，身體繼續左轉，重心向右移；同時右手向左上穿掌外翻至左胸前，為逆纏絲勁，目視右側（圖1-18）。

動作四：接上勢，鬆右胯，身體向右轉，右手逆纏外開至右膝上與肩平，目視正前方（圖1-19）。其他要求與左單雲手相同。

雙雲手

圖 1-18

動作一：由單鞭動作起勢，兩腿開步，成左弓步，兩臂展開，立身中正，目視前方（圖1-20）。

動作二：接上勢，身體微向左轉，右手變掌順纏畫弧下沉於小腹前；左手變逆纏上掤，目視右側前方（圖1-21）。

圖 1-19

圖 1-20

圖 2-21

圖 1-22

動作三：接上勢，身體先左後右轉，重心由左腿移至
右腿；同時右手向左向上，變逆纏向右掤，左手順纏畫
弧，裡合左腿內側，目視左側前方（圖1-22），然後再返
回原位。

這樣反覆循環運轉，可練習旋襠轉腰，兩臂左右纏

圖 1-23

圖 1-24

絲，周身協調一致。也可結合步法，如併步、偷步、蓋步
及旋轉身法等進行練習。

左右後擺翻手纏

動作一：兩腿成右弓步，左手置於左胸前與肩平；右
手合於右腰間，目視前方（圖1-23）。

動作二：接上勢，身體微左轉，重心移至左腿；同時
左手逆纏下擺至左腰間，右手先逆纏後擺變順纏上翻，前掤
至右胸前，目視前方（圖1-24）。

動作三：接上勢，身體向右轉，重心右移；同時右手
逆纏後擺至右腰間；左手先逆纏後擺變順纏上翻至身左前
方，目視前方（圖1-25）。

這樣循環往返，反覆多練，以身領手，以腰催肩，以
肩催肘，再貫於手，練習周身結合的後擺勁。

注意：在手後擺轉折上翻時，切勿挑肩。

握拳左右纏

動作一：在左右後擺的基礎上，兩手握拳，右拳心向

圖 1-25

圖 1-26

圖 1-27

內，置於身前與肩平，左拳心向上，合於左腰間，重心在左腿，目視身體右側前方（圖 1-26）。

　　動作二：接上勢，身體向右轉，重心右移；右拳逆纏先向左向下畫弧裡合於右胸間；左手逆纏畫弧向後再向上掤，目視左側前方（圖 1-27）。

圖 1-28　　　　　　　　　　圖 1-29

動作三：接上勢，身體繼續右轉，右拳逆纏向後畫弧向右掤出，左拳變順纏，向裡合於胸前中線、拳心向裡，目視左側前方（圖 1-28）。

動作四：接上勢，身體向左轉，重心左移，左拳逆纏畫弧裡合，拳心向下；右拳變順纏向上轉，目視前方（圖 1-29）。

動作五：接上勢，身體繼續左轉，左拳逆纏合於左腰間，右拳變順纏向裡合於胸前中線，拳心向裡，目視前方（圖 1-30）。

這樣反覆多次，主要是練習襠部的左右盤旋和腰的左右旋轉，及兩拳螺旋順逆纏絲與裡合外掤勁。

雙手纏

動作一：先立正站立成預備姿勢，然後提左腿向前上步，兩手左順右逆纏，向前畫弧上掤後攦，目視前方（圖 1-31）。

圖 1-30

圖 1-31

動作二：接上勢，兩手後捋至身體右轉，重心移至左腿（圖 1-32）。

動作三：接上勢，身體向左轉，兩手走下弧左逆右順纏向前掤（圖 1-33）。

圖 1-32

圖 1-33

圖 1-34　　　　　　　　　　圖 1-35

　　動作四：接上勢，兩手繼續向上略變右逆左順纏。身
體微右轉（圖 1-34）。

　　動作五：接上勢，上動不停，身體右轉，重心右移，
兩手向右後擺（圖 1-35）。

　　這樣循環往復，可反覆多練。也可右腿在前，左腿在
後，左右調換。兩手在身體兩側畫立圓，主要以襠腰旋
轉，帶動兩臂纏繞，以身領手，以意導氣。

（二）下肢練習

進步雙手纏

　　動作一：兩腿並立，兩臂下沉於身體兩側，周身放
鬆，意守丹田，目視前方（圖 1-36）。

　　動作二：接上勢，重心移至右腿，提左腿向左前方上
步；同時兩手自下而上左順右逆纏向前上畫弧後擺，目視
前方（圖 1-37）。

圖 1-36

圖 1-37

　　動作三：接上勢，重心移至左腿，右腳跟步與左腳併齊；同時兩手變左逆右順纏走下弧向前掤，目視前方（圖1-38）。然後再上步後擱如圖1-37所示。這主要練習手腳配合，周身相隨。

圖 1-38

圖 1-39　　　　　　　　　圖 1-40

側身進步雙手纏

動作一：兩腿並立，兩臂下沉於身體兩側，周身放鬆，意守丹田，目視前方（圖 1-39）。

動作二：接上勢，重心移至右腿，提左腿向左前方上步；同時兩手自下而上，左順右逆纏向前上畫弧後擺，目視左前方（圖 1-40）。

動作三：接上勢，重心移至左腿，右腳跟步與左腳相並；同時兩手變左逆右順纏，走下弧向前掤，目視前方（1-41）。然後再上步後擺，如圖 1-40 所示，可反覆進行4步、8步的練習。這主要練習手腳配合，周身相隨。

退步左右纏

動作一：兩腿並立，目視前方。右手合於右腰間，左手手心朝前並向前推出，沉肘鬆肩（圖 1-42）。

動作二：接上勢，重心移至左腿，提右腿腳尖著地，向內畫弧後退，同時右手逆纏向下畫弧隨右腿向後擺；左手下沉前推（圖 1-43）。

圖 1-41

圖 1-42

圖 1-43

圖 1-44

　動作三：接上勢，重心後移至右腿，提左腿，腳尖著地向內畫弧後退；同時左手逆纏向下畫弧隨左腿向後擺，右手由後上翻前推。目視前方（圖 1-44）。

　此動作在拳勢中叫「倒捲肱」，是練習退步時上下配合的方法。練習時退 3 步、5 步、7 步均可。

圖 1-45

圖 1-46

左開步纏

動作一：身體立正，右手叉腰，左手向左側展開，掌心向左；沉肘鬆肩，目視前方（圖1-45）。

動作二：接上勢，身體微右轉，重心移至右腿，提左腿向左側開一步；同時左手順纏走下弧裡合，目視左前方（圖1-46）。

動作三：接上勢，身體微左轉，重心移至左腿，提右腿收於左腿內側成併步；同時左手繼續裡合向上外翻逆纏向左開，目視左前方（圖1-47）。

此勢主要是練習左開步及左手單臂纏繞，腳開手合，手合腳開及上引下進的一種方法。可採用連續3步、5步、7步進行反覆練習。

右開步纏

動作一：立正，左手叉腰，右手向右側展開，手心朝右前方，沉肘鬆肩，目視右前方（圖1-48）。

圖 1-47

圖 1-48

圖 1-49

　　動作二：接上勢，身體微左轉，重心移至左腿，提右腿向右側開步，右手走下弧裡合；目視身體右前方（圖 1-49）。

　　動作三：接上勢，身體微右轉，重心移至右腿，提左腳收於右腳內側成併步；同時右手向上合變逆纏外翻，向

圖 1-50　　　　　　　　　　　圖 1-51

右開，目視右前方（圖1-50）。

　　此勢練習方向向右，其他要求與左開步纏相同。

中定身法

　　單鞭式要求：頭自然正，虛領頂勁，二目平視，唇齒微合，立身中正，沉肘鬆肩，兩手領勁，鬆胯屈膝，開襠貴圓，左腿為實，右腿為虛，左腳尖外擺，右腳尖內扣。意識集中，周身放鬆，氣沉丹田，降於湧泉（圖1-51）。

　　懶扎衣式要求：頭自然正，頂勁領起，立身中正，右手展開，左手叉腰，鬆肩沉肘，左肘掤圓，鬆胯屈膝，襠要開圓，右腿為實，左腿為虛，右腳尖外擺，左腳尖內扣，重心7分在右，3分在左（圖1-52）。

　　斜形式要求：步型成斜步，重心在左腿，左腿尖和右腳尖微內扣，鬆胯屈膝，襠勁內扣，立身中正，微向左轉，兩臂伸開，與步型交叉，成四隅角，目視前方（圖1-53）。

　　渾元樁要求：意識集中，思想清靜，立身中正，周身放鬆。兩臂弧形環抱，手心向裡，指尖相對，沉肘鬆肩，

圖 1-52

圖 1-53

圖 1-54

附圖 1-54

兩腳相距半公尺左右，屈膝鬆胯下蹲，襠要圓，膝內扣，
腳踏實地，腳趾、腳外側、腳跟皆要抓地，湧泉穴要虛
（圖 1-54、附圖 1-54）。

以上幾個中定身法，也叫樁功，每次在基本動作練習後，要站5分鐘～10分鐘，由少到多，由短到長，由高到底，逐步加大運動量。樁功，動作單純，思想容易集中，可以體會到立身中正，周身放鬆，心氣下降，氣沉丹田。

第二編

陳氏太極拳
老架一路

陳氏太極拳老架一路簡介

　　陳氏太極老架式（亦稱大架）係陳家溝陳氏第十四世祖陳長興所創。他在陳王庭創編的太極拳五路、炮捶一路、一百零八勢長拳一路的基礎上，由博歸約編排成現在流行的老架一路、二路（亦稱炮捶）。

　　一路拳以柔為主，柔中有剛；二路拳以剛為主，剛中有柔。兩路拳相輔相成，互為其根，直至達到剛柔相濟，渾然一圓。

　　本篇介紹的是老架一路。老架一路的特點是：架勢舒展大方，步法輕靈穩健，身法中正自然，內勁統領全身，以纏絲勁為核心，動作以腰為主，節節貫串；一動則周身無有不動，一靜百骸皆靜；運動如行雲流水，綿綿不斷，發勁時鬆活彈抖，完整一氣。

　　練習時要求：虛領頂勁，立身中正，鬆肩沉肘，含胸塌腰，心氣下降，呼吸自然，鬆胯屈膝，襠勁開圓，虛實分明，上下相隨，剛柔相濟，快慢相間，外形走弧線，內勁走螺旋；以身領手，以腰為軸，纏繞圓轉，逐漸產生一種似柔非柔，似剛非剛，極為沉重而又極為靈活善變的內勁，如棉花裹鐵，外柔內剛。整套拳沒有平面，沒有直線，沒有斷續處，沒有凸凹處，沒有抽扯之形，沒有提拔之意，渾然一圓，方為合格。

陳氏太極拳老架一路動作名稱

第　一　式　太極起勢
第　二　式　金剛搗碓
第　三　式　懶扎衣
第　四　式　六封四閉
第　五　式　單　鞭
第　六　式　金剛搗碓
第　七　式　白鵝亮翅
第　八　式　斜　形
第　九　式　摟　膝
第　十　式　拗　步
第 十一 式　斜　形
第 十二 式　摟　膝
第 十三 式　拗　步
第 十四 式　掩手肱拳
第 十五 式　金剛搗碓
第 十六 式　撇身捶
第 十七 式　青龍出水
第 十八 式　雙推手
第 十九 式　肘底看拳
第 二十 式　倒捲肱
第二十一式　白鵝亮翅
第二十二式　斜　形
第二十三式　閃通背
第二十四式　掩手肱拳
第二十五式　六封四閉
第二十六式　單　鞭
第二十七式　雲　手
第二十八式　高探馬
第二十九式　右擦腳
第 三十 式　左擦腳
第三十一式　左蹬一跟
第三十二式　前趟拗步
第三十三式　擊地捶
第三十四式　踢二起
第三十五式　護心拳
第三十六式　旋風腳
第三十七式　右蹬一跟
第三十八式　掩手肱拳
第三十九式　小擒打
第 四十 式　抱頭推山
第四十一式　六封四閉
第四十二式　單鞭

陳氏太極拳老架一路動作圖解

第一式　太極起勢

動作一：兩腳並立，成立正姿勢。兩臂下垂於身體兩側，手心向內。頭自然正，唇齒微合，舌尖抵住上腭，二目平視（圖2-1）。

圖 2-1　　　　　　　　　圖 2-2

　　要求：站立後，要意識集中，腦清心靜，去其雜念，心氣下降，呼吸自然。陳鑫《陳氏太極拳圖說》云：「學者初上場時，先洗心滌慮，去其妄念，平心靜氣，以待其動，如此而後，可以學拳。」

　　動作二：接上勢，屈膝鬆胯，放鬆下沉，提左腳向左橫開半步，比兩肩略寬，腳尖微外擺，腳趾、腳掌外沿、腳後跟皆要抓地，湧泉穴要虛，含胸塌腰，鬆肩沉肘，立身中正，頭自然正直，虛領頂勁，兩目平視（圖 2-2）。

　　要求：橫開步時，重心先移右腿，提左腳開步，腳尖先著地，慢慢踏平。周身放鬆，氣沉丹田（肚臍下），降於湧泉，鬆胯屈膝，下沉時呼氣。此時，心中一無所念，穆穆皇皇，渾然如一片無極景象。

　　動作三：接上勢，兩手緩緩上升與肩平，手心向下，沉肘鬆肩；隨兩手上升，身體慢慢下降，鬆胯屈膝，兩腳踏實，兩目平視（圖 2-3）。

　　要求：當兩手上升身體下降時，胸、背、肋、腹各部

圖 2-3

圖 2-4

肌肉均要鬆馳下沉，促使心氣下降。切忌肩上縱，橫氣填胸。兩手上升時吸氣。

　　內勁：接上勢，內氣先沉於丹田，順兩腿內側降於湧泉，再由兩腿外側上行，沿督脈上升至兩肩兩肘，通過鬆肩沉肘，貫於兩手，兩臂慢慢抬起。

　　動作四：接上勢，身體繼續下沉，屈膝鬆胯，兩手隨著下按至腹前，手心向下，兩目平視（圖 2-4）。

　　要求：兩手下按時，要立身中正，切忌彎腰突臀，胯（髖）部要鬆、虛、活。下蹲時如坐凳子一樣，兩手下按時呼氣。

　　內勁：接上勢，內氣順督脈上升，一部分順兩肩夾貫於兩臂，一部分繞風池，沖百會，達人中，順任脈下降復歸丹田。這樣一起一落，內氣在周身通任、督，達四梢，暢通大小周天，由無極生太極，產生陰陽二氣，疏通經絡，運行周身，渾圓一體。

第二式　金剛搗碓

動作一：接上勢，身體微向左轉，重心右移。兩手左逆右順纏，走弧線向左前上方掤出，左手掤至左膝上方與眼平，手心朝外。右手掤至胸前中線，手心朝上，目視左前方（圖2-5）。

要求：上掤轉體時，要結合襠、腰勁，鬆胯塌腰，勁貫手掌。練此動作時吸氣。

內勁：丹田氣下降至湧泉，隨著身體左轉，由右腳順右腿纏至腰間；腰左轉、使勁通過肩、肘，貫於兩手，形成上掤勁。

用法：上勢迎接對方用右手擊來的拳或掌。右手接拳，左手接肘，掤勁不丟。

動作二：接上勢，身體右轉90°，重心由右腿移至左腿，右腳尖外擺，兩手右逆左順纏，向右後攦，目視左前方（圖2-6）。

圖 2-5

圖 2-6

要求：右後攦時，結合腰勁旋轉，走外弧加掤勁。重心移動要自然，切忌挑肩架肘。此動呼氣。

內勁：內氣由右腳上纏至丹田，一部分下纏於左腳，另一部分由腰脊右轉纏至兩臂、兩手，形成攦勁。

用法：承上勢，接住對方衝拳後，應迅速轉體，將其勁引空。

圖 2-7

動作三：接上勢，重心移至右腿，左腿提起，裡合扣襠，屈膝鬆胯，身體下沉且微向右轉，兩手上掤，目視身體左前方（圖 2-7）。

要求：左腿上提，身體下沉，形成上下相合，切忌彎腰凸臀。此動吸氣。

內勁：接上勢，兩手掤勁不丟，繼續後攦，勁由左腿纏至右腿，提左膝鬆胯，勁合於丹田。

用法：提腿，扣膝，可起到護襠的作用。另外還可作為蹬對方膝蓋和臁骨之用。

動作四：接上勢，左腳跟內側著地，向左前方鏟地滑出，重心在右腿，兩手繼續向右上方加掤勁，目視左前方（圖 2-8）。

要求：向前開步時，身法要端正，左腳向前開步，兩手向右上掤，形成上下對稱。此動呼氣。

內勁：氣由丹田上行，勁催至兩手加掤勁，氣下行至左腳。

圖 2-8　　　　　　　　圖 2-9

用法：左腳發出，可用蹬、鏟、踹，還可鉤管對方腳和踝關節。

動作五：接上勢，重心由右腿移至左腿，左腳尖外擺踏實。身體隨重心移動，向左轉45°。

兩手左逆右順纏，走下弧向前掤。左手掤至胸前，手心朝下；右手下沉至右膝上方，手心朝外，手指朝後，目視前方（圖2-9）。

要求：轉身，移重心，手前掤要協調一致。塌腰旋襠，襠走下弧向前。左臂保持半圓，掤勁不丟。右臂切勿夾肘，與身體要有一定距離。左膝與左腳跟上下對照，右腿屈膝鬆胯，保持襠勁圓活。立身中正。此動作先吸氣後呼氣。

內勁：勁由右腿裡纏，襠勁走下弧線移至左腿變外纏至左腳，腰勁左轉。

鬆肩沉肘，勁隨兩臂左逆右順纏向前，形成捌勁。

用法：接上勢，後攦時，對方欲感勁空，便會隨即撤

回，此時可順勢打捯勁。

動作六：接上勢，左手向前撩掌，向上再向內環繞合於胸前右小臂內側，左手心朝下；右手領右腳弧線向前上托掌於右胸前與左手相合，右手心朝上。右腳經左腳內側向前上步，腳尖點地，重心在左腿，目視前方（圖2-10）。

要求：上步時，要屈膝鬆胯，輕靈自然，穩重，兩手與身體有上下相合之意。此動吸氣。

內勁：勁在左腿，腰略左轉；勁貫左手前撩，帶動右手、右腳；勁貫右腳尖、右手指。練至內勁充盈飽滿時，一動即可達於四梢，周身渾圓一氣。

用法：提右腳上步，可踢對方襠、膝、臁骨等；左手前撩其面部及眼睛，干擾其視線；右手托掌可穿其咽喉。

動作七：接上勢，左手順纏外翻下沉於腹前，手心朝上；右手握拳下沉落於左掌心內，拳心朝上，目視前方（圖2-11）。

圖2-10　　　　　　　　圖2-11

要求：兩手、兩臂與身體間隔距離 8 公分～10 公分，有圓掤之感；隨落拳腰勁下沉。此動呼氣。

內勁：勁由腰起，塌腰鬆肩，沉肘貫於右拳。兩臂掤圓，周身放鬆下沉，氣歸丹田。

動作八：接上勢，右拳逆纏向上提起，與右肩平。右腿屈膝鬆胯，提起右腳懸於襠內，腳尖自然下垂，目視前方（圖 2-12）。

要求：提腿肘，身體要下沉，有上下相合之意；提拳時要鬆肩沉肘，促使內氣下降，腳步穩健。此動吸氣。

內勁：塌腰鬆肩，勁貫右拳上提；塌腰鬆胯，勁貫右膝提起。

用法：右拳上沖，可擊其下頦、咽喉；提膝可撞其襠部、腹部、胸部等。

動作九：接上勢，右腳震腳落地，腳掌踏平，兩腳距離與兩肩同寬；右拳順纏下沉，落於左掌心，兩臂撐圓，目視前方（圖 2-13）。

圖 2-12　　　　　　　　圖 2-13

要求：右拳、右腳同時下沉，震腳發勁，鬆胯屈膝，氣沉丹田。此動呼氣。

內勁：此勢為金剛搗碓成勢，即內勁歸原姿勢。從太極初勢起，內勁由丹田發起，內走五臟百骸，外走肌膚毫毛，行一周氣仍歸丹田，但一招一勢均要結合腰勁。腰為腎之府，心為周身之主；腎為發氣之源；腰脊如車軸，四肢如車輪，一動以腰為軸，節節貫串。

用法：搗拳震腳，一可踏其腳趾，二可促進血液循環，振奮精神。

《歌訣》云：

　　金剛搗碓欲精神，太極渾然聚我身，

　　變化無方皆元氣，股肱外露寓屈伸。

　　練就金剛太極尊，渾身合下力千斤，

　　勸君智力休使盡，留下餘力掃千軍。

第三式　懶扎衣

動作一：身體微左轉，重心右移。右拳變掌逆纏上掤，左手逆纏下按，目視左前方（圖 2-14）。

要求：右拳變掌上掤時，先塌腰旋轉，以身摧手，弧線上掤，與左手下按配合，形成開勁。此動吸氣。

內勁：勁由丹田起，由轉腰鬆肩纏於兩臂，右手上掤，左手下按，氣均貫於兩手中指

圖 2-14

端。

用法：兩手右上左下分開對方雙手，可進迎門靠，亦可上護頭頂下護身。

動作二：接上勢，兩手由雙逆纏變雙順纏畫弧交叉於胸前，左手合於右臂內，手心朝外，右手心朝上。重心移至左腿，提右腿向右橫開一步，腳跟內側著地，腳尖上翹裡合，目視身體右前方（圖2-15）。

要求：手合腳開要同時進行並協同一致，手到腳到，開步要輕靈自然。此動呼氣。

內勁：接上勢，結合腰使勁貫於兩臂，以右臂為主，上纏於右手小指領勁，下纏於右腿，開步逆纏裡合。

用法：此勢是「上引下進」法，上肢將來勁引空；下肢可套、管對方腿腳。

左手合於右臂上，以護面門。

動作三：接上勢，身體左轉，重心右移，右手順纏上掤，目視右前方（圖2-16）。

圖 2-15

圖 2-16

要求：移重心時，襠走後圓弧向右移；右肘掤勁不丟，右腋不能夾死，有圓虛之感。此動吸氣。

內勁：勁由左腿纏至右腿，塌於右腰，身體左轉，勁纏至右肩，右手領動。

用法：右肩含背折靠法。

動作四：接上勢，右手逆纏外翻，右臂向外加掤勁；右手順纏下沉於腹前，手心朝上。重心在右，目視右前方（圖 2-17）。

要求：右臂外翻時，要鬆右胯、右肩，身體微向右轉下沉，切勿挑肩架肘。此動呼氣。

內勁：腰勁下塌右轉上行至肩，由鬆肩，再貫於肘。

用法：接上勢，用肩靠法後，勁貫右肘，可用肘法。

動作五：接上勢，身體向右轉，右手逆纏開至右膝上方，鬆肩沉肘，略變順纏；指尖高與眼平；左手逆纏至身左側叉腰，四指在前，母指在後，重心在右，眼隨右手轉視前方（圖 2-18）。

要求：開右手時，以腰催肩，以肩催肘，鬆肩沉肘，貫於指端。塌腰鬆胯，開襠貴圓，右腿為實，左腿為虛，右腿膝蓋與腳跟上下對照，不能前傾、後倒、外撇；左腿挺而不直、膝微屈，腳尖內扣。立身中正，舒展大方。此勢繼續呼氣。

內勁：懶扎衣勢，勁由左腿上纏至腰，下行於右腿；上行以腰催肩，以肩催肘，以肘催手；左手逆纏叉腰鬆胯、鬆肩，周身放鬆。心氣下降，氣歸丹田。

《歌訣》云：

世人不識懶扎衣，左屈右伸抖神威；

伸中寓屈何人曉，屈中藏伸識者稀。

圖 2-17   圖 1-18

檔中分峙如劍閣，頭上中氣似旋機；
千變萬化由我運，下體兩足定根基。

第四式　六封四閉

動作一：接上勢，身體右
轉，重心略右移，左手從左腰
間走上弧與右手相合；右手略
有前引下沉之意，目視右手中
指端（圖 2-19）。

要求：左手與右手相合
時，與身體右轉、重心右移相
結合，兩手坐腕接勁。此動吸
氣。

內勁：勁由丹田起，上纏
於兩臂，貫於兩手，塌於襠
腰。

圖 2-19

用法：兩手前迎相合，迎對方手臂，欲有下挪之意。

動作二：接上勢，身體左轉，重心左移，兩手左逆右順纏，自右而左向下攦，目視身體右前方（圖2-20）。

要求：下攦時，重心下沉、塌腰，兩手合勁不丟，加外挪勁。此動呼氣。

內勁：勁塌至腰襠左轉，由右腿移至左腿貫於兩手。

用法：向左下用採攦勁，使對方下趴。

動作三：此勢為動作四的過渡動作。在分解練習時，此勢不停。接上勢，身體繼續左轉，兩手繼續左逆右順纏，向左後上方攦，重心向右移，目視右前方（圖2-21）。

要求：攦時，兩手不能偏後，右臂挪勁不丟。身體繼續左轉，重心右移，脊椎起中心軸作用。此動吸氣。

內勁：勁由腰左旋上行纏於兩臂、兩手，下行由左腿纏至右腿。

用法：上肢繼續將對方勁引空，下肢勁慢慢移進，以

圖2-20　　　　　　　　　圖2-21

破壞對方重心的穩固。

動作四：上勢不停，重心繼續右移，兩手變左順右逆纏向上畫弧，合於肩前，隨兩手相合，身體向右轉，目視右前方（圖2-22）。

要求：在由攦變按時，兩手下攦上合，均由襠腰左移右旋，沉肘鬆肩，旋腕轉膀，使勁不丟不頂，圓轉自如，轉折順遂。此動繼續吸氣。

內勁：勁繼續右轉，塌腰鬆肩，旋腕轉膀，纏至兩手。

用法：由攦勁轉變為按勁，調節轉換，全在襠、腰、胸間運化。

動作五：接上勢，重心不變，身體微右轉下沉，兩手合力走弧線向右前下方按；左腳收於右腳內側20公分左右，腳尖點地。目視右前下方（圖2-23）。

要求：雙手下按時，要鬆胯塌腰，鬆肩沉肘，兩手合力隨身體下沉前按；周身一致。此動呼氣。

圖2-22

圖2-23

內勁：周身完整勁通過鬆腰胯，沉肩肘，貫於兩手，形成按勁。

用法：雙手合力將對方按出，或以聽勁與沾黏勁封閉對方，使其處於被動。

第五式　單　鞭

動作一：接上勢，身體微右轉，兩手雙順纏，左前右後旋轉，手心向上。重心在右，左腿以腳尖為軸，膝隨身轉裡合，目視兩手（圖 2-24）。

要求：兩手旋轉時要圓活，不能有抽扯之形。此動吸氣。

內勁：氣由丹田起，腰右轉，纏於兩臂、兩腿，注重在右手順纏內轉。

用法：腰脊旋轉力貫於手，重點解脫被人捉拿的右手。

動作二：接上勢，身體左轉，重心在右，左腿以前腳掌著地，膝隨身體轉外擺；右手逆纏，五指合攏，走弧線，腕向上提起與肩平；左手心朝上，隨身轉下沉於腹前；左肘掤勁不丟，目視右手（圖 2-25）。

要求：右手變勾上提時，隨著體旋轉，塌腰，鬆肩，沉肘，以腰為軸，節節貫串。此動為開；呼氣。

內勁：以腰脊旋轉，過肩肘纏於手腕，五指合攏，手腕領勁。

用法：五指合攏，旋腰轉腕，解脫擒拿後，用手腕擊

圖 2-25

圖 2-26

對方要害處。

動作三：接上勢，身體右轉，重心全移於右腿，左腿屈膝提起，左膝內扣；右手腕領勁，左手不動，鬆肩沉肘，上下相合，目視身體左前方（圖 2-26）。

要求：右腿支撐重心，上下相合，切忌彎腰突臀。此動為合；吸氣。

內勁：右手領勁，勁移右腿；提左膝，左手腕下沉與丹田氣相合，周身之氣團聚不散。

用法：提左膝扣襠，可起護襠的作用，也是破對方腿法的一種方法。另也可側蹬、踹對方。

動作四：接上勢，右腿支撐重心，左腿腳跟內側著地向左鏟地滑出，腳尖上翹裡合；右手腕領勁，左手下沉合勁，目視左前方（圖 2-27）。

要求：立身中正，掤勁不丟。此動為開；呼氣。

內勁：團聚丹田之氣，上領右手腕，順大腿下行纏至腳跟內側，腳尖大趾領勁；左臂下沉，向右引勁。

圖 2-27

圖 2-28

用法：此為身體左側的「上引下進」法；左腳鏟地開步，可以蹬，也可以套、管對方腿腳。

動作五：接上勢，身體微右轉，重心左移，成左弓步，左手穿掌上掤逆纏外翻至右胸前，目視前方，瞟視左手（圖 2-28）。

要求：移重心時，襠走外下弧線，旋轉移動，左膝不能超出左腳尖；左手外翻時，注意不能挑肩架肘。此動吸氣。

內勁：以腰帶動，勁由右腳外向內逆纏上升至長強穴（位於尾骨尖與肛門連線之中點），再由內向外順纏至左腳尖，左腳尖外擺，右腳尖內扣，然後再上行由腰至肩至肘至手；左手拇指領勁。

用法：此姿勢左側含背折靠和穿肘法。

動作六：接上勢，身體微左轉，左手逆纏外開至左膝上變順纏放鬆下沉，目隨左手送至體側後，再轉視正前方（圖 2-29）。

要求：左腳尖外擺，右腳尖內扣，鬆胯屈膝，開襠貴圓，立身中正，虛領頂勁，鬆肩沉肘，兩臂與兩腿有上下相合之意。此動為外開內合（拳勢有「外三合」、「內三合」之稱，「肩與胯合，肘與膝合，手與腳合，此稱外三合」；「心與意合，氣與力合，筋與骨合，此稱內三合」），呼氣。

圖 2-29

內勁：勁由丹田起，沿左腰催肩肘至左手中指端，放鬆下沉，回歸丹田，「以意導氣，以氣運身，周而復始，循環不已。」

《歌訣》云：

單鞭一勢最為雄，一字長蛇畫西東；
擊首尾動精神貫，擊尾首動脈絡通；
中間一擊首尾動，上下四旁扣如弓，
若問此勢妙何處，去尋脊背骨節中。

第六式　金剛搗碓

動作一：接上勢，身體向左轉，重心左移；右手變掌順纏走下弧與左手相合，目視左前方（圖 2-30）。

要求：右手與左手相合時，隨身體轉動，協調一致。此動先吸氣後呼氣。

內勁：勁由丹田至腰脊纏至兩臂，貫於手，兩手相合。

圖 2-30

圖 2-31

用法：兩手迎接對方右手、肘，也可攦，也可採、拿兼用。

動作二：接上勢，身體向右轉，重心由左腿移向右腿；兩手變左順右逆纏加外掤勁，走弧線向右後方攦，手心朝外，目視左前方（圖 2-31）。

要求：兩手攦時，與轉腰移重心一致。此動吸氣。

內勁：接上勢，兩手相合，隨重心移動，勁由左腿纏至右腿，隨腰右轉勁貫兩手向後上攦。

用法：此勢為上攦，牽引對方向上傾斜跌出（六封四閉一勢為下攦）。

動作三：接上勢，身體向左轉，重心走下弧移至左腿，左腳尖外擺，膝蓋與腳跟上下對照，鬆胯屈膝，兩手左逆右順纏走下弧前掤，左手掤至左膝上與胸平，手心朝下；右手下沉掤至右膝前上，手心朝外，目視左前方（圖 2-32）。

要求：身體先動，鬆左胯，移重心走弧線，兩臂掤勁

圖 2-.32　　　　　　　　　　圖 2-33

不丟，此動呼氣。

內勁：勁由右腿逆纏上行移至左腿變順纏，腰勁向左纏催左臂逆纏前掤，勁貫左小臂外側至掌外緣，右手順纏合於掌外緣，頂勁領起。

動作四：接上勢，左手向前撩掌，向上環繞一周，合於胸前，手心朝下。右手走下弧向前托掌於胸前，手心朝上，右小臂與左手指相合；右腿隨右手上托時經左腳內側向前上步，腳尖點地，同時身體向左轉 90°，目視正前方（圖 2-33）。

要求：轉體、移重心上右步時，要保持立身中正，屈膝鬆胯，左腿支持重心，氣不能上浮。此動吸氣。

內勁：腰勁略向左帶，貫於左手指前撩，右手領勁帶右腳上步。

用法：同上勢。

動作五：接上勢，身體放鬆下沉，左手順纏翻掌降於腹前，手心朝上。右手變拳內收落於左手掌內，拳心向

圖 2-34　　　　　　　　　　圖 2-35

上，目視前方（圖 2-34）。

　　要求：拳落掌內，與腹部間隔一拳距離，兩臂掤圓，意守丹田。此動呼氣。

　　動作六：接上勢，身體下沉，右拳逆纏向上提起略比右肩高；右腿屈膝提起，右腳放鬆懸於襠內；左手略順纏下沉，手心朝上，目視前方（圖 2-35）。

　　要求：提拳提腿時要屈膝鬆胯，鬆肩沉肘，上下相合。決不能身上拔，氣上浮。此動為蓄勁；吸氣。

　　內勁、用法：說明同第二式金剛搗碓中動作八。

　　動作七：接上勢，右腳震腳落地，兩腳之間距離與肩同寬；右拳落於左掌內，身體成半蹲姿勢，目視前方（圖 2-36）。

　　要求：震腳時，重心還在左腿，全腳掌落地踏平，用腿部的彈抖勁震腳發勁，氣沉丹田。此動呼氣。

　　內勁、用法：說明同第二式金剛搗碓中動作九。

圖 2-36

圖 2-37

第七式　白鵝亮翅

動作一：接上勢，身體先左後右微轉，右拳變掌逆纏上掤至額前；左手逆纏翻掌下按；重心移至右腿，目視前方（圖 2-37）。

要求：用手旋轉分開時，均走弧線；右手上掤時注意不要挑肩架肘。此動吸氣。

內勁：勁隨腰左轉再右轉纏於兩臂，形成右掤左按的開勁。

用法：兩手在身前弧線分開，有「上護頭頂下護身」之意。

動作二：接上勢，重心移至右腿，提左腿向後退一步，左腳尖著地；身體隨倒步左轉，兩手成開勁，目視前方（圖 2-38）。

要求：倒步時，要虛實分明，輕靈自然。與前勢同時進行也可以。

圖 2-38 　　　　　　　　圖 2-39

內勁：勁移右腿左腿逆纏倒步；塌腰勁貫兩手成開勁。

用法：撤步欲將對方勁引空。引勁落空的關鍵，在於明陰陽、分虛實。伯父照丕公曾說：虛實不分，就不能上下相隨，不能上下相隨，就不能引勁落空，不能引勁落空，就不能借助打人。

動作三：接上勢，重心移至左腿，右腳經左腳內側向後退步，兩手雙順纏畫弧交叉於胸前，左手指朝上，手心朝外，右手指朝前，手心朝上，目視前方（圖 2-39）。

要求：向後退步時眼觀前方，耳聽身後，步法輕靈，身法中正。此動先呼氣後吸氣。

內勁：接上勢，勁由右腿纏至左腿，再提右腿退步，用逆纏絲勁，鬆胯塌腰；勁貫兩臂，順纏裡合，交叉於胸前。

用法：退步可套管對方腿腳；勁纏腰貫背，可用肩打背靠。兩手交叉於胸前，可守護於中門。

動作四：接上勢，重心後移至右腿，身體向右轉，兩手雙逆纏分開，左手下按，手心朝下；右手上掤，手心朝外，兩臂成半圓形。左腳收回至右腳左前方，腳尖點地，目視前方（圖 2-40）。

圖 2-40

要求：重心右移，兩手分開，隨身轉並結合腰勁。此動接上勢，先吸氣後呼氣。

內勁：勁由腰脊右轉，重心移於右腿，勁上纏於兩肩胛，過肩肘貫於兩手，周身放鬆，下沉合勁復歸丹田。

用法：此勢為白鵝亮翅成勢。兩手如鵝亮翅，大開門戶，誘敵深入，暗藏殺機。

《歌訣》云：

元氣何從識太和，兩手猶如弄絲羅；

沿路綿纏神機足，亮翅由來見白鵝。

第八式　斜　形

動作一：接上勢，腳步不動，身體左轉，左手逆纏後擺；右手順纏，沉肘鬆肩，向左前畫弧擺動，目視左前方（圖 2-41）。

要求：以身帶手，催動兩臂轉動，如風擺楊柳一樣。此動吸氣。

內勁：勁由丹田發出，由腰纏至右肩，過肩肘至手（以右手為主），右手順纏在面前畫弧，左手逆纏向後畫

圖 2-41　　　　　　　　　　圖 2-42

弧。

用法：如人用拳擊我面部或胸，迅速側身左轉，用右手臂擋過。

動作二：接上勢，身體右轉，右腳尖微向右擺，左腳尖著地，膝向裡合；左手隨身轉由身體左後向上畫弧向前合於鼻前中線，立掌，掌心朝右；右手逆纏畫弧下按於右腿外側，手心朝下，目視左前方（圖 2-42）。

要求：兩手轉動時，以腰為軸，頂勁領起，此動呼氣。

內勁：以腰為軸，勁由左向右轉，纏至右手畫弧下按，左手順纏合於胸前。

用法：接上勢，如對方之拳連續出來，右手化過，再迅速向右轉體，右手下按，左手擋面，守護中門。

動作三：接上勢，重心移至右腿，身體下沉，左腿屈膝提起，兩手向右上方掤，目視身體左前方（圖 2-43）。

要求：兩手上掤，身體下沉，右腿支撐重心，屈膝鬆

圖 2-43

圖 2-44

胯，上下相合。此動吸氣。

動作四：接上勢，身體下沉，左腳跟著地向左前方開步，腳尖上翹，兩手繼續上掤，目視身體左前方（圖2-44）。

要求：開步時，腳跟裡側鏟地而出，兩手上掤，腰勁下塌，有上下對稱之意。此動呼氣。

內勁：右手逆纏上掤，左手順纏上掤，提左腿裡纏開步，沉肘鬆肩，勁合於腰。

用法：兩手上掤，可擺可擋；提腿可蹬、踹、勾、掛。左肩含背靠法。

動作五：接上勢，身體左轉，重心移至左腿；左手逆纏隨身體左轉，走下弧至左膝下；右手順纏向後環繞變逆纏合於右耳下，目視左前方（圖2-45）。

要求：轉體與移重心要協調一致。

此勢分大、中、小三種身法練習。小身法：步小身高，左手從腰間轉過；中身法：如上勢，手從膝下轉過；

圖 2-45　　　　　　　　　　圖 2-46

大身法：左肘從左膝下轉過，故有「七寸肘和七寸靠之說」，就是肘與肩離地 7 寸（約 23 公分左右）。此動先吸氣後呼氣。

　　內勁：以腰左轉勁下行纏至左腿合住。左腰勁上行纏至左肩、左肘、左手，右手逆纏旋腕合於右胸前。

　　用法：此勢以左側為主，右側為輔。左側為擠勁，至肩、至肘，至手，右手做後盾，隨時呼應。

　　動作六：接上勢，身體繼續左轉，重心在左，左手五指合攏變勾手，弧線上提至肩平，右手立掌合於胸前，目視前方（圖 2-46）。

　　要求：左手上提，手腕放鬆領勁；右手蓄而待發，鬆胯塌腰，勁蓄在右腰間。此動為吸氣。

　　內勁：塌腰、鬆肩、沉肘，使勁貫左手腕。

　　用法：五指合攏，以防被人折拿手指；上提手腕，可擊對方下顎。

　　動作七：接上勢，身體右轉，右手逆纏畫弧向右拉

圖 2-47

開，鬆肩沉肘，含胸塌腰，鬆胯屈膝，目視前方（圖 2-47）。

　　要求：此勢兩手兩足位四隅角，要立身中正，舒展大方，開襠貴圓，虛領頂勁，上下四旁，八面支撐，謂之「中定身法」。此動為呼氣。

　　內勁：以右手為主，腰勁右轉，纏至右肩，勁到鬆肩，再纏至右肘，勁到沉肘，再纏至手，勁到坐腕，勁貫中指端。到成勢時，要屈膝鬆胯，含胸塌腰，立身中正，頂勁領起，周身放鬆，氣歸丹田。

　　用法：此勢為中定身法，有支撐八面之意，向右開時，含有右肩和右肘的用法。

　　《歌訣》云：

　　　　一氣旋轉自無停，乾坤正氣運鴻濛。

　　　　學到有形歸無極，方知玄妙在天工。

圖 2-48 圖 2-49

第九式　摟　膝

動作一：接上勢，身體下沉，鬆胯屈膝下蹲；兩手先逆纏略上領，再雙順纏下合於左膝上，重心在左腿，目視前下方（圖2-48）。

要求：兩手下合時要身法正直，隨身下沉，如兩手捧水一樣合勁不丟。此動先吸氣後呼氣。

內勁：腰勁下塌，勁合左腿，上行於兩肩，鬆肩沉肘，合於兩手。

用法：兩手下合，可擊來抱腿人的太陽穴，亦可下擊頭後，使其面部與我膝相撞。

動作二：接上勢，兩手領勁上掤，左手在前，右手在後，立掌於胸前中線，隨手上領重心後移至右腿；左腳收回至右腳左前方，腳尖點地。屈膝鬆胯，目視前方（圖2-49）。

要求：重心走下弧線移至右腿，左腿收回要自然，此動吸氣。

圖 2-50　　　　　　　　圖 2-51

內勁：勁由左腿後移至右腿，塌腰鬆跨，兩手領勁合於胸前中線。

用法：兩手封閉中門，起守護作用，以靜待動。左腳尖虛點地，便於上、下步與變動方向。

第十式　拗　步

動作一：接上勢，身體微右轉，兩手雙逆纏向右下擺，左腿屈膝提起，目視前方（圖2-50）。

要求：下擺時掤勁不丟，提腿上下結合，右腿著地要穩。此動為呼氣。

內勁：勁隨腰右轉，上纏於肩，貫於兩手；鬆跨塌腰，使勁下纏行於左膝。

用法：兩手下擺，帶其前仆，提左膝撞其胸腹。

動作二：接上勢，身體微左轉，左腿向前上步；腳跟著地，腳尖上翹，重心在右腿，兩手左逆右順纏，向上向前掤，目視前方（圖2-51）。

圖 2-52

圖 2-53

要求：向前邁步要自然；兩手畫弧上掤下擺要與身法自然相合。兩手上翻時吸氣，下沉時呼氣。

內勁：勁隨腰先右後左轉，纏於左腿，腳跟著地，腳拇趾上翹領勁；勁上行通過兩臂，貫於兩手，左逆右順纏前掤。

用法：向前上步，兩手前掤擊對方面部。

動作三：接上勢，身體左轉，重心移至左腿，左手逆纏後下按，右手逆纏向前推出，右腿屈膝提起，目視前方（圖 2-52）。

要求：步法穩重，上步輕靈自然。此動先呼氣後吸氣。

內勁：腰左轉，勁由右腿移至左腿，提右腿上步，左手逆纏下擺，右手逆纏前掤。

用法：連續進步擊掌，兩手臂在身體左右兩側畫弧，隨上步下擺前掤，以護左右兩肋及面部。

動作四：接上勢，右腿向右前上步，腿跟著地，腳尖上翹，重心在左腿，身體微左轉；左手後擺，右手前掤，

圖 2-54

圖 2-55

目視前方（圖 2-53）。

　　要求：上步如貓行，輕靈自然，兩手臂在身體兩側圓弧纏繞，以腰為軸。此動呼氣。

　　動作五：接上勢，身體右轉，重心移至右腿，右腳尖外擺落地；右手逆纏畫弧下按至右腿外側；左手順纏上翻，畫弧向前推出，目視前方（圖 2-54）。

　　要求：左手上翻時注意不要挑肩；腰勁要下塌。與上動的氣相連。

　　動作六：接上勢，重心在右腿，身體微右轉，左腿屈膝提起。左手立掌在鼻前中線，右手下按，目視身體左前方（圖 2-55）。

　　要求：提腿時，身體下沉，屈膝鬆跨，上下相合。此為吸氣。

　　動作七：接上勢，左腿向左前方開步，腳跟內側著地，腳尖上翹裡合，身體下沉，兩手在原位加掤勁，目視左前方（圖 2-56）。

圖 2-56

圖 2-57

要求：身法中正，切忌彎腰凸臀。此勢呼氣。

說明：動作四、動作五、動作六、動作七與動作二、動作三的左右上步時的運動路線及用法基本相似，故不贅述。

《歌訣》云：

初收(言第一摟膝)轉圈自然好，未若此圈十分巧；
前所轉圈猶嫌大，此圈轉來愈覺小；
越小小到無圈時，方知太極真神妙。
人言此藝別有訣，往往不肯對人表，
吾謂此藝甚無奇，自幼難以練到老，
練到老年自然悟，豁然貫通神理妙。

第十一式　斜　形

動作一：接上勢，重心移至左腿，身體微向左轉，左手逆纏畫弧向下至左膝前；右手順纏外翻，由後由上畫弧變逆纏合於右耳下，目視左前方（圖 2-57）。

要求：轉體移重心；兩手旋轉時，要結合腰勁，臀部

圖 2-58　　　　　　　　　　圖 2-59

下沉。此動與上勢的呼氣相連。

　　動作二：接上勢，身體繼續左轉，重心在左，左手五指合攏變勾手，弧線上提至肩平；右手立掌全於胸前。目視前方（圖 2-58）。

　　要求：以腰為軸，節節貫串，勁由腰至肩，至肘，至手，左手腕領勁；右手蓄而待發。此動吸氣。

　　動作三：接上勢，身體右轉，右手逆纏畫弧向右拉開，鬆肩沉肘，含胸塌腰，鬆胯屈膝，目視前方（圖 2-59）。

　　要求：此勢兩手兩足位於四隅角，要立身中正，舒展大方，開襠貴圓，虛領頂勁，上下四旁，八面支撐，謂之「中定身法」。此動為呼氣。

　　內勁：腰勁右轉、纏至右肩，勁到鬆肩；再纏至右肘，勁到沉肘，再纏至右手，勁到坐腕，勁貫中指端。成勢時，要屈膝鬆胯，含胸塌腰，立身中正，頂勁領起，周身放鬆，氣沉丹田。

　　用法：與第八式斜形中動作七相同。

第十二式　摟　膝

動作一：接上勢，身體下沉，鬆胯屈膝下蹲；兩手先逆纏略上領，再雙順纏下合於左膝上，重心在左腿，目視前下方（圖2-60）。

要求：兩手下合時，要身法正直，隨身下沉，兩手如捧水一樣合勁不丟。此動先吸氣後呼氣。

內勁：腰勁下塌，勁合左腿，上行於兩肩，鬆肩沉肘，合於兩手。

用法：與第九式摟膝中動作一相同。

動作二：接上勢，兩手領勁上掤。左手在前，右手在後，立掌於胸前正中線。隨手上領，重心移至右腿，左腳收回至右腳左前方，腳尖點地，屈膝鬆胯，目視前方（圖2-61）。

要求、內勁：運行、用法，均與第九式摟膝中動作二相同。

圖 2-60　　　　　　　　　圖 2-61

第十三式　拗　步

動作一：接上勢，身體微右轉，兩手雙逆纏向右下
攦，左腿屈膝提起，目視前方（圖 2-62）。

要求：下攦時，掤勁不丟，提腿上下相合。右腿著地
要穩。此動為呼氣。

內勁：勁隨腰右轉，上纏於肩，貫於兩手；鬆胯塌
腰，使勁下纏，行於左膝。

用法：兩手下攦，帶其前仆，提左膝撞其胸腹。

動作二：接上勢，身體微左轉，左腿向前上步，腳跟
著地，腳尖上蹺，重心在右腿；兩手左逆右順纏，向上向
前掤。目視前方（圖 2-63）。

要求：向前邁步要自然，兩手畫弧上掤下攦要與身法
自然相合。兩手上翻時吸氣，下攦時呼氣。

內勁：勁隨腰先右後左轉，纏於左腿，腳跟著地，腳
拇趾上翹領勁；勁上行通過兩肩，過兩肘貫於兩手，左逆

圖 2-62　　　　　　　　圖 2-63

右順纏前掤。

用法：與第十式拗步中動作二的用法相同。

動作三：接上勢，身體左轉，重心移至左腿，左手逆纏後下按，左手逆纏向前推出（圖2-64），隨之右腿提起，目視前方（圖2-65）。

要求、內勁運行、用法均與第十式拗步動作三相同。

動作四：接上勢，右腳向右前上步，腳跟著地，腳尖上翹，重心在左腿，身體微左轉，左手後擺，右手前推，目視前方（圖2-66）。

要求、內勁運行、用法與第十式拗步動作五相同。

動作五：接上勢，右腳尖外擺，重心移至右腿，提左腿向左前方上一步；身體隨上步自左向右轉體90°；右手逆纏下沉，左手順纏上翻畫弧經左耳變逆纏，與右手交叉相合於胸前，重心偏右腿，目視前方（圖2-67）。

要求：移重心上步時，身體不能上提，兩手交叉，掤勁撐圓，立身中正。此動接上勢先吸氣後呼氣。

圖2-64　　　　　　　　　圖2-65

圖 2-66　　　　　　　　圖 2-67

內勁：腰右轉，內勁下纏於右腿，腳掌踏實抓地，隨提左腿上步，左手由順纏變逆纏，與右手相合，兩臂掤勁飽滿，襠勁圓活。

用法：起防護作用，以靜待動。

第十四式　掩手肱拳

動作一：接上勢，身體略右轉，重心左移，兩手雙逆纏自下向左右分開，目視前方（圖 2-68）。

要求：兩手分時，以身帶手，沉穩圓活，此動接上勢，繼續呼氣。

內勁：勁以腰襠右轉左移，兩手逆纏分開，勁掤於兩小臂外側及掌外緣。

圖 2-68

用法：如對方雙掌擊來，用雙手分勁將來勢分化。

動作二：接上勢，重心右移，身體略右轉，右手順纏上翻變拳合於右腰間，拳心向上；左手由逆纏變順纏，立掌合於胸前正中線，目視前方（圖2-69）。

要求：握拳合勁時身體中正下沉，鬆胯屈膝，勁合於右腿，蓄而待發。此動吸氣。

內勁：鬆胯、塌腰，丹田勁過長強穴，順督脈，沖風池（位於項部），過百會（位於頭正中線，離前髮際約16公分）至人中（在鼻下唇上，鼻唇溝之正中），下分兩肩；鬆肩沉肘，順纏將右拳合於腰間，左手合於胸前。

用法：左掌在前掩護，右拳藏於腰間。用時，突然從左掌下前沖，故名「掩手肱拳」。

動作三：接上勢，右腿蹬地裡合，身體迅速左轉、鬆左胯；右拳逆纏螺旋前沖，左肘向後發勁，目視右拳前方（圖2-70）。

要求：發勁時，擰襠轉腰，將拳突然擊出。前拳後

圖2-69

圖2-70

肘，完整一氣。此動發勁呼氣。

內勁：勁由右腳蹬地裡纏，腰迅速左轉，勁螺旋通過肩肘，催於右拳頂，左肘順纏向後發勁，與右拳配合。故內勁運行有「生於腎，起於腳，行於腿，主宰於腰，通過肩肘，催於手」之說。

用法：前拳後肘，前後對稱，腰如車軸，氣如車輪，完全用襠腰的旋轉力。故有「襠內自有彈簧力，靈機一轉鳥難飛」。

《歌訣》云：

　　上打咽喉下打陰，左右兩肋併中心；

　　上鼻下臁兼兩眼，腦後一擊要人魂。

第十五式　金剛搗碓

動作一：接上勢，身體下沉，重心在左；右拳變掌順纏裡合。左手逆纏合於右小臂內側，目視前方（圖 2–71）。

要求：右臂下沉裡合時，不要彎腰夾肘，失去掤勁。此動吸氣。

內勁：塌腰，鬆肩沉肘，右臂順纏，使勁下沉裡合。

用法：設對方向我背後突然來侵襲，我身體迅速左轉，沉肘鬆肩，將來勁引空，寓有「背折靠、上掤肘」之法。

動作二：接上勢，身體右轉，重心右移；右手逆纏外翻

圖 2-71

上挪至右太陽穴外側，左手逆纏下按於膝上，左腳尖內扣，目視身左側（圖2-72）。

要求：兩手挪勁不丟，左腳尖內扣時，左胯要鬆，切勿頂住，使轉髖不靈。腳尖內扣是為了轉動方向。此動呼氣。

內勁：腰右轉，勁順督脈上升至兩肩，右手逆纏上挪，左手逆纏下按。丹田氣下行，使左腿鬆胯裡合，左腳尖內扣，襠勁合住。

用法：右手上挪攫，將其身體前帶，可以用左胯打，左手下插其襠上挑，可作大背摔。

動作三：接上勢，身體向右轉，重心移至左腿，右腳經左腳內側環繞向前上步，腳尖點地；右手順纏向下畫弧，上托於右胸前，手心向上；左手順纏上翻變逆纏合於右小臂上，手心朝下與胸平，目視前方（圖2-73）。

要求：重心左右移動，步法輕靈自然，周身放鬆下沉。兩手合時吸氣，合好下沉時呼氣。

內勁、用法：與第二式金剛搗碓中動作六相同。

圖2-72　　　　　　　　　　圖2-73

動作四：接上勢，左手順纏外翻下沉於小腹前，手心朝上；右手握拳下沉落於左掌心內，拳心朝上，目視前方（圖 2-74）。

要求、內勁：與第二式金剛搗碓中動作七相同。

動作五：接上勢，右拳逆纏向上提起，與右肩平，右腿屈膝鬆胯；提起右腳懸於襠內，腳尖自然下垂，目視前方（圖 2-75）。

要求：提腿時，身體要下沉，有上下相合之意；提拳時，要鬆肩沉肘，促使內氣下降，腳步穩健。此動吸氣。

內勁、用法：與第二式金剛搗碓中動作八相同。

動作六：接上勢，右腳震腳落地，腳掌踏平，兩腳距離與肩同寬；右拳順纏下沉，落於左掌心，兩臂撐圓，目視前方（圖 2-76）。

要求：右拳右腳同時下沉，震腳發勁，鬆胯屈膝，氣沉丹田。此動呼氣。

內勁、用法：與第二式金剛搗碓中動作九相同。

圖 2-74　　　　　　　　　　圖 2-75

圖 2-76

圖 2-77

第十六式　撇身捶

動作一：接上勢，身體先右後左微轉，兩手在腹前微上掤後下沉，右拳變掌，雙手同時走下弧，向左右分於身體兩側，掌心相對，目視前方（圖2-77）。

要求：兩手下分時要接勁，心氣下降，身體有下沉之感。兩手上接勁時吸氣，分時呼氣。

內勁：勁由丹田發起，下行於腿，上行順督脈至兩肩，貫於兩手。

用法：可用兩手腕或手背撩擊身體兩側敵之襠部。

動作二：接上勢，身體下沉，立身中正，重心移至左腿，提右腿向右橫跨一步；同時兩手先逆後順纏向上翻合於胸前交叉，左手在外，右手在裡，目視前方（圖2-78）。

要求：兩手上撩畫弧交叉時，與開右步同時進行，協調一致。腰勁下煞，襠要開圓。此動為下開上合，吸氣。

內勁：接上勢，勁纏至兩手後，腰略左轉，勁纏至左

圖 2-78　　　　　　　　　　圖 2-79

腿，再開右腿，同時兩手先逆後順纏合於胸前，勁再塌於腰。

用法：左右撩擊後，兩手守護於胸前。

動作三：接上勢，身體左轉，重心還在左腿，兩手在胸前左逆右順纏向左上展，目視左側（圖 2-79）。

要求：兩臂不能展直，轉時兩臂要與腰相結合。此動呼氣。

內勁：勁以腰左轉纏於兩手，左逆右順。

用法：此是「欲右先左」之動，欲向右轉，先向左開，有「聲東擊西」之意。

動作四：接上勢，身體向右轉，重心移至右腿，同時右手逆纏，走下弧經右膝下轉至右腿外側，左手變順纏經左耳側向前推於鼻前正中線，變逆纏，目視右前方（圖 2-80）。

要求：右手下轉時，襠腰勁下沉；如練大身法，還要更低，肩、肘均要從膝以下轉過，也有用右肩打「七寸

圖 2-80

圖 2-81

靠」之說。往下轉時，要先上引。上引吸氣，下轉呼氣。

內勁：塌腰鬆胯，腰向右轉，以右為主。勁由腰至肩，由肩至肘、至手；襠勁由左腿裡纏至右腿變外纏，兩膝、兩腳相合。左手由順變逆纏合於胸前。

用法：此動由腰勁催肩，可高可低打靠或肘法。

動作五：接上勢，重心移至左腿，身體向左轉，左手逆纏下擺，至左膝下，右手順纏上掤，目隨右手轉動（圖2-81）。

要求：兩足踏實抓地，全靠襠勁左右盤旋，腰左右旋轉，帶動兩臂螺旋纏繞。此動先吸氣後呼氣。

內勁：勁由右腿裡纏至左腿變外纏，腰勁向左旋轉，纏於左臂逆纏下沉。右臂順纏裡合，頂勁領起。

用法：向左轉體，隨襠腰勁，貫於肩肘，含有打左背折靠或左上掤肘法。

動作六：接上勢，重心在左，身體繼續左轉，左手逆纏叉腰，拇指在後，四指在前；右手順纏，小指領勁，在

身前平攔至左前方，目隨右手轉至左前方（圖2-82）。

　　要求：旋轉時，以腰脊為軸，不丟不頂，連綿不斷，圓轉自如。此動與上勢相連，繼續呼氣。

　　內勁：接上勢，內勁不斷，繼續左轉。

　　用法：練習襠腰的盤旋勁，結合兩臂的螺旋纏繞，使周身形成一個起於腳，行於腿，主宰於腰，通過肩肘，形於手指的空間螺旋運動，逐步達到「人不知我，我獨知人」的奧妙境界。

　　動作七：接上勢，重心移至右腿，身體向右轉約120°，左腳尖內扣，左胯要鬆，膝微屈。右手變拳，逆纏外翻，向右上挪，至右太陽穴，左臂撐圓，左肘裡合。目由左肘尖視左腳尖（圖2-83）。

　　要求：旋轉時，擰腰轉襠，身體微前傾，身雖斜而中氣正。右拳、左肘尖、左腳尖形成一線，周身相合，切勿彎腰凸臀，此勢吸氣。

　　內勁：勁主宰於腰，由左腿移於右腿，隨重心移動轉

圖 2-82

圖 2-83

腰，勁貫於右肩、右肘，合於左肩、左肘，有左肩與右胯相合、左肘與右膝相合之意。

用法：勁由腰襠貫於右肩時，含「背靠」與「上挑肘」法；左肩肘下合，可引勁落空，亦可用下採肘法。

《歌訣》云：

撇身拳勢最難傳，兩足舒開三尺寬。

兩手分開皆倒轉，兩腿合勁盡斜纏。

右拳落在神庭上，左手叉在左腰間。

身似側臥微帶扭，眼神覷定左足尖。

頂勁領起斜寓正，襠間撐開月半圓。

右肩下打七寸靠，背折一靠更無偏。

右手撇回又一捶，此是太極變中拳。

第十七式　青龍出水

動作一：接上勢，身體右轉，重心移至左腿，右拳順纏下沉畫弧合於右腰間，左手由左腰間先順纏後逆纏向前合於胸前，目視右前方（圖2-84）。

要求：重心合於左腿，鬆胯屈膝，右拳合於右腰間，立身中正，此動右拳弧線下行時呼氣，裡合時吸氣。

內勁：勁由右腿合於左腿，左腿裡纏，右腿外纏，腰勁右轉，右臂順纏，沉肘鬆肩，合於右腰間。

用法：設對方突然從我背後推來，我身體應迅速右轉，

圖2-84

沉右肘，鬆右肩，使其撲空，右肘向右後擊其胸。另外如果對方從右側抓我右臂，我應迅速沉肘鬆肩，旋腕轉臂，解脫其抓拿，用肘或拳擊敵。

動作二：接上勢，身體迅速向左轉，重心迅速移右腿；右拳自右腰間逆纏迅速向右膝前發勁沖拳，左手順纏半握拳收至左肋下，左肘向左發肘勁，目視右下方（圖 2-85）。

要求：用襠內彈簧力及腰的旋轉力，將拳催出去，做到勁達力點，周身完整一氣，開襠貴圓。此動呼氣。

用法：此拳下打可擊對方襠或小腹部。還可在發勁之後，右拳順纏向上往後崩，並含背靠勁，故有「裡纏外崩」之說。

第十八式　雙推手

動作一：接上勢，右拳變掌上掤前引，左手變掌隨身體右轉與右手相合，目視右前方（圖 2-86）。

要求：兩手相合時與腰勁結合。

圖 2-85　　　　　　　　　圖 2-86

內勁：勁由腰貫於兩手，襠勁下沉。

用法：接勁下攦。

動作二：接上勢，身體向左轉，重心自右腿微向左移，左腳尖外擺，兩手左逆右順纏下攦，目視左前方（圖2-87）。

要求：襠走下弧左移，兩手下攦向外掤勁不丟，頂勁領起，身法中正。此動呼氣。

內勁：腰勁螺旋下沉，右腿勁裡合，左腿勁外纏，兩手左逆右順纏下攦。

用法：攦其左臂下合，使其面朝下傾倒。

動作三：接上勢，重心移至左腿，身體繼續左轉，提右腿畫弧，經左腳內側向右前方上步，腳跟著地，腳尖上翹裡合；兩手左移右順纏隨身體旋轉繼續左攦，目視右前方（圖2-88）。

要求：移重心上步時，兩手攦勁不丟，身法中正，接上勢繼續呼氣。

圖 2-87

圖 2-88

內勁：勁由右腿移至左腿，左腿勁外纏，右腿上步，腳尖領勁裡合；腰左轉，勁達兩手，外掤後攦。

用法：轉身上步後攦，是一種沾黏連隨法。使敵有「進之則愈長，退之則愈促，仰之則彌高，俯之則彌深」之感。

動作四：重心移至右腿，身體繼續左轉，兩手由左逆右順纏，變右逆左順纏，向左後向上畫弧，合於左胸前，目視右前方（圖2-89、附圖2-89）。

要求：移重心時，襠從左邊移至右腿；兩手由攦變推按勁，要圓轉自然，不能斷勁。此動吸氣。

內勁：勁由左腿纏至右腿，腰勁左轉，鬆肩沉肘。胸腰運化，旋腕轉膀，勁貫於兩手，合於左胸變推按勁。

用法：由攦轉推按法，向前平推。

動作五：接上勢，身體向右轉，鬆膀下沉，兩手合力前推；左腳收於右腳內側，腳尖點地，重心在右腿，目視前方（圖2-90）。

要求：塌腰鬆膀，合力前推。上動呼氣。

圖2-89　　　　　　　附圖2-89

圖 2-90　　　　　　　　　　圖 2-91

內勁：含胸塌腰，腰勁略右轉，鬆肩沉肘，勁貫於兩手。

用法：兩手合力，封敵雙臂，平胸前推。

第十九式　肘底看拳

動作一：接上勢，身體向左轉，重心在右，左手逆纏下沉於身體左側，右手逆纏略上升，目視左前方（圖2-91）。

要求：腳步不動，手隨身轉，左膝隨身體左轉時外擺，以腰脊為軸。接勁時吸氣，左手下沉時呼氣。

內勁：勁以腰脊為軸，貫於兩手。

用法：左側身引勁。

動作二：接上勢，身體向右轉，左膝隨身體轉裡合，右手變拳順纏下沉裡合於腹前，左手順纏由身後畫弧向上轉至身前左側，高於頭頂，目轉視前方（圖2-92）。

要求：左手上翻時，要身法中正，切勿挑肩，此動吸氣。

圖 2-92

圖 2-93

內勁：以腰脊為軸，帶動兩臂旋轉，左上右下有相合之意。

動作三：接上勢，重心在右腿，左腳尖點地，屈膝鬆胯，含胸塌腰。左肘下沉與右拳上托相合，目視前方（圖2-93）。

要求：身法端正，上下相合，此動呼氣。

內勁：由丹田貫於左肘與右拳。

用法：上下相合，可用拿法；左肘向下可擊對方後腦與後心。

《歌訣》云：

左肘在上，右拳在下，胸有含蓄，側首俯察；

左足點地，右足平踏，兩膝屈住，胸中寬大；

神靈氣足，有真無假，承上啓下，形象古雅。

第二十式　倒捲肱

動作一：接上勢，身體向右轉，右拳變掌，逆纏畫弧

圖 2-94　　　　　　　圖 2-95

下沉於身體右側，左手向前推，重心在右腿，左腳尖虛點地。目視前方（圖 2-94）。

要求：右手下沉時，以肩右轉，帶臂下沉，此動先吸氣後呼氣。

動作二：接上勢，右手順纏由後上翻合於右胸前，身體略左轉，提左腿向左後方退步，腳尖著地；左手略向下塌勁，重心在右腿，目視前方（圖 2-95）。

要求：退左步時，必須等到右手將合至右胸肘再退步，兩手欲前先後有相合之意。此動吸氣。

內勁：以腰為軸，右手由逆纏變順纏，隨腰勁旋轉，向上合於右胸前；腰勁再左轉，提左腿，腳尖著地，裡纏退步。

用法：倒捲肱為倒退防護法。

動作三：接上勢，重心略左移，身體向左轉，左手逆纏後擺，右手逆纏前推，目光瞻前顧後（圖 2-96）。

要求：重心移動與左手後擺，右手前推要協同一致，

圖 2-96　　　　　　　　　圖 2-97

身法中正。此動呼氣。

　　內勁：以腰為軸，勁由右腿移至左腿，隨腰左轉，纏至左肩、肘、手，再逆纏後擺，右手逆纏前推。

　　動作四：接上勢，重心移至左腿，左手由逆纏變順纏，由後向上畫弧，合於左肩前，提右腿畫弧退步，右手略順纏下沉。目視前方（圖 2-97）。

　　要求：退步時，隨重心移動，腳步裡纏畫弧後退，髖關節放鬆、靈活。此動吸氣。

　　內勁：勁發於丹田主宰在腰，隨腰轉動，下行於腿，上行於臂，一動周身結合。

　　動作五：接上勢，身體右轉，重心移於右腿，右手逆纏畫弧下擺，左手逆纏向前推，目視前方（2-98）。

　　要求：身法中正，以身帶手，此動呼氣。

　　內勁：以腰為主宰，勁由左腿裡合纏至右腿，腰勁上行，以身法帶動右手逆纏下擺，左手逆纏前推。

　　用法：倒捲肱是撤退的一種方法。但撤中有守，守中

圖 2-98　　　　　圖 2-99

有攻。主要以腰脊為軸，屈膝鬆胯，退步靈活自然，兩臂在身體兩側圓弧轉動，以護身體兩側之要害。兩手交替前推，可隨時擊打來侵之敵。

說明：倒拳肱一勢是連貫動作，為便於教學，故將此勢間斷、分解。待練熟後，應將動作連貫起來，一氣呵成。練習倒拳肱時，按正規要求，從退左腳起，連續五步還原到左腳上。如場地小，退一步或三步均可。

第二十一式　白鵝亮翅

動作一：接上勢，重心移至右腿，右手由逆纏變順纏，向後向上畫弧合於右肩前；此時身體微左轉，提左腿向後退步，腳尖著地；同時左手微下沉。重心微左移，左腳踏實，身體微左轉，右手前推，左手下沉於右小臂內側，兩手相合，目視右前方（圖 2-99）。

要求：塌腰鬆胯，兩手有相合之意。此勢繼續吸氣。

內勁：勁由右腰上纏，通過右肩肘，至右手前推下

圖 2-100   圖 2-101

塌，兩手相合，腰勁略左轉，勁由右腿略向左移。

用法：有下擺之勢。

動作二：接上勢，身體略向左轉，重心移至左腿；提右腿向右後方退步；同時左手逆纏下擺畫弧變順纏向上向前，與右手順纏下擺上合於胸前交叉。左手心朝外，合於右小臂內側，右手心朝上，在胸前中線，目視前方（圖 2-100）。

要求：移重心向後落步，兩手畫弧交叉，要穩定重心，立身中正，倒退步要輕靈自然，上下相合。兩手下擺時呼氣，上合交叉時吸氣。

內勁、用法：與第七式白鵝亮翅中動作三相同。

動作三：接上勢，重心移至右腿，身體向右轉，右手逆纏上掤於右前上方與眉平，左手逆纏下按於左膝上方；提左膝把腳收於右腳左前方，腳跟提起，腳尖著地，目視前方（圖 2-101）。

要求：屈膝鬆胯，立身中正，兩手掤圓，虛領頂勁。

內勁：勁隨腰右轉，上行於肩（鬆肩），再催於肘（沉

圖 2-102　　　　　　　　圖 2-103

肘），貫於手指（右手中指領勁）。左手下塌，勁貫於手指，再回歸丹田。

第二十二式　斜　形

動作一：接上勢，腳步不動，身體左轉，左手逆纏後擺；右手順纏，沉肘鬆肩，向左前畫弧擺動，目視左前方（圖 2-102）。

要求：以身帶手，催動兩臂轉動，如風擺楊柳一樣。此勢吸氣。

內勁：勁由丹田發出，由腰纏至右肩，過肩肘至手（以右手為主），右手順纏在面前畫弧，左手逆纏向後畫弧。

用法：如對方用拳擊我面部或胸，我可迅速側身左轉，用右手臂擋過。

動作二：接上勢，身體向右轉，右腳尖微向右轉，腳尖著地，膝向裡合；左手隨身轉由身體左後向上畫弧，向

圖 2-104

圖 2-105

前合於鼻前正中線，立掌，掌心朝右；右手逆纏畫弧，下按於右腿外側，手心朝下，目視左前方（圖 2-103）。

　　要求：兩手轉動時，以腰為軸，頂勁領起，此動呼氣。

　　內勁：以腰為軸，勁由左向右轉，纏至右手畫弧下按，左手順纏合於胸前。再迅速向右轉體，右手下撥，左手擋面，守護中門。

　　動作三：接上勢，重心移至右腿，身體下沉，左腿屈膝提起，兩手向右上方掤；目視身體左前方（圖 2-104）。

　　要求：兩手上掤，身體下沉，右腿支撐重心，屈膝鬆胯，上下相合。此動吸氣。

　　動作四：接上勢，身體微下沉，左腳跟著地，向左前方開步；腳尖上翹，兩手繼續上掤，目視身體左前方（圖 2-105）。

　　要求：開步時，足跟裡側鏟地而出，兩手上掤，腰勁下塌，有上下對稱之意。此動呼氣。

內勁：右手逆纏上掤，左手順纏上掤，提左腿裡纏開步，沉肘鬆肩，勁合於腰。

用法：兩手上掤，可攦可擋，提腿可蹬、踹、勾、掛，左肩含背靠法。

動作五：接上勢，身體向左轉，重心移至左腿；左手逆纏隨身體左轉走下弧至左膝下，右手順纏向後環繞變逆纏合於右耳下，目視左前方（圖2-106）。

要求：轉體移重心要協調一致。此勢分大、中、小三種身法練習。具體說明參照第八式斜形動作四中的說明。

內勁：以腰左轉，勁下行纏至左腿合住。左腰上行，纏至左肩、左肘、左手，右手逆纏旋腕合於右胸前。

用法：此勢以左側為主，右側為輔。左側為擠勁、至肩、至肘、至手，右手做後盾，隨時呼應。

動作六：接上勢，身體繼續左轉，重心在左腿，左手五指合攏變勾手，弧線上提至肩平，右手立掌合於胸前，目視前方（圖2-107）。

圖2-106　　　　　　　　　圖2-107

要求：左手上提，手腕放鬆領勁；右手蓄而待發，鬆胯塌腰，勁蓄在右腰間。此動為吸氣。

內勁：塌腰、鬆肩、沉肘，使勁貫左手腕。

用法：五指合攏，以防被人折拿手指，上提手腕，可擊對方下頦。

動作七：接上勢，身體右轉，右手逆纏畫弧，向右拉

圖 2-108

開，鬆肩沉肘，含胸塌腰，鬆胯屈膝，目視前方（圖 2-108）。

要求：此勢兩手兩腳位四隅，要立身中正，舒展大方，開襠貴圓，虛領頂勁，上下四旁，八面支撐，稱之「中定身法」。此動為呼氣。

內勁：以右手為主，腰勁右轉，纏至右肩，勁到鬆肩；再纏至右肘，勁到沉肘；再纏至手，勁到坐腕，勁貫中指端。成勢時，要屈膝鬆胯，含胸塌腰，立身中正，頂勁領起，周身放鬆，氣歸丹田。

用法：此勢為「中定身法」，有支撐八面之意，向右開時，含有右肩和右肘的擊法。

第二十三式　閃通背

動作一：接上勢，身體微左轉，重心略向左移，左手變掌上領勁，右手由右順纏畫弧向左，與左手有相合之意，目視左手中指端（圖 2-109）。

圖 2-109　　　　　　　　　　圖 2-110

　　要求：塌腰鬆胯，重心隨身體微左轉前移，切勿彎腰
探身。此動兩手相合時吸氣。

　　內勁：勁由右腳裡纏上行，隨腰左纏上行過肩、過
肘，達於兩手，欲有相合之意。

　　用法：兩手相合，搭於對方右臂，可用擺勁。

　　動作二：接上勢，身體右轉，重心移至右腿，左腿屈
膝收回，腳尖點地；同時兩手隨身體右轉下擺至右外側；
左順右逆纏，兩手心朝外。目視左側（圖 2-110）。

　　要求：兩手合勁，向右側擺時，隨重心右移，腰勁下
塌，周身一致。此動呼氣。

　　內勁：勁由腰右轉過兩肩到達兩手合力變擺勁；另
則，左肩下合，右肩向後上靠，勁由左肩通過，到達右
肩。

　　用法：對方從前來，順手合力將其勁擺空；對方從後
來，左肩下合，將來勁引空。右肩可打背折靠。

　　動作三：接上勢，身體左轉，重心在右腿，左腳尖虛

圖 2-111

圖 2-112

點地；左手逆纏畫弧上掤，右手順纏畫弧向下與左膝相合，目視身體右前方（圖 2-111）。

　　要求：以腰為軸，左右轉動，下合時，左手上掤，右手與左膝，右肩與左胯均有相合之意。此動吸氣。

　　內勁：勁由腰左轉，左手沉肘鬆肩，逆纏上掤，右手順纏下合。勁再由右肩通過到達左肩。

　　用法：先向後右攦，對方抽回時，打其回勁。

　　動作四：接上勢，身體微右轉，重心在右腿，左腿屈膝提起，同時右手順纏向上收於右腰間，左手順纏立掌向前，目視前方（圖 2-112）。

　　要求：提左腿時，上下相合，右腿支撐重心要穩。此動繼續吸氣。

　　動作五：接上勢，身體微右轉，重心在右腿，左腿向前上步，腳跟著地，腳尖上翹，目視前方（圖 2-113）。

　　要求：重心仍在右腿，上左步要自然。此動繼續吸氣。動作四、動作五也可連貫不停。

圖 2-113

圖 2-114

動作六：接上勢，重心移至左腿，身體微左轉，同時，右手略順纏，向前上方穿掌，左手逆纏向下，五指合攏，向身後方掤出，目視前上方（圖 2-114）。

要求：穿掌時，右腳蹬地，腰勁貫手指，此動呼氣。

內勁：勁起於腳，行於腿，主宰在腰，通過肩肘，貫於手指，周身一致。

用法：右穿掌可直插對方咽喉，也可穿其眼睛。左手五指合攏在後，可解脫擒拿，亦可擊對方襠部。

動作七：接上勢，重心在左，身體速右轉，右腿屈膝提起，右手迅速逆纏外翻，上掤後攦至額前上方，左手變掌順纏上掤至身體左側，目視身體左前方（圖 2-115）。

要求：兩手畫弧上掤，提腿迅速轉身，動作要協調一致。此勢為過渡動作，熟練時，此動不停，吸氣。

內勁：勁由腰向右滾翻，纏至兩臂旋轉，貫於兩手加攦勁，走上弧再下煞於腰。

用法：迅速轉身向後可用背靠和向後發肘勁，亦可不

圖 2-115　　　　　　　　圖 2-116

提右腿，兩手上掤對方手臂，左胯挑對方襠部，使其從上
跌出，與摔跤的胯背式相同。

　　動作八：接上勢，右腳震腳落地，身體繼續右轉，提
左腳向左前方邁步，重心偏右；兩手由上往下交叉於腹
前。身體由動作六開始至動作八轉體180°，目轉視前方
（圖2-116）。

　　要求：熟練後，上勢可不停，可一氣呵成。右腳落地
踏實，左腳邁步要穩。鬆胯屈膝，腰勁下塌，兩手與轉腰
結合。此勢繼續吸氣。

　　內勁：勁合於腰，沉於腳，貫於手。

　　用法：閃通背亦有「三通背」之稱，身法左閃右閃，
內勁順任、督二脈環行三周，在左、右背通過三次，故有
「三通背」之說。「閃」者，將背後來勁引空，快速將對
方跌出。

　　《歌訣》云：

　　　　自從閃通大轉身，一波三折妙如神，

禹門流水三級浪，詎少漁人來向津，

東來東打原無定，只此一擊定乾坤，

人說此中多妙術，浩然一氣運天眞。

第二十四式　掩手肱拳

動作一：接上勢，身體微右轉，重心左移，兩手雙逆纏下分，目視前方（圖 2–117）。

要求：兩手下分時，隨重心移動，分手要在身體略右轉時進行，以身帶手。此勢呼氣。

內勁：勁由右腿纏至左腿，兩臂隨腰勁轉動逆纏下分。

動作二：接上勢，重心由左腿再移向右腿，鬆右胯，兩手變順纏下合。右手握拳屈肘合於右腰間，拳心向上，左手掌心朝前，指尖朝上，合於胸前正中線。目視前方（圖 2–118）。

要求：重心合於右腿，塌腰鬆胯，周身相合，意識集

圖 2–117　　　　　　　　　圖 2–118

中，以靜待動，有一觸即發之勢。此勢吸氣。

內勁：腰勁下塌，含胸束肋，鬆肩沉肘，勁合於拳。拳勿握緊，右腳尖內扣，右胯放鬆下沉，使右腿形成一個螺旋纏絲勁，像彈簧一樣，壓得越緊，反彈的力量越大。

用法：周身合勁團聚不散，內勁飽滿充溢時，可用肩發肩，用肘發肘，用掌發掌，用拳發拳，掌握這個合勁後，即可隨心所欲，任其自然。

圖 2-119

動作三：接上勢，重心迅速由右腿移向左腿，身體迅速向左轉；右拳逆纏，迅速向前發勁，左肘快速向後發勁。左手半握拳，收至左肋旁，目視前方（圖 2-119）。

要求：發勁時，右腳蹬地，襠勁內扣，擰腰轉襠，以腰脊為軸，立身中正，旋轉發力，前拳後肘，二勁平衡。發勁時配合呼氣。

內勁：丹田勁沉於右腳，再由右腳蹬地發出，順右腿裡纏至左腿，腰勁迅速左轉，上纏至右肩肘，再逆纏達右拳頂；左肘輔助發勁，使周身完整一氣。

用法：向前螺旋沖拳，可擊對方胸部，左肘後擊，可打背後摟抱之人的肋部。

第二十五式　六封四閉

動作一：接上勢，身體略右轉，重心略向左移，右拳變掌畫小圈接勁，左手變掌走上弧與右手相合，目視右前

圖 2-120　　　　　　　　圖 2-121

方（圖 2-120）。

　　要求：兩手相合接勁時，以腰催左手與右手相合，切勿單臂運行和身體前探。此動吸氣。

　　內勁：身體右轉，腰勁貫於左手與右手相合。

　　用法：搭手接勁，準備下攦。

　　動作二：接上勢，重心略右移，身體向左轉，左腳尖外擺，兩手左逆右順纏合力向左下方攦，目視右前方（圖2-121）。

　　說明：此勢動作仍是過渡動作，為表示清楚，特此介紹，在練習時，可以不停頓。

　　動作三：接上勢，重心移至左腿，提右腳經左腳後向右上步，腳跟著地，腳尖上翹；同時，身體繼續左轉，兩手繼續向左攦，目視右前方（圖2-122）。

　　要求：移重心，上步要自然，兩手攦、掤勁不丟。

　　動作四：上勢不停，重心右移，兩手變左順右逆纏向上畫弧合於肩前，隨兩手相合，身體向右轉，目視右前方

圖 2-122

圖 2-123

（圖 2-123）。

要求：在由擺變按時，兩手下擺上合，腰襠左移右旋，沉肘鬆肩，旋腕轉膀，使勁不丟不頂，圓轉自如，轉折順遂。此動繼續吸氣。

內勁：勁繼續右轉，塌腰鬆肩，纏至兩手。

用法：由擺勁轉變為按勁，調節轉換，全在襠、腰、胸間運化。

圖 2-124

動作五：接上勢，重心在右，身體微右轉下沉，兩手合力走弧線，向右前下方按；左腳收於右腳內側 20 公分處，腳尖點地，目視右前下方（圖 2-124）。

要求：按時要鬆胯塌腰，鬆肩沉肘，兩手合力隨身體下沉前按，周身一致。此動呼氣。

圖 2-125

圖 2-126

內勁：周身完整之勁，由鬆腰胯、沉肩肘，貫於兩手，形成按勁。

用法：雙手合力將對方按出，或以聽勁與沾黏勁封閉對方，使其處於被動。

第二十六式　單　鞭

動作一：接上勢，身體微右轉，兩手雙順纏，左手在前，右手在後旋轉，重心在右，左腿以腳尖為軸，膝隨身體轉動裡合，目視兩手（圖2-125）。

要求：兩手旋轉時要圓活，不能有抽扯之形。此動吸氣。

內勁、用法：與第五式單鞭中動作二相同。

動作二：接上勢，身體左轉，重心在右，左腿以前腳掌著地，膝隨身體轉動外擺；右手逆纏，五指合攏，手腕領勁，走弧線向上提起與肩平；左手手心朝上，隨身體轉動下沉於腹前，左肘掤勁不丟，目視右手（圖2-126）。

圖 2-127　　　　　　　　　圖 2-128

　　要求：右手變勾手上提時，隨身體旋轉，塌腰鬆肩，沉肘，以腰為軸，節節貫串。此動為開，呼氣。

　　內勁、用法：與第五式單鞭中動作二相同。

　　動作三：接上勢，身體右轉，重心全移於右腿，左腿屈膝提起；左膝內扣，右手腕領勁；左手不動，鬆肩沉肘，上下相合，目視身體左前方（圖 2-127）。

　　要求：右腿支撐重心，上下相合，切忌彎腰凸臀。此動為合，吸氣。

　　內勁、用法：與第五式單鞭中動作三相同。

　　動作四：接上勢，右腿支撐重心，左腿腳跟內側著地，向左鏟地滑出，腳尖上翹裡合；右手腕領勁，左手下沉合勁，目視左側（圖 2-128）。

　　要求：立身中正，掤勁不丟。此動為開，呼氣。

　　內勁：團聚丹田之氣，上領右手腕，順大腿下行纏至腳跟內側，腳大拇趾領勁，左臂下沉，向右引勁。

　　用法：與第五式單鞭中動作四相同。

圖 2-129　　　　　　　　　圖 2-130

動作五：接上勢，身體微右轉，重心左移，成左弓步，左手穿掌上掤逆纏外翻至右胸前，目視前方，瞟視左手（圖 2-129）。

要求：移重心時，襠走外下弧線，旋轉移動，左膝不能超出左腳尖；左手外翻時，注意不能挑肩架肘。此動吸氣。

內勁：以腰帶動，勁由右腳外向內逆纏上升至長強穴，再由內向外順纏至左腳尖。左腳尖外擺，右腳尖內扣；再上行由腰至肩、至肘、至手；左手大拇指領勁。

用法：此勢左側含背折靠和穿肘法。

動作六：接上勢，身體微左轉，左手逆纏外開，至左膝上變順纏放鬆下沉。目光將左手送到位置後，轉視前方（圖 2-130）。

要求：左腳尖外擺，右腳尖內扣，鬆胯、屈膝，開襠貴圓，立身中正，虛領頂勁，鬆肩沉肘。兩臂與兩腿兩相合之意。

內勁、用法：與第五式單鞭中動作六相同。

第二十七式 雲 手

動作一：接上勢，身體微左轉，重心略向左移，右手變掌順纏畫弧下沉至腹前，掌心朝左，指尖朝前。腳步不動，左手領勁，目視身體右側（圖2-131）。

動作二：接上勢，身體向右轉，重心移至右腿，右手由順纏變逆纏，畫弧外翻上掤，至右前上方；左手順纏走下弧合於腹前，目視身體左前方（圖2-132）。

動作三：接上勢，身體微左轉，左手由順纏變逆纏，畫弧外翻上掤，右手變順纏走下弧合於腹前；同時重心移至左腿，右腳併步於左腳內側，目視身體右前方（圖2-133）。

動作四：接上勢，身體微右轉，右手由順纏變逆纏，外翻上掤；左手順纏走下弧，裡合於腹前；同時重心移至右腿，提左腿向左開步，腳跟著地，腳尖上翹，目視身體左前方（圖2-134）。

圖2-131

圖2-132

圖 2-133　　　　　　　　　　圖 2-134

說明與要求：雲手以腰為軸，兩手在體前分別向左右兩側畫圓，如車輪滾翻，上下往返，按拳論要求，兩手運轉，上不過眉，下不過臍，隨步運動，隨身旋轉。

練習方法：併步、偷步（即插步）、蓋步均可。一般採用併步法。併步法為提右腳收於左腳內側，為一併步；然後重心再移至右腿，左腳向左側為一開步，這樣可循環往復練習。在練習時，可根據場地大小適當安排，如地方適當，一般採用三併三開式；如果地方狹窄，可採用二併二開式或一併一開式。但注意最後應為左開步，還可以用偷步或蓋步方式向左右來回運轉。隨練習條件的改變也可再變姿勢。圖解只列舉了一併一開式，請練習者酌情掌握。併步雲手時為呼氣，開步時吸氣。

內勁：氣由丹田發起，以腰為軸，上旋於兩臂，下盤於兩腿，步法輕靈變化，兩臂隨身體擺動，勁貫四梢。

用法：雲手是左顧右盼的一種練習方法，運用左過右來，右來左過，循環不已，結合靈活的步法，可左可右，

可進可退；偷步、蓋步均可轉體，並且迅速方便；是以防守為主，防中有攻，攻中有防，攻防兼顧，步法靈活的一種練習方法。

《歌訣》云：

兩手轉環東復西，兩足橫行步法奇；

來回運氣恆不己，雙懸日月照乾坤。

第二十八式　高探馬

動作一：接上勢，身體微左轉，重心移至左腿，右腳收至左腳內側；鬆胯屈膝，虛步，腳尖點地。兩手左逆右順纏，左上右下畫圓交叉於胸前相合，目視身體右前方（圖2-135）。

要求：收右腿與兩手交叉同時進行。右臂合時，掤勁不丟。鬆胯屈膝，身法中正。此勢先吸氣，後呼氣。

動作二：接上勢，重心在左，提右腿向右後方開一步，右臂隨身左轉向左引勁，目視身右側（圖2-136）。

圖2-135

圖2-136

圖 2-137　　　　　　　　圖 2-138

要求：開步時有上引下進之勢，身法不丟。吸氣。

動作三：接上勢，重心右移，身體微右轉，右臂逆纏下分，左手逆纏上掤，目視前方（圖 2-137）。

要求：手臂分開時，隨襠腰旋轉，身法中正，兩臂掤勁不丟，有支撐八面之勢。此動呼氣。

動作四：接上勢，身體右轉，重心左移，右手順纏外翻，上掤至身體右側與肩平，目隨右手旋轉（圖 2-138）。

要求：右手外翻上掤旋轉時，要開胸鬆胯，有開中寓合之勢。此動吸氣。

動作五：接上勢，身體由右向左轉，重心略右移，右腳尖內扣，同時右手變逆纏，內轉合於右胸前；左手順纏裡合，目視右前方（圖 2-139）。

要求：塌腰含胸，鬆胯屈膝，腳尖內扣，周身相合。此動繼續吸氣。

動作六：接上勢，身體繼續左轉，重心在右腿，左腳

圖 2-139

圖 2-140

附圖 2-140

向後畫弧，收於右腳內側，腳尖點地；同時右臂沉肘鬆肩，順纏向右側推；左手順纏收至腹前與臍平，手心向上，目視右前方（圖 2-140、附圖 2-140）。

　　要求：要隨著轉體推右掌，周身一致。此動呼氣。

　　內勁：此勢以腰為軸，勁先合後開；再塌腰、鬆胯、

開胸、轉臂,將右手合於右胸。再轉體,鬆肩沉肘,勁貫右手掌。

《歌訣》云:

> 上下手足各相隨,後往前轉莫遲疑;
> 只分身法轉不轉,擊搏各有各新奇。

第二十九式　右擦腳

動作一:接上勢,腳步不動,身體微右轉,左手逆纏上掤與右手相合,目視右前方(圖2-141、附圖2-141)。

要求:左手與右手相合時,以腰勁相催,左膝微內扣,意在兩手。此動吸氣。

動作二:接上勢,腳步不動,身體微向左轉,兩手左逆右順纏,向左下攦,目視右前方(圖2-142、附圖2-142)。

要求:兩手下攦時,外掤勁不丟,隨身體旋轉放鬆下沉。此動呼氣。

圖2-141　　　　　　　　附圖2-141

圖 2-142

附圖 2-142

圖 2-143

附圖 2-143

　　動作三：接上勢，左手由逆纏變順纏，畫弧向上，再變逆纏與右手交叉相合於胸前。同時，提左腿向右腿外側交叉蓋步，重心在右，左腳跟外側著地，目視右前方（圖2-143、附圖2-143）。

　　要求：重心在右腿，手腳同時交叉相合，周身放鬆靈

圖 2-144　　　　　　　附圖 2-144

活；切勿僵硬，重心不穩。此
動吸氣。

　　動作四：接上勢，重心移
至左腿，左腳掌踏實，右腿虛
足點地，兩臂逆纏外翻上掤，
身體下沉。目視右側（圖 2-
144、附圖 2-144）。

　　要求：身體下沉，兩臂上
掤，有上下對稱之意。腹肋部
之肌肉應鬆馳下沉，左腿重心
穩定。此動呼氣。

圖 2-145

　　動作五：接上勢，右腿迅速向上踢起，兩手自上而下
分開，右手合力擊拍右腳面，左腿獨立步，目視右前方
（圖 2-145）。

　　要求：左腿支撐重心要穩重，兩手上分下合勁要均
勻，形成左右對稱。右腳上踢起腳速度要快，上下相合。

此動先吸氣，後呼氣。

內勁：此勢勁由腰間發出，上纏至左手，兩手相合。下擺再交叉於胸前上掤，身法下沉，穩定重心，提腿上踢與右手相合，勁達右腳、右手。

用法：設對方在右，右手由上向下經對方面部晃其視線，提右腳低踢其襠，高踢其胸腹或下頦。

第三十式　左擦腳

動作一：接上勢，身體右轉，右腳環繞外擺落地，腳跟外側著地，重心在左。同時兩手左上右下交叉於胸前。目視正前方（圖2-146）。

要求：穩定重心，右腿順纏外擺，兩手交叉。同時做到身法中正。此動先吸氣後呼氣。

動作二：接上勢，重心移至右腿，身體繼續右轉，左腿虛腳點地；同時兩臂外翻上掤，目視身左側（圖2-147）。

圖2-146

圖2-147

要求：兩臂上掤，身體下沉，右腿支撐重心要穩定。此動先吸氣後呼氣。

動作三：接上勢，右腿支撐重心，左腳提起後迅速向上踢，兩手由上向下分開，左手合力擊拍在腳面，目視左前方（圖2-148）。

要求：右腿支撐，重心要穩；左腿起腳要迅速，並與左手相合。此動先吸氣後呼氣。

圖2-148

內勁：此式右腿勁順纏外擺，兩手勁相合，隨身體右轉，勁纏至右腿；兩臂勁逆纏外掤，勁貫左腳尖與左手相合。

用法：接上勢，踢右腳後，緊接轉身踢左腳，有連續進攻之勢。

第三十一式　左蹬一跟

動作一：接上勢，拍腳後，身體向左轉180°，左腳隨轉體收至右腳內側，虛腳點地；兩手相合於腹前；目視前方（圖2-149、附圖2-149）。

要求：轉身時，重心在右腿要穩，轉身自然，周身合勁不散。

動作二：接上勢，腳步不動，身體微左轉。兩手雙逆纏走下弧向左右兩側分開，目光掃視左右（圖2-150、附圖2-150）。

動作三：接上勢。兩手握拳相合於腹前，拳心向裡。

圖 2-149

附圖 2-149

圖 2-150

附圖 2-150

左腿屈膝提起，腳尖自然放鬆；目視身體左前方（圖 2-151、附圖 2-151）。

　　要求：身體下沉，提腿，屈膝，鬆胯，上下相合，兩肘外掤，蓄而待發。此動吸氣。

　　內勁：周身相合，聚於丹田。拳論云：「蓄要蓄得

圖 2-151

附圖 2-151

緊，開要開得盡」、「蓄勁如開弓，發勁如放箭。」周身放鬆合一，發勁才能乾脆俐索，完整一氣。

用法：周身蓄而待發，主要以左腳為主，蹬踹對方腰部，左拳打其面部，右拳對稱輔助。

動作四：接上勢，右腿支撐重心，身體向右側傾斜，左腳用腰襠彈力向左側平蹬與腰

圖 2-152

胯相平。兩拳分別向左右發勁，力貫拳頂（圖 2-152）。

要求：右腳著地要穩，左腳和左、右拳要同時發勁，要「縮身如猬形，吐氣貫長虹」。此動呼氣。

內勁：接上勢，團聚丹田之勁，同時貫於左腳和左、右拳。但不能完全開盡，開盡如成一條直棍，沒有環繞餘

地。拳歌曰：「勸君至力休使盡，留下三分防後侵」。

用法：當被對方圍困時，突然發勁，衝出重圍。

第三十二式　前趟拗步

動作一：接上勢，左腳落地，重心移至左腿。兩拳變掌，左掌畫弧前推，右掌環繞合於右耳下；目視左前方（圖2–153）。

要求：蹬腿後，身體右轉，同時左腳收回，然後再向左前方邁出，與左右手環繞配合。此勢收腿時吸氣，邁步落腳時呼氣。

內勁：蹬腳後，勁收回丹田，主宰於腰，身體向左轉，再貫於左腿，上合於左右手。

用法：蹬腳後隨上步跟進，逼其倒退，借機擊打。

動作二：接上勢。身體繼續左轉，重心仍在左腿。左腳尖外擺，提右腿向前上一步，左手隨身體左轉畫弧下按，右手向前推出，重心移至右腿，目視右前方（圖2–154）。

圖2-153

圖2-154

要求：上步與兩手擺動要協調一致，分清虛實；上步自然。此勢提腿時吸氣，落步時呼氣。

內勁：隨身體左轉，勁由腰下行，鬆胯提膝，貫於右腳，上行鬆肩沉肘貫於兩手。以腰脊為軸，兩臂在身體兩側畫圓擺動。

用法：兩臂如車輪翻滾，前後左右防護周身。

圖 2-155

動作三：接上勢，重心在右腿，提左腿向前上步，身體隨上步向右轉，右手逆纏畫弧向身體右側下按，左手順纏上翻前掤；目視身體左前方（圖 2-155）。

要求：上左步時，重心右移，右腳尖外擺；左手上翻前掤，右手下按與身體右轉上步要協調一致。此動吸氣。

內勁：勁塌於腰，貫於手，頂勁領起。

用法：此式可向左下方用肩肘發勁。

第三十三式　擊地捶

動作一：接上勢，身體微右轉下沉，重心左移。兩手變拳，左拳心偏裡向上；右拳向上合於右肩平，拳心朝裡。目視左前下方（圖 2-156）。

要求：身體下沉，鬆胯屈膝，腰勁煞下，兩臂掤勁不丟。此動繼續吸氣。

內勁：襠勁要圓，腰勁塌住，貫於兩拳。

動作二：接上勢。身體向左轉，重心左移。左拳逆纏

圖 2-156

圖 2-157

向下畫弧經左膝前上提至頭左側與頭平；右拳逆纏從右耳後向前下方栽拳；目視前下方（圖 2-157）。

要求：下栽拳時，頂勁領起，切忌彎腰凸臀。

內勁：扭腰轉胯。左拳逆纏上提，右拳逆纏向前下方栽拳。

用法：設對方從我背後推來，我突然轉背鬆沉，將對方勁滑空，使其栽倒。左肩可打背折靠。

《歌訣》云：

　　放開腳步往前貪，已罷東蹬左足懸。

　　下擊一捶光致命，然後回身欲飛天。

第三十四式　踢二起

動作一：接上勢。重心右移，右拳逆纏，右肘向右後上方上掤，左拳逆纏下栽於左腿外側；目視左前下方（圖 2-158）。

要求：向右翻身時，轉體、移重心、肘上掤要同時一

圖 2-158　　　　　　　圖 2-159

致。此動吸氣。

內勁：勁由腰發，向右轉上纏於右肘，左拳逆纏下合。

用法：若對方從我背後襲來，我迅速轉身用右肘擊其面部。

動作二：接上勢，身體繼續右轉，重心移至左腿。提右腿收至左腳右前方，屈膝鬆胯，腳尖著地；同時右拳順纏外翻隨轉體下合於身體右側，左拳順纏隨轉體上沖拳於面前右側，目視前方（圖 2-159）。

要求：以腰為軸，兩拳翻轉掤勁不斷，身體翻轉180°，所以也叫「翻身踢二起」。此動呼氣。

內勁：以腰脊為軸，勁纏至兩拳。

用法：翻身轉勢如車輪滾動，將來勁滾落空地。

動作三：接上勢，身體微右轉，重心向前移至右腿；右拳向後移，左拳向前掤。身體略向前傾；目視前方（圖2-160）。

動作四：接上勢，重心落於右腿；提左腿前踢，右拳後

圖 2-160

圖 2-161

掤；目視前方（圖 2-161）。

動作五：接上勢，身體微左轉；右拳變掌由後畫弧向上高於頭頂，左拳變掌走下弧在身體左側向後撩；目視前方（圖 2-162）。

動作六：接上勢，左腳迅速落地，右腳快速上踢；右手向下拍擊右腳面，左手向後上撩；目視右手掌（圖 2-163）。

圖 2-162

說明與要求：此式動作五、動作六是為了便於初學者清楚地觀察動作路線的變化而增加的兩張分解圖，當熟悉之後可連貫完成。在踢腳時盡量跳起，右腳上踢與右手相合，左手向上領勁。踢腳時呼氣。

內勁：勁由腰起；左腿先起，然後右腳蹬地上踢，兩

圖 2-163　　　　　　　圖 2-164

臂在身體左右兩側畫圓與右腳相合。

用法：上踢對方咽喉下頦，兩腿一起一落也可以做連環腿用。

《歌訣》云：

二足連環起，全身躍半空。

不從口下踢，何自血流紅。

第三十五式　護心拳

動作一：接上勢，右手拍擊右腳後，右腳落於左腳內側，左右兩手分別下按於兩大腿外側，屈膝鬆胯，立身中正，目視前方（圖 2-164）。

要求：起跳後隨即身體下沉，屈膝鬆胯，兩手下合。

內勁：右腳落地，合於丹田。

動作二：接上勢，重心移至右腿，提左腿向左側偏後方開一步，同時兩手向左畫弧上掤後攦，身體向右轉；目視左前方（圖 2-165）。

圖 2-165

圖 2-166

要求：身體下沉，重心在右，左腿開步要自然，與兩手後擺協調一致。此動吸氣。

內勁：內勁由腰下纏至左腿，腳尖內扣。兩手左順右逆纏絲向後上方擺。

動作三：接上勢，身體先右後左轉，重心移至左腿，提右腿將右腳收於左腳內側，虛腳點地；同時兩手先後右畫弧下沉，再向左上掤，左手由順變逆纏，右手由逆變順纏；目視右前方（圖 2-166）。

圖 2-167

要求：以手領勁，右腳收回要自然協調。兩手左上掤之前，先向右畫弧下沉，即所謂「欲左先右」。此動呼氣。

動作四：接上勢，重心在左，提右腿向右側跨一步。兩手向左上掤，目視身體右前方（圖 2-167）。

圖 2-168   圖 2-169

要求：手領腳開，上引下進，身法端正。此動吸氣。

動作五：接上勢，身體向右轉，重心移至右腿下沉；同時右手變逆纏走下弧經右膝向外旋轉，左手變順纏由左向右攔至面前；目視前方（圖 2-168）。

要求：如練大身法，右肩、右肘均由右膝下轉過，結合腰襠勁，含有「七寸」靠肘打法。此動呼氣。

動作六：接上勢。身體微右轉，鬆胯下沉；同時右手變拳上提合於右胸前，左手變拳下沉於小腹前，兩拳心朝下；目視前方（圖 2-169）。

要求：右拳上提時左拳與身體同時下沉，周身相合。此動吸氣。

動作七：接上勢，身體左轉，重心偏右腿，同時右臂沉肘鬆肩，右拳順纏前掤於胸前正中線，左拳順纏收於腹前正中線，兩拳上下相對；目視前方（圖2-170、附圖2-170）。

要求：下盤穩固，屈膝鬆胯，襠勁開圓，立身中正，

圖 2-170

附圖 2-170

兩臂掤圓。此動呼氣。

內勁：護心拳勢左盤右旋，主要盤旋腰襠勁。由轉腰旋襠纏於右肘再催於右拳。

用法：此式前幾個動作是調整身法和步法，用後肩靠肘。最後成勢是用腰襠催於右肘，可打外柔內剛的蓄勁，也可打發勁。

《歌訣》云：

兩拳上下似獸頭，左足西往又東收。

護心拳裡無限意，欲用剛強先示柔。

第三十六式　旋風腳

動作一：接上勢，身體先左後右轉，同時兩拳變掌，先向左再向右上掤攦；目視前方（圖 2-171）。

要求：要有由拳變掌的環繞勁，完全用腰襠運化的轉折勁，圈要小而圓。此動吸氣。

內勁：襠腰先左後右轉一小圈，帶動雙拳變掌，左順

　圖 2-171　　　　　　　　　圖 2-172

右逆纏變擟勁。

　　動作二：接上勢，兩手先向右擟下沉，畫弧向左上提，左手與眼平，右手與胸平；同時身體先右後略左轉，重心從右腿移至左腿，右腿屈膝提起；目視前方（圖 2-172）。

　　要求：移重心提右腿與兩手上掤，要同時一致，身端步穩，周身合一。此動先呼氣後吸氣。

　　內勁：勁由右腿移至左腿，兩手左逆右順纏絲上掤。

　　動作三：接上勢，身體微右轉，右腳外擺落地，腳跟外側著地，左腿屈膝鬆胯；兩手交叉於胸前；目視前方（圖 2-173）。

　　要求：腳擺手合要同時，塌腰鬆胯，勁合於手。此動先吸氣後呼氣。

　　動作四：接上勢，重心移至右腿，身體右轉 90°，屈膝下蹲；同時兩手逆纏外掤；目視身左前方（圖 2-174）。

　　要求：身體螺旋下沉，兩臂掤勁不丟。此動呼氣。

　　內勁：勁合於腰，纏於腿，掤於兩臂。

圖 2-173

圖 2-174

動作五：接上勢，身體右轉，左腿迅速起腳裡合；同時兩手迅速向左右兩側橫開，左手與左腳內側合擊；目視左前方（圖 2-175）。

要求：左腿上起裡合，速度要快，兩手外開配合要一致。此動呼氣。

內勁：勁由腰帶，提左腿裡合，左手逆纏外挒。

用法：左腿裡合，高可橫

圖 2-175

掃對方腰部，低可橫掃對方腿部，腿向裡掃，手向外挒將其擊倒。

動作六：接上勢，身體繼續右轉 180°，左腳落於右腳內側，虛腳點地；同時兩手交叉合於腹前；目視前方（圖2-176）。

圖 2-176

圖 2-177

要求：擊腳後，迅速旋轉不停；轉身落地，上下相合，立身要穩。此勢繼續呼氣。

內勁：合擊後，勁歸丹田，周身相合，掤勁不丟。

第三十七式　右蹬一跟

動作一：接上勢，左腳向左跨一步，兩手逆纏上翻外掤，鬆胯下沉；目視前方（圖 2-177）。

要求：跨步與兩手上分要一致，襠圓身正，頂勁領起。此動吸氣。

動作二：接上勢，重心移至左腿，將右腳收於左腳內側，腳尖點地；同時兩手收於腹前交叉，目視身體右前方（圖 2-178）。

要求：移重心，收右腳，兩手相合，周身協調快速。此勢呼氣。

內勁：從上動起，勁由腰發，先開後合，蓄於丹田。

用法：動作一、動作二是快速向左開步，再提腿蹬

圖 2-178　　　　　　　　　　圖 2-179

足。如果離對方太近，難以發揮威力時，可以迅速跨一步，以便在適當范圍內發揮蹬腿的優勢。

動作三：接上勢，身體放鬆下沉，右腿屈膝提起；同時兩手變拳提於胸前相合；目視右側前方（圖 2-179）。

要求：提腿屈膝，周身相合，兩拳心朝裡，兩肘掤勁不丟。此動吸氣。

圖 2-180

內勁：勁聚丹田，放鬆蓄於拳足。蓄緊開盡，如紙捲炮，捲得越緊，崩得越響。

動作四：接上勢，左腿支撐重心，右腿側踹平蹬；同時兩拳迅速向左右兩側發勁；目視右前方（圖 2-180）。

要求：發勁時，身體保持穩重，發勁完整。

內勁：由丹田用彈抖勁貫於右腳、兩拳。

用法：蹬腿也可以不動步，要根據情況，視對方遠近，主要以擊其腰部或腿部為宜。

《歌訣》云：

再將右足上蹬天，順住左腿蹉無偏。

事到難時皆有法，誰知身體倒解懸。

第三十八式　掩手肱拳

動作一：接上勢，右腳收回懸於襠內。右拳變掌下沉合於右腿內側，左拳變掌合於身體左側；目視右前方（圖2-181）。

要求：蹬腿後，右腿可以落地，也可以不落地，主要是練單腿支撐力，保持身體平穩，兩手下沉相合。此動吸氣。

動作二：接上勢，右手環繞向身體右側斬手發勁，左手上撩掌與右手發勁配合；同時身體右轉90°，左腳尖內扣踏實，右腳提起；目視前方（圖2-182）。

要求：一腿撐地，發勁轉身，提膝鬆胯，上下相合，完整一氣。此動呼氣。

內勁：於上動蹬足後，內勁回歸丹田，轉腰甩臂，勁貫右手。

用法：鍛鍊發勁和下盤穩固，且可用以避對方踢我右腿，右腿提起閃過，右手發力斬其小腿。

動作三：接上勢，右腳震腳落地，左腳向左前上一步，重心在右；同時兩手左上右下交叉合於腹前；目視前方（圖2-183）。

要求、內勁、用法：與第十三式拗步中動作五相同。

動作四：接上勢，身體略右轉，重心左移，兩手雙逆
纏下分；目視前方（圖2-184）。

要求、內勁、用法：與第十四式掩手肱拳中動作一相
同。

動作五：接上勢，身體微右轉，重心右移；右手順纏

圖2-181

圖2-182

圖2-183

圖2-184

圖 2-185　　　　　　　　　　圖 2-186

上翻握拳合於右腰間，拳心向上；左手同時先逆後順纏畫
小圈合於左胸前；目視前方（圖 2-185）。

　　要求、內勁、用法：與第十四式掩手肱拳中動作二相
同。

　　動作六：接上勢，右腳猛蹬地，重心迅速左移，身體
迅速左轉；右拳逆纏向前發勁，左手向後發肘勁；目視前
方（圖 2-186）。

　　要求、內勁、用法：與第十四式掩手肱拳中動作三相
同。

第三十九式　小擒打

　　動作一：接上勢，重心在左；右拳變掌，鬆肩沉肘，
左手從左肋逆纏上合於右小臂內側；同時提右腿向前上半
步，腳跟著地，腳尖上蹺；目視前方（圖 2-187）。

　　要求：拳打出去隨沉肘鬆肩及時上步，做到周身協
調。此動先吸氣後呼氣。

圖 2-187

圖 2-188

內勁：拳出時勁貫拳頂，瞬間收於丹田，在周身稍一環繞，鬆肩沉肘掤於小臂。

動作二：接上勢，重心移至右腿，身體略右轉，左腿屈膝提起；同時右臂逆纏外掤，左手輕撫於右臂內側外掤，身體上下相合；目視左側（圖2-188）。

圖 2-189

要求：提腿時，上下相合，右手上掤勁不丟。此動吸氣。

動作三：接上勢，身體略右轉；左腳向左前方跨一大步，同時左手隨左腿畫弧下按，右手上掤；目視左前方（圖2-189）。

要求：跨步與左手畫弧下按要同時進行，重心在右腿，右手上掤，立身中正，頭領勁。此動呼氣。

圖 2-190

圖 2-191

動作四：接上勢，重心由右腿移向左腿；左手逆纏上
掤，右手走下弧與左手相合；目視左前方（圖 2-190）。

要求：襠走下弧前移，右手與左手相合一致。此動吸
氣。

動作五：接上勢，身體略右轉，重心略右移；同時左
手順纏走上弧向裡收，右手走上弧合於胸前；目視左前方
（圖 2-191）。

要求：兩手走上弧合勁時，身體下沉，重心右移，兩
手蓄而待發。此勢繼續吸氣。

動作六：接上勢，身體向左轉，重心移至左腿；同時
兩手合力，左手橫向在上，右手立掌在下，隨重心前移合
力推至左膝上方；目視左側（圖 2-192）。

要求：左手上掤、右手前推與重心前移、身體左轉要
協調一致。此動呼氣。

內勁：小擒打一勢，轉腰鬆肩沉肘上右步，右手上掤
再開左步；兩手先開後合再合力前推，勁均由襠腰旋轉纏

圖 2–192　　　　　　　　圖 2–193

繞貫於兩手，雙手裡纏合勁，左架右打。

　　用法：「小擒打」，顧名思義，既含有擒拿法，又有打法。兩手合力滾纏為拿法，左手上掤、右手前推含有打法。此勢可練含蓄勁，亦可練發勁。

　　《歌訣》云：

　　　　後腳跟隨左足前，左腳抬起再往前。

　　　　左手攔起似遮架，右手一掌直攻堅。

　　又云：

　　　　摑肚一掌苦連天，偷以右手肘下穿，

　　　　神仙自是防不住，何況中峰盡浩然。

　　　　（浩然即言浩然之氣）

第四十式　抱頭推山

　　動作一：接上勢，身體微左轉，將右腳收於左腳內側，腳尖點地；同時右手順纏合於左手下；目視前下方（圖 2–193）。

圖 2-194   圖 2-195

要求：此勢手領身轉帶動腳收回，周身動作要協調。
此動吸氣。

動作二：接上勢，身體向右轉體 90°，以左腳跟為
軸，左腳尖內扣；同時兩臂隨身體右轉外掤，兩手心朝
裡，兩臂掤圓；目視右前方（圖 2-194）。

要求：以腰帶動身體右轉，兩臂掤圓隨身體右轉走弧
線。此動呼氣。

動作三：接上勢，身體下沉兩手下分，手心相對；目
視右前方（圖 2-195）。

要求：兩手隨身體下沉，周身放鬆，心氣下降。此動
先吸氣後呼氣。

動作四：接上勢，身體下沉，重心在左腿，提右腿向
右略偏前方開步；兩手同時逆纏畫外弧上合於兩耳下；目
視右前方（圖 2-196）。

要求：腳開手合，上下協調，腰勁塌下，襠腰開圓。
此動吸氣。

圖 2-196　　　　　　　　　圖 2-197

動作五：接上勢，身體微右轉，重心由左腿移向右腿；同時兩手隨重心前移合力前推；目視右前方（圖 2-197）。

要求：意識集中，勁合兩手，隨重心前移，襠腰手臂勁力齊到。此動呼氣。

內勁：此勢勁由腰起，隨身體右轉掤於兩臂，隨著開步下分，再合於兩手。兩手合勁要與腰襠相合。

用法：「身欲進人，步要過人」，輕伸腿可插步亦可套步。兩手合力前推可發彈抖勁，有力推華山之勢。

《歌訣》云：

　　推山何必上抱頭，懼有劈頂據上游。

　　轉身抱首往前進，推倒蓬瀛蓋九州。

又云：

　　兩手托胸似推山，恨不一下即推翻。

　　此身有力須合併，更得留心脊背間。

圖2-198　　　　　　　　圖2-199

第四十一式　六封四閉

動作一：接上勢，重心由右腿移至左腿，身體隨之略左轉，兩手左逆右順向左下方攦；目視右下方（圖2-198）。

動作二：接上勢，身體微右轉，重心移至右腿；兩手走弧線上翻合於左胸前；目視右前下方（圖2-199）。

動作三：接上勢，身體微右轉下沉，兩手合力向右下方前按，同時左腳收至右腳內側；目視右前下方（圖2-200）。

要求、內勁、用法：與第四式六封四閉相同。

第四十二式　單　鞭

動作一：接上勢，重心在右腿；同時兩手雙順纏，右手內收，左手外轉；目視右前下方（圖2-201）。

動作二：接上勢，重心在右，身體左轉，左膝隨之外擺，右手五指合攏，逆纏變勾手上提，左手順纏手心朝上

圖 2-200

圖 2-201

圖 2-202

圖 2-203

收於腹前；目視右手腕（圖 2-202）。

　　動作三：接上勢，身體微右轉，左腿屈膝提起，身體
上下相合；目視身體左前方（圖 2-203）。

　　動作四：接上勢，重心在右腿，左腳跟內側著地向左側
鏟地滑出，腳尖上翹裡合；目視身體左前方（圖 2-204）。

圖 2-204

圖 2-205

動作五：接上勢，身體微右轉，重心移至左腿，左手穿掌外翻上掤；目光掃視左右（圖 2-205）。

動作六：接上勢，身體略左轉，左手逆纏外開，屈膝鬆胯，沉肘鬆肩，含胸塌腰，周身放鬆，上下相合，立身中正，開襠貴圓；目視前方（圖2-206）。

要求、內勁、用法：與第五式單鞭相同。

圖 2-206

第四十三式　前　招

動作一：接上勢，身體右轉，重心移至右腿，提左腳收於右腳內側，腳尖點地；同時右手變掌逆纏上掤，左手

順纏走下弧向右側外掤；目視身體左前方（圖 2-207）。

　　要求：右手引勁上掤，左手下合，要與收左腳一致。此動先吸氣後呼氣。

　　內勁：以腰纏至右手，右手逆纏上掤，左手順纏下合，左腿裡合扣襠。

　　用法：接勁向右引，收腿護襠。

　　動作二：接上勢，身體微下沉右轉，兩手上掤；同時提左腿向左前開步，腳跟內側著地，腳尖上翹裡合；目視左前方（圖 2-208）。

　　要求：左腿開步與兩手右引上下一致。此動吸氣。

　　內勁：左腿逆纏開步，腰右轉纏至左臂下合，勁蓄左腰。

　　用法：上引下進，含有打左肩靠和左臂外崩勁。

　　動作三：接上勢，身體先右後左轉，重心移至左腿，提右腿右腳收於左腳右前方，虛腳尖點地；同時左手逆纏弧線上掤，右手順纏走下弧左掤；目視前方（圖 2-209）。

圖 2-207

圖 2-208

圖 2-209　　　　　　　　　　　圖 2-210

要求：兩手左掤要結合腰勁，與收右腳一致。此動可打發勁，呼氣。

內勁：以腰旋轉，功貫兩手。

用法：接上動的引勁之後，可向左側打捋勁。

《歌訣》云：

　　眼顧左手是前招，上領下打把客邀。

　　任他四面來侵侮，陡然一勢逞英豪。

第四十四式　後　招

動作說明：接上勢，腳步不動，身體向右轉；右手逆纏外翻上掤，左手順纏走下弧向右掤；目光視右前方（圖2-210）。

要求：以腰脊為軸，左右旋轉。此動先吸氣後呼氣。

內勁：以腰右纏貫於兩手。

用法：向右側打捋勁。

《歌訣》云：

陡然一轉面向東，無數敵來無數攻。

不是此身靈敏極，幾乎腦後彼人窮。

第四十五式　野馬分鬃

動作一：接上勢，身體向左轉下沉，重心在左腿，提右腿向前上步；同時右手順纏向下合於右膝內側，左手逆纏上掤；目視身右側（圖2-211）。

要求：左手上掤和右手下合，以及右腿開步要由身法帶動，協調一致。襠勁開圓，身法中正。此動先吸氣後呼氣。

內勁：向下合，勁合於腰襠。掤於兩臂。右臂有裡合外絞之勢。

用法：前伸之腳可插可套。閃空背後來勁，有打背折靠之勢。

動作二：接上勢，重心由左腿移至右腿，身體向右轉；同時右手逆纏畫弧上掤與額平，左手順纏下合於左腿外側；目視右前方（圖2-212）。

圖2-211　　　　　　　　圖2-212

要求：右手上掤時以襠催腰，以腰催肩肘達於手臂，一氣貫通。此動吸氣。

內勁：襠擰腰轉纏於右臂外旋掤住勁，左手合。

用法：右手由下向上穿掌外掤，有絞、滾、翻之勁。如有亂棍或拳腳打來，我以向上斜穿掌連絞帶翻將勁引空，逐步移動力點（接觸點），使其無法加力，如分開野馬之亂鬃。

動作三：接上勢，身體右轉，右腳尖外擺，提左腿向前上一大步；右手掤至右額前，左手合於左膝內；目視左前方（圖2-213）。

要求：上左步要自然，與身體配合要協調。此動呼氣。

內勁：勁合於腰襠，掤於兩臂，右臂有裡合外絞之勢。

用法：前引後擊。

動作四：接上勢，身體微左轉，重心移至左腿；同時左手逆纏外翻上掤至左額前，右手順纏下合於右膝上；目視左前方（圖2-214）。

圖2-213　　　　　　　圖2-214

要求：撐襠轉腰掤於左臂，周身上下一致。此動吸氣。

內勁：由襠轉至腰，由腰纏至左臂，右手合。

用法：與本式動作二右手穿掌上掤相似。惟方向不同。

《歌訣》云：

一身獨入萬人中，將用何法御英雄。

惟有飛風披左右，庶幾可以建奇功。

第四十六式　六封四閉

動作一：接上勢，身體微左轉，重心在左，右手走上弧與左手相合；目視左前方（圖2-215）。

動作二：接上勢，身體微右轉，重心移至右腿；同時兩手左順右逆纏向右下方擺；目視左前方（圖2-216）。

動作三：接上勢，身體微左轉，重心略左移，左腳尖外擺；同時兩手前掤上翻；目視左前下方（圖2-217）。

動作四：接上勢，重心移至左腿，身體隨之左轉150

圖2-215

圖2-216

圖 2-217

圖 2-218

度；提右腿向右側上步；同時
兩手隨轉體下攦；目視右前方
（圖 2-218）。

　　動作五：接上勢，重心移
至右腿，兩手左攦上翻合於左
肩前；目視右下方（圖 2-
219）。

　　動作六：接上勢，身體微
右轉，重心在右，提左腳收於
右腳內側，兩手合力下按；目
視右前下方（圖 2-220）。

圖 2-219

第四十七式　單　鞭

　　動作一：接上勢，身體右轉，重心在右；兩手雙順
纏，右手裡收，左手外轉；目視右前方（圖 2-221）。

　　動作二：接上勢，右手五指合攏成勾手逆纏，手腕放

圖 2-220

圖 2-221

圖 2-222

圖 2-223

鬆向右上方領勁，身體向左轉，左腿虛步並隨轉體左膝外擺，左手收於腹前，手心向上；目視右前方（圖 2-222）。

　　動作三：接上勢，右手腕領勁，身體右轉，左腿屈膝提起；左手微下沉，上下相合；目視左側（圖 2-223）。

　　動作四：接上勢，重心在右腿；左腳跟裡側著地，向左

圖 2-224　　　　　　　　　圖 2-225

側鏟地滑出，腳尖上翹裡合；目視身左側（圖 2-224）。

　　動作五：接上勢，身體微右轉，重心向左移，左手向右上穿掌逆纏外翻；目視前方，環視左右（圖 2-225）。

　　動作六：接上勢，身體左轉；左手畫外弧線向左拉開；周身放鬆，手與腳合，肘與膝合，肩與胯合，周身上下團聚不散；目視前方（圖 2-226）。

　　要求、內勁、用法：參考第五式單鞭。

第四十八式　玉女穿梭

　　動作一：接上勢，身體微左轉，重心在左，提右腳收於左腳內側，虛腳點地；同時右手變掌順纏下沉，與左手交叉於胸前；目視右前方（圖 2-227）。

　　要求：手與腳齊合，有側身引空進擊之意，此動承上勢先吸氣後呼氣。

　　動作二：接上勢，身體右轉，兩手隨之右轉立掌掤於胸前，右手在前，左手在後；同時右腳尖為軸右膝外擺，

圖 2-226

圖 2-227

圖 2-228

圖 2-229

左腳尖內扣隨身右轉；目視前方（圖 2-228）。

　　要求：轉身時要以腰催肩，以肩催肘，掤於手。此動先吸氣後呼氣。

　　動作三：接上勢，屈膝鬆胯，身體下沉，兩手雙逆纏下合，目視前方（圖 2-229）。

圖 2-230

圖 2-231

要求：隨身體下沉，兩手下按，切勿彎腰。此動接上動下沉時呼氣。

動作四：接上勢，兩手順纏迅速向上領起，雙腳隨之上縱離地；目視前方（圖2-230）。

要求：以手領勁，周身一致，上縱輕靈，上動吸氣。

動作五：接上勢，雙腳震腳落地，雙手逆纏隨之下按；目視前方（圖2-231）。

圖 2-232

要求：震腳落地；兩手下按要沉重有力，完整一氣，立身中正。此動呼氣。

動作六：接上勢，雙手順纏上掤，右腿隨之屈膝提起；目視前方（圖2-232）。

圖 2-233

圖 2-234

要求：手掤提腿，立身穩重，周身合一，內勁團聚不散。此動吸氣。

動作七：接上勢，重心在左腿，身體迅速左轉；右腿裡合外蹬，右掌逆纏前推，左手逆纏合於左胸前，向左後發肘勁；目視右前方（圖 2-233）。

要求：將周身團聚之勁，迅速貫於右腳右手和左肘，左腿獨立穩重。此動呼氣。

動作八：接上勢，右腳跨步落地，重心移至右腿，身體微右轉，左掌略下沉；目視前方（圖 2-234）。

要求：此勢為竄跳的過渡動作，右腳落地即起，用右腳前掌蹬地彈起前躍，此動先吸氣後呼氣，同下一個動作相連。

動作九：接上勢，右腳前掌迅速蹬地彈起前縱，身體在空中向右旋轉 180°，左手逆纏向前猛推，右手向後開，目視左側（圖 2-235）。

要求：右腳蹬地彈起，身體在空中向前躍起，跳出 2

圖 2-235

圖 2-236

公尺多遠，勁貫左掌。接上動
呼氣。

動作十：接上勢，左腳先
落地，右腳從左腿後插過，腳
尖著地；左掌前推，右掌後
開；目視左側（圖 2-236）。

要求：此勢為下勢過渡動
作，練習時可以不停，落地輕
穩，身法中正。

動作十一：接上勢，身體
右轉 180°，重心移至右腿，左

圖 2-237

腿隨轉體裡合；同時隨轉體兩手右逆左順纏由左向右轉
攦；目視身體左側前方（圖 2-237）。

要求：轉身時要穩，身法下沉，兩手掤勁不丟。此動
吸氣。

內勁：主宰於腰，纏於兩手，下合上領，震腳發勁，

竄蹦跳躍，插步旋轉，皆由腰脊為軸，團聚丹田之氣，或行於梢，或聚於源，以意導氣，以氣運身，循環不已。

用法：此勢是一種激發精神，以聲助威突出重圍的練習方法。蹬、推、肘、靠等法兼使並用。

「玉女穿梭」一式，上縱如穿脊飛燕，輕靈自然；震腳如雷貫耳，沉重如山；前躍似箭離弦，急如流星；旋轉如旋風，其快無比。

練習時審時度勢，可快可慢，可跳可不跳，適當掌握。

《歌訣》云：

　　轉引轉擊出重圍，宛如織女弄梭機，

　　此身直進誰比速，一片神行自古稀。

又云：

　　天上玉女弄金梭，一來一往織綾羅，

　　誰知太極拳中象，兔走鳥飛擬如何。

第四十九式　懶扎衣

動作一：接上勢，兩手由雙逆纏變雙順纏，畫弧交叉於胸前，左手合於右臂內側，手心朝外；右手心朝上，重心移至左腿，提右腿向右橫開一步，腳跟裡側著地，腳尖上翹裡合；目視身體右側（圖2-238）。

動作二：接上勢，身體向左轉，重心右移，右手順纏上

圖 2-238

圖 2-239　　　　　　　　圖 2-240

掤；目視身體右側（圖 2-239）。

　　動作三：接上勢，右手逆纏外翻，左手順纏下沉，手心朝上沉於腹前；身體右轉，右手逆纏開至右膝上方，鬆肩沉肘，略變順纏，指尖與眼平，左手逆纏至身體左側叉腰；重心在右；眼神隨右手轉至右側後轉視前方（圖 2-240）。

　　要求、內勁、用法：與第三式懶扎衣相同。

第五十式　六封四閉

　　動作一：接上勢，身體微右轉，重心略右移；左手從左腰間走上弧與右手相合，右手略有前引下沉之意；目視右手中指端（圖 2-241）。

　　動作二：接上勢，身體左轉，重心左移；兩手左逆右順纏，自右而左向下攦，目視身體右側（圖 2-242）。

　　動作三：接上勢的動作運行路線，身體繼續左轉；兩手左順右逆纏繼續向左後上方攦；重心向右移；目視右前

方（圖2–243）。

動作四：接上勢，重心繼續右移；兩手變左順右逆向上畫弧合於左肩前；隨著兩手相合，身體向右轉；目視右前下方（圖2–244）。

動作五：接上勢，身體微右轉下沉，兩手合力走弧線

圖2–241

圖2–242

圖2–243

圖2–244

圖 2-245　　　　　　　　圖 2-246

向右前下方按；左腳收於右腳內側，腳尖點地；目視右前
下方（圖 2-245）。

　　要求、內勁、用法：參照第四式六封四閉。

第五十一式　單　鞭

　　動作一：接上勢，身體右轉重心在右；同時兩手雙順
纏，右手內收，左手外轉；目視右前下方（圖 2-246）。

　　動作二：接上勢，身體左轉，左膝隨之外擺，右手五
指合攏逆纏變勾手上提，左手順纏手心向上收於腹前；身
體微右轉，左腿屈膝提起，身體上下相合，左腳跟內側著
地向左側鏟地滑出；目視身體左側（圖 2-247）。

　　動作三：接上勢，身體微右轉，重心移至左腿；左手
穿掌外翻上掤，身體略左轉，左手逆纏外開，屈膝鬆胯，
含胸塌腰，周身放鬆，上下相合，立身中正，開襠貴圓；
目光在掃視左右後停於正前方（圖 2-248）。

圖 2-247

圖 2-248

第五十二式　雲　手

圖 2-249

　　動作一：接上勢，身體微左轉，重心略向左移；右手變掌順纏畫弧下沉至腹前，掌心朝左，指尖朝前；左手領勁，腳步不動；目視身體右側前方（圖 2-249）。

　　動作二：接上勢，身體向右轉，重心移至右腿；右手由順變逆纏，畫弧外翻上掤至右前上方；左手順纏走下弧合於腹前；目視身體左側（圖 2-250）。

　　動作三：接上勢，身體微左轉；左手由順變逆纏畫弧外翻上掤，右手變順纏走下弧合於腹前。同時重心移至左腿，右腳併步於左腳內側；目視身體右側下方（圖 2-251）。

圖 2-250　　　　　　　　圖 2-251

動作四：接上勢，身體先微左轉再右轉；右手由順變逆纏外翻上掤，左手順纏走下弧合於腹前；同時重心移至右腿，提左腿向左開步，腳跟內側著地，腳尖上翹；目視身體左側前方（圖 2-252）。

第五十三式　擺腳跌岔

動作一：接上勢，身體向左轉，重心移至左腿；兩手由右逆左順纏變成左逆右順纏走下弧，向左方掤；目視左前方（圖 2-253）。

要求：兩手隨身體轉動，重心左移，動作一致。此動呼氣。

動作二：接上勢，身體向右轉，重心移至右腿；兩手由向左掤變向右上掤，左順右逆纏；目視身體左側（圖 2-254）。

要求：兩手由向左掤變向右上掤，要同重心右移身體右轉協調一致。以腰旋轉。此動吸氣。

圖 2-252

圖 2-253

圖 2-254

圖 2-255

內勁：以腰帶動，勁由左腿纏至右腿。兩臂左順右逆纏上掤，鬆肩沉肘，勁貫兩手。

動作三：接上勢，身體繼續右轉；略變左轉重心移至左腿；兩手繼續右掤，下沉變左逆右順合於身右側；目視右前方（圖 2-255）。

要求：兩手隨身體右轉，重心左移合於身體右側，要圓轉自如，合勁飽滿。此動呼氣。

內勁：右轉塌腰，纏於左腿，勁合兩手。

動作四：接上勢，身體向左轉，右腿由下畫弧向左上再向右後擺；兩手由身體右側向左側與右腳面相擊拍；目視右腳（圖2-256）。

要求：右腳外擺速度要快，與兩手擊拍勁要完整，左腿獨立步要穩。此動先吸氣後呼氣。

內勁：擺腳，勁由腰纏於腳外擺，兩手裡合，形成手腳相合勁。

動作五：接上勢，右腳擊拍後向外擺，然後收腿震腳落地，重心移至右腿，左腿屈膝提起，腳尖點地；同時兩手變拳左上右下（右拳心朝上，左拳心朝下）交叉合於胸右側（圖2-257）。

要求：身端步穩，震腳合力，完整一氣，此動先吸氣後呼氣。

圖2-256

圖2-257

內勁：擺腳後，勁由丹田下行於右腳，上纏於兩手，左拳逆纏，右拳順纏交叉相合。

用法：震腳可促使血液循環，振奮精神。可踩踏對方腳趾。右拳下合前沖擊打對方胸腹。

動作六：接上勢，重心在右，提左腿腳跟內側著地，鏟地滑出後仆步下蹲，襠部離地四指；同時兩拳右逆左順纏分

圖 2-258

開，右拳上提至身體右後側高於頭頂，左拳順纏下合於左腿上，兩拳心相對；目視前上方（圖 2-258）。

要求：兩腿基本仆地，也可全仆，但是不能坐死，應有靈活性。身法端正，頂勁領起。此動吸氣。

內勁：勁由右腿纏於左腿，左腿裡合鏟地滑出，勁力適度，不輕不重。兩拳結合腰勁，左順右逆纏分開。

用法：此勢為低身法，引空上勁，攻其下盤。襠內保持有旋轉勁。

《歌訣》云：

> 上驚下取君須記，左足擦地蹬自利。
> 右股屈住膝挨地，盤根之中伏下意。

第五十四式　金雞獨立

動作一：接上勢，身體先右後左轉，襠腰一擰，重心走下弧移至左腿。左拳隨重心順纏上沖，右拳下合於身體右側；目視前方（圖 2-259）。

圖 2-259　　　　　　　　　　圖 2-260

要求：身法中正，兩拳掤勁不丟，襠腰旋轉上沖，左拳手腕莫軟。此動吸氣。

內勁：勁由右腿結合襠腰擰勁，走下弧線移向左腿，貫於兩拳。

用法：襠勁螺旋前沖，貫於左拳，可從下到上擊其身體前正中線要害處，襠、腹、胸、咽喉等。

動作二：接上勢，身體向左轉90°，重心在左，提右腿上步，屈膝鬆胯，腳尖點地；同時左拳上沖至胸前與下頦平，右拳隨上步沖於左拳內側；目視前方（圖2-260）。

要求：右腿上步要輕鬆自然，右拳上沖勁要連貫。此動與上動相連，繼續呼氣。

內勁：左拳領勁，擰身上步帶右拳前沖，兩拳相合。

用法：右拳作為輔助拳可連續進擊。也可作為左拳的接應。

動作三：接上勢，重心在左腿獨立撐地，膝微屈鬆

圖 2-261

圖 2-262

胯，右腿屈膝提起，右腳懸於襠內；同時右拳變掌旋轉上托，掌心朝前，左拳變掌逆纏下按至身體左側；目視前方（圖 2-261）。

要求：獨立步要穩，立身中正，上下相合，有頂天立地之勢。此動吸氣。

用法：鍛鍊獨立步法；右掌托其下頦，提膝既可撞其襠部，又可防護自己的襠部。

動作四：接上勢，右腳震腳落地，右手隨之下按，身體放鬆下沉；目視前下方（圖 2-262）。

要求：震腳時手腳同下，屈膝鬆胯，身體下沉，切勿彎腰。此動呼氣。

動作五：接上勢，身體微左轉，重心在左腿，提右腿向右側橫開一步；同時兩手左逆右順纏，由右下方畫弧向左上方擷；目視身體右側前方（圖 2-263）。

要求：移重心開右步與兩手弧線上掤、擷協調一致。開步腳跟內側著地。此動吸氣。

圖 2-263

圖 2-264

動作六：接上勢，身體微右轉，重心移至右腿，提左腿收於右腳內前側，腳尖著地；同時兩手向右擺弧線下沉，左手再向上托與胸平，右手逆纏下按至身體右側；目視前方（圖 2-264）。

要求：移重心收腿，左手由擺轉托，周身上下相合，協調一致。此動呼氣。

圖 2-265

動作七：接上勢，左手外旋上托，掌心朝前；左腿屈膝提起，左腳懸於襠內；右腳獨立，鬆胯膝微屈，右手下按；目視前方（圖 2-265）。

要求：獨立步穩，膝提與胯平，合勁不散。此動吸氣。

內勁：左獨立步震腳後，勁由腰纏至兩手左擺，再下

沉合於腰，貫於左掌逆纏上托，力達掌根。

用法：同左獨立步。

《歌訣》云：

縱身直上手擎天，左手下垂似碧蓮。

金雞宛然同獨立，不防右膝暗中懸。

又曰：

右膝撞襠人不服，不料左股又重出。

不到直難休使用，此著不但令人哭。

第五十五式　倒捲肱

動作、要求、內勁、用法：同第二十式倒捲肱。

第五十六式　白鵝亮翅

動作、要求、內勁、用法：同第二十一式白鵝亮翅。

第五十七式　斜　形

動作、要求、內勁、用法：同第二十二式斜形。

第五十八式　閃通背

動作、要求、內勁、用法：同第二十三式閃通背。

第五十九式　掩手肱拳

動作、要求、內勁、用法：同第二十四式掩手肱拳。

第六十式　六封四閉

動作、要求、內勁、用法：同第二十五式六封四閉。

第六十一式　單　鞭

動作、要求、內勁、用法：同第二十六式單鞭。

第六十二式　雲　手

動作、要求、內勁、用法：同第二十七式雲手。

第六十三式　高探馬

動作、要求、內勁、用法：同第二十八式高探馬（圖 2-266）。

第六十四式　十字腳

動作一：接上勢，身體微下沉；右臂鬆肩沉肘順纏裡合，左手逆纏畫弧合於右小臂內側；目視右前方（圖 2-267、附圖 2-267）。

要求：身轉手合勁不丟，以腰為軸，圓轉自如。此動吸氣。

動作二：接上勢，身體右轉，左腳尖為軸，腳跟外擺落地，重心移至左腿，右腿變虛腳尖外擺；同時右臂逆纏外掤，左手在內側輔助；目視左前下方（圖 2-268）。

要求：虛實分明，圓轉自如，掤勁飽滿。此動呼氣。

動作三：接上勢，重心移至右腿，左腿屈膝提起。兩手

圖 2-266

圖 2-267

附圖 2-267

圖 2-268

圖 2-269

繼續外掤;身體下沉,上下相合;目視左下方(圖 2-269)。

　　要求:屈膝鬆胯,上下相合,掤勁不丟。此動吸氣。

　　動作四:接上勢,左腿向左前開一大步;左手隨開步逆纏下開,右手上掤;身體隨開步下沉,立身中正,頂勁領

圖 2-270

圖 2-271

起；目視左側（圖 2-270）。

　　要求：手腳同開，周身一致，襠圓身正，虛領頂勁。此動呼氣。

　　動作五：接上勢，身體向右轉，重心由右腿移至左腿；左手由逆纏變順纏畫弧再變逆纏合於面前，右手走下弧合於左肘下，手心朝下；目視身體右側前方（圖 2-271）。

圖 2-272

　　要求：重心移動，襠走後圓，扭腰轉胯，手足相合。此動吸氣。

　　動作六：接上勢，提右腿，走下弧向左向上提，再向右後擺；左手下合拍擊右腳面；目視右腳（圖 2-272）。

　　要求：右腳上起要走圓弧，鬆胯，用腰帶動，手腳相合。此動呼氣。

內勁：十字腳一勢，勁由右腿纏至左腿，腰右轉勁纏至左手，右腳外擺，左手下合，手腳相擊。

用法：如兩手交叉被擒拿，用足可裡踢外擺。左手向左外擊，亦可用肩撞擊，達到解脫。

《歌訣》云：

> 兩面交手較短長，上下四旁皆可防。
> 惟有拴橫困我手，兵困垓心勢難張。
> 豈知太極遠無方，無數法門胸內藏。
> 山窮水盡疑無路，俯肩一靠破銅牆。
> 不到身與身相靠，雖有珠寶難放光。

第六十五式　指襠捶

動作一：接上勢，拍腳後，右腳下垂不落地；先右手上撩，左手下按。再右手向下斬手發勁，左手上撩，身體隨右手下斬向右轉 90°；以左腳跟為軸，腳尖向內扣，右腳提起懸於襠內；目視前方（圖 2–273）。

要求：兩手左上右下發勁與左腳內扣轉身要同時一致，立身穩固。此動先吸氣後呼氣。

內勁：以腰右轉纏於右手發勁，左手向上配合，勾腳轉身，力貫右掌。

用法：設對方從後襲來，速轉身右手向下斬手，截擊來勁。

動作二：接上勢，右腳震

圖 2–273

圖 2-274

圖 2-275

腳落地，左腳向左前方上一步，身體向右轉 45°；同時兩手交叉於腹前；目視前方（圖2-274）。

動作三：接上勢，身體微右轉，重心略左移，兩手逆纏下分（圖 2-275）。

動作四：接上勢，身體略左轉重心移至右腿，鬆右胯屈膝下沉；同時右手變拳合於右脅下，左手立掌合於胸前；目視前方（圖2-276）。

圖 2-276

動作五：接上勢，身體迅速左轉，重心左移；右拳逆纏向前下方發勁，左手半握拳收於左肋間向身後發肘勁；目視前下方（圖2-277）。

要求：指襠捶前邊動作與掩手肱拳相似，最後發勁方

圖 2-277

圖 2-278

向是向前下方，擊對方小腹或襠部。

第六十六式　猿猴探果

動作一：接上勢，身體屈膝下沉，右拳先逆後順纏折腕轉向上，左拳同時也變順纏，左右兩拳均拳心向上；目視右前方（圖2-278）。

要求：拳轉要結合腰轉，隨身下沉，周身相合。此動先吸氣後呼氣。

內勁：以胸腰運化，轉折在手，先由向前下沖拳，在圓轉不斷勁的原則下，再轉為上沖拳。

用法：旋轉折腕是解脫擒拿和轉折沖擊方向的一種方法。

動作二：接上勢，身體向左轉，左腳尖外擺；同時右拳向右前上方沖；右腿提起，目視右前方（圖2-279）。

要求：轉身沖拳提腿，周身協調一致，勁力完整。此動吸氣。

圖 2-279

圖 2-280

內勁：以合於丹田之氣，催動轉腰鬆肩沉肘，貫於右拳，右膝。

用法：右拳沖其下頦，右膝撞其襠部。

動作三：接上勢，身體微左轉，右腳向右前方邁步落地，腳跟著地；兩拳環繞變掌合於兩耳下；目視右前方（圖 2-280）。

要求：腳旋、轉身、落地與兩拳變掌相合一致，上下協調。此動繼續吸氣。

動作四：接上勢，身體微右轉，重心由左移至右，左腳收於右腳內側；同時兩手合力下按；目視右前下方（圖 2-281）。

第六十七式　單　鞭

動作一：接上勢，身體右轉，重心在右；兩手雙順纏，右手裡收，左手外轉；目視右前方（圖 2-282）。

動作二：接上勢，右手五指合攏成勾手逆纏，手腕放鬆

圖 2-281

圖 2-282

圖 2-283

圖 2-284

向右上方領勁，身體向左轉，左腿虛步，隨身體轉左膝向外擺，左手收於腹前，手心朝上；目視右前方（圖 2-283）。

動作三：接上勢，右手腕領勁，左手微下沉，身體右轉，左腿屈膝提起，腳跟裡側著地，向左側鏟地滑出，腳尖上翹裡合；目視身體左側前方（圖 2-284）。

圖 2-285

圖 2-286

動作四：接上勢，身體微右轉，重心左移。左手向右上穿掌外翻。身體左轉；左手畫外弧線，向左拉開，周身放鬆；手與腳合，肩與跨合，周身上下團聚不散；目視前方（圖 2-285）。

要求、內勁、用法：與第五式單鞭相同。

第六十八式　雀地龍

動作一：接上勢，身體左轉，重心繼續左移兩手握拳；右拳順纏走下弧線向左與左拳相合，左拳逆纏合於右小臂上；左拳心朝下，右拳心朝上；目視前方（圖 2-286）。

要求：形氣相合，周身一致，此動呼氣。

內勁：承上勢，氣歸丹田後，再由丹田起，隨著腰左轉，左逆右順纏於兩臂相合。

動作二：接上勢，身體向右轉，重心由左腿移至右腿屈膝下蹲，左腿伸直，左腳內扣成仆步式；同時右拳逆纏

圖 2-287　　　　　　　　圖 2-288

上提高於頭，左拳順纏下合於左膝上；目視左前方（圖 2-287）。

　　要求：頭頂領起，身法端正，襠勁圓活，兩臂掤圓。此動呼氣。

　　內勁：勁由左腿纏至右腿，隨腰右轉，達於兩臂，再左順右逆纏開至兩拳，頂勁領起。

　　用法：與跌岔相似。跌岔是右腳落地踩對方腳趾，左腳蹬其臁骨。此動仆步後坐可壓對方腿、膝。轉身手按地可用於掃腿。因此勢專攻下三路，故名「雀地龍」，或「鋪地錦」。

第六十九式　上步七星

　　動作一：接上勢，身體微右轉，重心由右腿旋轉左移成左弓步；同時左拳隨重心前移上沖，右拳順纏下合於右腰間；目視左前方（圖 2-288）。

　　要求：上沖拳時，結合襠、腰旋轉力，右腳蹬地前沖

圖 2-289   圖 2-290

頂勁領起，以內催外，以下催上，一氣貫通，此動呼氣。

內勁：主宰於腰，起於右腳，纏於左腳，上行貫於左拳。

用法：沖拳可擊對方胸、咽喉，提腿可用膝撞、用腳踢其襠或臁骨。兩腳、兩膝、兩拳及頭，像「北斗七星」各具所用，故名「上步七星」。

動作二：接上勢，身體左轉 90°，提右腿上步於左腳右前方，右腳尖著地，鬆胯屈膝；同時右拳沖至左拳內，兩拳相合；目視前方（圖 2-289）。

要求：此勢的沖拳和上步要同時完成，吸氣。另一種練法，右拳沖在左拳前邊與左拳環繞一圈相合。

動作三：接上勢，身體微下沉，鬆肩兩肘微上掤，雙拳逆纏下沉；目視前下方（圖 2-290）。

要求：鬆胯鬆肩，用胸腰折疊勁旋轉手腕。此動吸氣。

動作四：接上勢，兩肘下沉裡合，雙拳變掌下塌；目

圖 2-291

圖 2-292

視前方（圖 2-291）。

要求：兩拳變掌時要塌腰鬆胯，鬆肩沉肘，勁貫於掌外側。此動與上動相連呼氣下沉。

內勁：此兩動是在步不動的情況下，用胸腰折疊勁帶動腕臂上下旋轉一周，然後勁下沉塌於腰，貫於掌。

用法：此式手臂的旋轉，是解脫抓拿與轉化對方力點的一種方法。

《歌訣》云：

　　曩時跌岔甚無情，此又落塵令人警。

　　人知掃腿防不住，豈料七星耀玉衡。

第七十式　下步跨肱

動作一：接上勢，身體微左轉，兩手微向上掤，提右腿向右後側跨一步；目視右前方（圖 2-292）。

要求：跨步輕靈，虛實分明，上引下進，周身相隨。此動吸氣。

圖 2-293

圖 2-294

　　動作二：接上勢，身體向右轉，重心移至右腿；右手逆纏向右下分，左手逆纏前開；目視前方（圖2-293）。

　　要求：以身帶手，圓轉自如，立身中正，虛領頂勁。此動呼氣。

　　動作三：接上勢，身體向右轉45°，右腳尖外擺，提左腿向右前上步，腳尖點地；同時兩手雙順纏側掌相合於胸前，右手在上，左手在下，指尖朝前；目視前方（圖2-294）。

　　要求：上左步要輕靈自然，並與雙手協調配合。此動繼續呼氣。

　　內勁：勁由丹田下纏於右腿，隨著跨步轉腰，最後上行合於兩手。

　　用法：身法上引下進，兩手合擊。

第七十一式　轉身雙擺蓮

　　動作一：接上勢，身體繼續右轉，重心在右腿，左腳尖

圖 2-295

圖 2-296

為軸，腳跟外擺；同時兩手雙
逆纏，右手上掤，左手下按；
目視左下方（圖 2-295）。

　　要求：上掤下合，虛實分
明，轉換自然，腳跟穩固。此
動呼氣。

　　動作二：接上勢，左腳跟
落地，重心移於左腿，右腳尖
外擺，身體繼續右轉；右手向
右掤，左手下按；目視前方
（圖 2-296）。

圖 2-297

　　要求：虛實變換，轉身自然。繼續呼氣。

　　動作三：接上勢，重心移至右腿，身體向右轉；同時
左手順纏前掤，領帶左腿向前上步，右手上掤；目視前方
（圖 2-297）。

　　要求：手領身轉腿相隨，周身一致，吸氣。

圖 2-298

圖 2-299

動作四：接上勢，左腳落地，身體屈膝下沉，重心在右腿，兩手向右後攦；目視左前方（圖 2-298）。

要求：腳落地身體下沉，立身中正，兩手掤攦勁不丟。繼續吸氣。

動作五：接上勢，身體向右轉，重心左移；兩手由後攦轉為走下弧的向前合勁，合於右腰側；目視前方（圖 2-299）。

圖 2-300

要求：塌腰鬆胯，周身相合，此動呼氣。

動作六：接上勢，重心在左腿，提右腿向左走下弧向上；再轉向右後擺，兩手向前與右腳擊拍相合；目視前方（圖 2-300）。

要求：擺腿與手合擊時速度要快，勁力完整一氣。此

動先吸氣後呼氣。

內勁：腰、襠盤旋勁落於胯，合於手，與右腿外擺相合。

用法：練習步法穩健，旋轉自如，合力完整（腳外擺，手裡合）。身體轉 180°或 360°都可以。

《歌訣》云：

　　右手上托倒轉躬，先卸右肱讓英雄。

　　再將兩手向左擊，右腳橫擺奪天工。

第七十二式　當頭炮

動作一：接上勢，拍腳後，右腿向右後落地，兩手繼續上掤，重心在左腿；目視前方（圖 2–301）。

要求：拍腳後步要穩，上引下進協調一致。此動吸氣。

動作二：接上勢，身體微右轉重心移至右腿；同時兩手左順右逆纏隨重心後移下攞；目視左前方（圖 2–302、附圖 2–302）。

要求：兩手下攞與重心移動、身體右轉要協調一致，切勿彎腰。此動呼氣。

動作三：接上勢，身體微下沉，兩手變拳合於右胸側；目視前方（圖 2–303、附圖 2–303）。

要求：兩手握拳上提，與身體上下相合，重心合於右腿，襠要開圓，身要含蓄，如張滿之弓，一觸即發。此動吸

圖 2–301

圖 2-302

附圖 2-302

圖 2-303

附圖 2-303

氣。

　　動作四：接上勢，右腳蹬地，重心迅速由右腿移至左腿，身體隨之左轉；同時兩拳合力向前沖拳發勁，拳眼向上；目視前方（圖 2-304、附圖 2-304）。

　　要求：心意一動，猝然抖發，如金獅抖毛，猛虎下

圖 2-304　　　　　　　　　附圖 2-304

山，完全是腰襠的彈抖勁，一動力貫拳頂。「襠內自有彈
簧力，靈機一轉鳥難飛」。此動呼氣。

內勁：勁隨兩手下攦合於丹田，蓄於右腿，靈機一
轉，腳蹬，襠旋，腰轉勁貫拳頂。

用法：拍腳後迅速倒步，抓住對方下攦。如對方後
拉，隨即轉勢變拳突然前沖將其發出。

第七十三式　金剛搗碓

動作一：接上勢，兩拳變掌左順右逆向右後上方攦
帶；同時重心由左向右腿移；目視左前方（圖 2-305、附
圖 2-305）。

動作二：接上勢，重心由右腿移至左腿，左腳尖外擺
踏實，身體隨重心移動向左轉 45°；兩手左逆右順纏走下
弧線向前掤，左手掤至胸前，手心朝下；右手下沉至右膝
內上方，手心朝外，手指朝後；目視前方（圖 2-306、附
圖 2-306）。

圖 2-305　　　　　　　　　附圖 2-305

圖 2-306　　　　　　　　　附圖 2-306

動作三：接上勢，左掌朝前撩掌，向上再向內環繞合於胸前右小臂內側；同時右手領右腳弧線向前上托掌於右胸前與左手相合；右手心朝上，左手心朝下；右腳經左腳內側向前上步，腳尖點地，重心在左腿；目視前方（圖2-307、附圖2-307）。

圖 2-307　　　　　　　附圖 2-307

圖 2-308　　　　　　　附圖 2-308

　　動作四：接上勢，左手順纏外翻下沉於腹前，手心朝上；右手握拳下沉落於左掌心內，拳心朝上；目視前方（圖 2-308、附圖 2-308）。

　　動作五：接上勢，右拳逆纏向上提起與右肩平，右腿屈膝鬆胯提起右腳懸於襠內，腳尖自然下垂；目視前方

（圖 2–309、附圖 2–309）。

動作六：接上勢，右腳震腳落地，腳掌踏平，兩腳距離與兩肩同寬；右拳順纏下沉落於左掌心，兩臂撐圓；目視前方（圖 2–310、附圖 2–310）。

此勢震腳落地，有「文相始，武相終」之說，亦有人

圖 2–309

附圖 2–309

圖 2–310

附圖 2–310

謂之「陽相始，陰相終」，就是說開始時徐徐起勢，文雅大方，最後震腳落地收勢，有「文武兩相」之意。面南起勢，面北收勢，合「陰陽相合」之理。

第七十四式　收　勢

動作一：接上勢，右拳變掌，兩手向左右下分，身微下沉，屈膝鬆胯；目視前方（圖2–311）。

要求：兩手分，身下沉，鬆胯屈膝，切勿彎腰。此動先吸氣後呼氣。

動作二：兩手同時各向左右畫外弧向上合於兩肩前；目視前方（圖2–312）。

要求：兩手上升，鬆肩沉肘，胸腹背肌肉鬆弛下沉。此動吸氣。

動作三：接上勢，兩手順身體兩側緩緩下按於兩大腿外側；目視前方（圖2–313）。

要求：兩手下按，呼氣，周身放鬆，氣歸丹田，意形

圖2–311

圖2–312

圖 2-313 圖 2-314

歸原。一套拳練完，心平氣和，自始至終，一氣貫通。一
招一勢，氣由丹田發起，內走五臟百骸，外走肌膚毫毛，
運行一周仍歸丹田。如長江之水滔滔不絕，有來源有去路
循環不已，如環無端。正是：

　　開合剛柔順自然，一揚一抑理循環。

　　一足收勢氣歸原，動靜形消太極拳。

　動作四：接上勢，身體慢慢立起，恢復自然站立姿
勢；右腳收於左腳內側並立，兩手掌心朝內合於兩大腿外
側，成立正姿勢；目視前方（圖 2-314）。

第三編

陳氏太極拳
老架二路

陳氏太極拳老架二路簡介

陳氏太極拳老架二路，亦稱炮捶（以下簡稱二路拳）。

二路拳以剛為主，剛中寓柔。練習時，震腳發力，閃展騰挪，竄蹦跳躍，鬆活彈抖，完整一氣。有怪蟒出洞、猛虎下山之氣魄；有蛟龍出海、雄獅抖毛之神威。

學習二路拳，應在練好陳氏太極拳老架一路的基礎上，突破去僵求柔的階段，達到周身相隨，全身一動無有不動，內外結合，放鬆沉穩，勁力完整，呼吸與動作協調一致，此時學練二路拳方能免出偏差。否則沒有鬆彈勁，練拳時就會僵硬一條，上重下浮，橫氣填胸，心跳過速，呼吸發喘，嘴發青，臉發白，對健身和練功均為不利，學者務必注意。

練習二路拳時，應先練幾遍一路拳或作些基本功練習，待勁、氣調順之後再練二路。練習一路拳時要求：以身領手、以腰為軸、節節貫串、運行速度要慢。主要體會內氣運行與外形結合。以意導氣，以氣運身，動作配合呼吸，注重纏絲勁的練習。在用法上以掤、攌、擠、按為主，採、挒、肘、靠為輔。練習二路拳時，因有一路拳的基礎，就不需要過分考慮內氣、呼吸與動作配合，動作以手領勁。手領、身隨、步法活，根穩、勁整、精神足，以採、挒、肘、靠為主，以掤、攌、擠、按為輔，真正體現出二路拳快、剛、猛的特色。

陳氏太極拳老架二路動作名稱

第 一 式　太極起勢　　　第二十二式　掩手肱拳

第 二 式　金剛搗碓　　　第二十三式　伏　虎

第 三 式　懶扎衣　　　　第二十四式　抹眉肱

第 四 式　六封四閉　　　第二十五式　黃龍三攪水

第 五 式　單　鞭　　　　第二十六式　左沖右沖

第 六 式　躍步護心拳　　第二十七式　掩手肱拳

第 七 式　進步斜行　　　第二十八式　掃膛腿

第 八 式　回頭金剛搗碓　第二十九式　掩手肱拳

第 九 式　撇身捶　　　　第 三 十 式　全炮捶

第 十 式　指　襠　　　　第三十一式　掩手肱拳

第十一式　斬　手　　　　第三十二式　搗叉搗叉

第十二式　翻花舞袖　　　第三十三式　左二肱右二肱

第十三式　掩手肱拳　　　第三十四式　回頭當門炮

第十四式　轉身腰攔肘　　第三十五式　變勢大捉炮

第十五式　大肱拳小肱拳　第三十六式　腰攔肘

第十六式　玉女穿梭　　　第三十七式　順攔肘

第十七式　倒騎龍　　　　第三十八式　窩底炮

第十八式　掩手肱拳　　　第三十九式　回頭井攔直入

第十九式　裹鞭裹鞭　　　第 四 十 式　金剛搗碓

第二十式　獸頭勢　　　　第四十一式　收　勢

第二十一式　披架子

陳氏太極拳老架二路動作圖解

第一式　太極起勢

動作、要求：同老架一路第一式太極起勢。

第二式　金剛搗碓

動作、要求、用法：同老架一路第二式金剛搗碓。

第三式　懶扎衣

動作、要求、用法：同老架一路第三式懶扎衣。

第四式　六封四閉

動作、要求、用法：同老架一路第四式六封四閉。

第五式　單　鞭

動作、要求、用法：同老架一路第五式單鞭（圖3-1）。

圖3-1

圖 3-2　　　　　　　　圖 3-3

第六式　躍步護心拳

動作一：接上勢，左手向上撩，右手向下甩，同時重心移於右腿，左腿提起，目視前方。緊接著右手向上抖，手心向裡，左手向下甩，手心向裡，指尖向前下，目視左前方（圖3-2、圖3-3）。

要求：左手先上後下，右手先下後上，是欲上先下，欲下先上的引勁過程，兩手上撩下甩的抖動，與左足提起動作要連貫協調，上下相合。

用法：兩手上下抖動，以備撩掌和斬手用；提左腿，是避其蹬左膝和起護襠作用。

動作二：左足落下，隨即右足提起，同時身體向左轉90°，目視右前方（圖3-4）。上動下停，右足向右前方（約45°）開出一步，足跟內側著地，右手上棚，左手在身左側下按，目視右側面（圖3-5）。

要求：注意左足落下，右足即提起，左腳落下之前，

圖 3-4

圖 3-5

可以加上跳躍上縱再落下，所以叫躍步護心拳。

內勁：勁蓄在腰。

用法：此勢為上引下進，內含背折靠等用法。

動作三：身體向右轉，重心由左腿移至右腿，同時左手由下向後，向上向前，先逆後順纏畫弧，置於左斜上方，手心朝右前，指尖順後逆纏畫弧，置於右腿外側，手心向

圖 3-6

下，指尖斜向前，目視右前方（圖 3-6）。

要求：左手先逆後順纏，右手先順後逆纏，與轉體同時進行，並要求做到轉體與重心移動上下相隨。

內勁：內勁蓄於腰，背靠勁用過後，貫於兩手。

用法：兩手在身體兩側畫弧通過胸前，右逆左順纏，

左逆右順纏,有引勁落空和防護作用。

動作四:上動不停,身體繼續向右轉,同時兩手變拳,左拳向前運轉至胸前下沉,拳心斜向裡下,右拳上提,蓄於右胸前,拳心向下,目視前方(圖3-7)。

要求:移重心時,襠走後圓弧向右移,右肘掤勁不丟,有圓虛之感,身體鬆胯下沉。

內勁:主宰於腰,由束肋鬆肩,蓄於右肘。

用法:有打迎門肘之法。

動作五:身體突然向左轉,重心在右腿。右小臂豎起,置於胸前,拳心向裡,隨著向左轉體,向左前擊出;同時左拳繼續向裡合,置於右肘尖裡下,與右肘形成合勁,拳心向裡(圖3-8)。

要求:身體先向右轉,再向左迅速旋轉,轉體要以腰為軸,屈膝鬆胯,襠勁開圓,隨轉體右肘擊出,要做到上下相隨。

內勁:內勁以襠腰旋轉,由鬆肩,先達右肘尖,再貫

圖3-7

圖3-8

圖 3-9

圖 3-10

於右拳背。

　　用法：突然發力，用右肘打對方胸口，拳可打對方嘴鼻。

第七式　進步斜行

　　動作一：身體略向左轉，再向右轉，重心仍在右足，同時雙拳變掌，自右向上畫弧，掌心皆斜向外，目視右前方（圖 3-9）。上動不停，重心走下弧移至左腿，右足提起，右掌從身右側畫弧上撩，左手從胸前畫弧，下按於身體左側，手心向下，指尖斜向前，目視前方（圖 3-10）。

　　要求：可以連貫起來做，撩掌、提腿、重心移動要協調穩重。

　　內勁：以襠腰勁帶動兩拳變掌畫圓，提腿蓄勁。

　　用法：提右膝護襠，亦可避其蹬膝。

　　動作二：上動不停，右掌迅速下砍，左掌上撩（圖 3-11）。

圖 3-11

圖 3-12

緊接著右足落下震足，左足提起，身體向右轉約 45°（圖 3-12），上動不停。隨即左足以足跟著地，向左前方開出一大步；左手略向前伸，右手略向後上展，目視左前方（圖 3-13）。

圖 3-13

要求：提腿、落腳可以跳躍。左足向左前方開步時，右足要控制好重心。兩手同時向前和後上加掤勁。

內勁：勁蓄在腰，以兩腿變換，穩定重心。

用法：左右提腿震腳，這樣可以迅速變換重心，由防守轉入進攻。上左步可踹腿蹬腳，為上引下進之法。

說明：以上動作可連續不停地做。

動作三：接上勢，身體向左轉，重心向左移，左手隨

圖 3-14　　　　　　　　　圖 3-15

著轉體（掌心向下）逆纏向下畫弧，經左膝變勾手上提，置於左側，勾尖向下，腕部略高於肩；同時右手順纏外旋（手心向上）向上再逆纏內旋向裡合，置於右胸前，掌心向左前，指尖斜向上，目視左前方（圖 3-14）。

　　要求：左勾手上提，手腕放鬆領勁，右手蓄而待發，鬆胯塌腰，勁蓄在右腰間。

　　用法：有打前推掌或右背靠右後肘之勢。

　　動作四：接上勢，身體略左轉，隨即向右轉。右手逆纏畫弧，向右拉開，鬆肩沉肘，含胸塌腰，屈膝鬆胯。目視前方（圖 3-15）。

　　要求：此勢兩手兩腳為四偶角，要立身中正、舒展大方，開襠貴圓，虛領頂勁。上下四旁，支撐八面，謂之中定之法。勁合於丹田，貫於四梢，意識集中，內勁有飽滿之感。

　　用法：成勢勁歸元，有一身備五弓，含而待發之勢。

圖 3-16　　　　　　　　　　圖 3-17

第八式　回頭金剛搗碓

動作一：身體向右轉，重心移至右腿，右臂鬆肩沉肘，左勾手變掌向右後方猛推一掌，高度與胸相平，掌心向右側，指尖向上，右手在左肋下防護，目視右後方（圖3-16）。

動作二：上動不停，身體向右轉，重心在右腿，左腳尖向裡勾，向前掃180°，同時右手先順後逆纏，向後向上微屈肘置於額前，高度與頭相平，掌心朝外，指頭向左；左手逆纏向下，置於左膝外側，掌心向下，指尖斜向前，目視左前方（圖3-17）。

要求：當身體右轉、鬆肩沉肘時，左勾手變掌向右後猛推一掌，隨之移重心，身體向右轉，猛掃左腿，故為回頭金剛搗碓。當重心向右足移時，以腰為軸，連移帶轉身，互相配合。

用法：猛回頭打一掌，再隨之兩手上護頭頂，下護身

體，並用左腿前掃。

動作三：上動不停，隨即重心移至左足，身體再向右轉180°，隨轉體右足向外貼地掃半圈，兩手配合向外開，再合於胸前，右手心向上，左手心向下，目視前方（圖3-18）。

要求：左足上步時，要有含蓄之意，當左足一著地急速轉身，將重心控制在左腳，要利用移重心和轉身的慣性，加快速度，互相配合，做到快而不亂，越快越好，轉身如旋風之速。

用法：此勢在轉身時，可右手向後攔擊，同時用右腿背掃對方。

動作四：上動不停，身體略下蹲，氣沉丹田，左手外旋向下，置於腹前，掌心轉上，右手變拳向裡，經胸前落於左掌心中。接著右拳上舉，同時右足提起（腳尖自然下垂），隨即右足落地震腳，右手在右足震腳的同時，落於左掌心中。目視前方（圖3-19）。

圖3-18　　　　　　　　　圖3-19

要求：提右腿時，身體要下沉，有上下相合之意，提拳時，要鬆肩沉肘，促使內氣下降。右拳、右足同時下沉，震腳發勁要鬆胯屈膝，氣沉丹田。

用法：用右足蓄勢震彈，上提時用力提膝，下震對方腳面，拳可上沖咽喉、下頦。

第九式　撇身捶

動作一：接上勢，身體略下蹲，同時兩手向左右分開，掌心皆向上，指尖皆向裡（圖3-20），重心控制在左腳，緊接著右腳向右側橫開一大步，兩手以同樣的速度順纏，向上向裡合於胸前，左掌心向右，右掌心向左，指尖皆向上，目視前方（圖3-21）。

上動不停，身體向左轉，重心向左移，隨轉體右手略向裡合於左肩前，掌心斜向裡，指尖斜向上；左手逆纏向左下方畫弧於身體左側，掌心斜向外，指尖斜向前。目視左前方（圖3-22）。

圖3-20

圖3-21

圖 3-22   圖 3-23

要求：此組動作連續完成。

用法：左右撩掌可擊其襠部，上合護己面門，胸部左轉引勁落空。

動作二：接上勢，身體向右轉，重心移至右腿，同時右手逆纏走下弧，經右膝下轉至右腿外側，左手變順纏經左側向前推於鼻前正中線（3-23）。

要求：右手下轉時，襠腰勁要下沉，大身法練時，要求右肘從右膝前下轉過。

用法：此勢用於大身法可打7寸靠、7寸肘（7寸靠肘，就是離地約23公分）。

動作三：接上勢，重心移至左腿，身體向左轉，左手逆纏下擺，至左腰間，右手順纏上掤，目隨右手轉動（圖3-24）。

上動不停，身體繼續左轉，左手逆纏叉腰，拇指在後，四指在前，右手順纏，小指領勁，在身前平攔至左前方變拳，目隨右手轉至左前方（圖3-25）。

圖 3-24　　　　　　　　　　　圖 3-25

要求：兩足踏實抓地，襠勁左右盤旋，帶動兩臂螺旋纏繞。

用法：左臂後轉，同樣有打背靠之法，右手前攔，橫掃千軍。

動作四：接上勢，重心右移，腰向右轉，左腳尖裡扣，左膝要鬆而微屈。右拳逆纏外翻，向右上掤至右太陽穴，左臂撐圓，左肘裡合，目經左肘後改視左腳尖（圖 3-26）。

圖 3-26

要求：旋轉時，擰腰轉襠，身體微前傾，身體雖斜而中氣正，襠勁圓。左肘尖、右腳尖形成一線，周身相合，切勿彎腰凸臀。

第十式　指　襠

動作：重心向左移，身體左轉，左手變拳，順纏向左，以拳背面向下打，同時右拳順纏向右上方彈出，目視左下方（圖3-27）。

要求：下打、上彈同時進行，形成開勁。

用法：打擊對方襠部，故稱指襠。

圖 3-27

第十一式　斬　手

動作：左足控制重心，右足向左上步，以腳尖點地於左腳前，同時右拳向下，右臂屈於右胸前，目視左手（圖3-28）。緊接著右腳跟落地，身體急速左轉，同時右拳順纏，隨轉身向下砸，左拳急速向上帶與右拳對稱。與此同時，左足向右後插步（偷步），目視右前方（圖3-29）。

要求：指襠、斬手，連打兩拳，均以拳背面向下打，發力短促。發勁前，必須調整好身法，在發右拳時，重心落於右足，左腳偷步要輕靈順隨，當身法稍向下沉時，拳即突然發出。

用法：當對方抓住左手，可以右拳解脫。

第十二式　翻花舞袖

動作：身體向左轉，並跳躍轉體300°，兩腳落地。兩拳隨跳躍向上，又隨兩腳落地向下擊，右拳為主，在腹

圖 3-28

圖 3-29

圖 3-30

圖 3-31

前，左拳為輔在背後，目視下方（圖 3-30～圖 3-32）。

緊接著右拳上撩順纏，提右腳，身體右轉 45°，目視前方（圖 3-33）。

要求：此勢因在空中轉體 300°，又不加助跑，難度較大，要抓住「斬手」右拳下擊的時機，做欲上先下的屈

圖 3-32　　　　　　　　　　圖 3-33

蓄。當雙足離地後，周身須放鬆。雙腳落地，拳向下擊，落髖塌腰，才能達到重心穩定，發拳有力。右拳上撩有擋格之意，身法必須相配合。

用法：接上式，將對方手突然砸開，趁對方下沉彎腰時，猛翻身跳起，掄拳擊打對方頭後部或後背，右拳上撩有擋格之意，猶如古人長袖上撩，擋住對方視線，故名舞袖。

第十三式　掩手肱拳

動作一：右拳順纏外旋向上繞一圈收於右肋前，拳心向上，左拳變掌順纏向上向前置於左前方，掌心向右前方，指尖斜向上。與此同時，右足提起，隨即落地震腳，左足提起向左前方伸出，以足跟著地，目視前方（圖 3-34、圖 3-35）。

要求：左掌與右掌有合勁之意，身體中正下沉，屈膝鬆胯，勁合於右腿，蓄而待發。

動作二：接上勢，右腿蹬地裡合，身體迅速左轉，鬆

圖 3-34

圖 3-35

左胯，右拳逆纏螺旋前沖，左
肘向後發勁，目視右拳前方
（圖 3-36）。

圖 3-36

要求：發勁時，擰腰轉
襠，將拳突然沖擊，前拳後
肘，完整一氣。

用法：右拳擊對方胸部或
咽喉，左手掩人耳目或攔格對
方手臂。

第十四式　轉身腰攔肘

動作一：右足提起，同時右肘下沉，右拳收於胸前，
拳心向裡，左手配合在腰間，目視左方（圖 3-37），接著
右足落地震腳，在右腳尚未落地時，左足提起，同時身體
向左轉 90°，左手配合震腳向身左側推出，目視左前方
（圖 3-38）。

圖 3-37　　　　　　　　　圖 3-38

　　動作二：上動不停，左腳向前方邁出一步，當左腳著地的同時，身體急速向左轉體，隨轉體重心移至左腳，同時右肘向左方出擊，左手以同樣的速度迎擊右肘，目視左前方（圖 3-39、圖 3-40）。

　　要求：右肘向左前方擊出，要借助轉身和重心移動的

圖 3-39　　　　　　　　　圖 3-40

慣性。動作要鬆活、迅速、乾脆。提起右腳為收，開左腳發右肘為放，既要有節奏，又要注意連貫，轉身要輕，發肘要猛。

用法：左手攔住對方左手臂，右肘猛擊對方腰間軟肋部。

第十五式　大肱拳小肱拳

動作一：右拳變掌，略向右引，接著身體向左轉，左足尖向外擺，右足提起向右伸出，以足尖著地，隨轉體右手順纏，左手逆纏向左畫弧，左手置於左前方，高與肩平，掌心斜向外，指尖斜向上；右手置於身體右側，掌心斜向前，指尖斜向右。目視右前方（圖3-41）。

要求：左足尖外擺，右足提起伸出和轉體要協調配合，左腿屈膝鬆胯以控制重心。

動作二：身體微向左轉，重心控制在右腳，左腳向右後方插步（偷步），隨轉體，右手先順後逆纏，向左經胸前畫弧外翻上掤至右前上方，左手順纏走下弧合於腹前，目視右前方（圖3-42）。

動作三：身體繼續向左轉，重心移至左腿，隨身體左轉，右足向右橫開一步，腳跟著地；與此同時，左手先順後逆纏，向右經胸前畫弧外翻上掤，右手變順纏走下弧合於腹前（圖3-43）。以上動作重複3次，連插3步。

圖 3-41

圖 3-42

圖 3-43

　　要求：此勢連續偷步和兩手上下左右畫弧，要做到以腰為軸，上下相隨，協調一致。

　　用法：結合靈活步法，兩臂在胸前纏繞，既起防守中門作用，又可用左右捋勁。

　　動作四：接上勢動作，重心移至右腿，左足提起向前合於右腿內側；右手順纏向上經胸前向右畫弧外翻上掤，掌心向前；左手順纏向下，向前合於腹前，掌心向右，目視左方（圖 3-44）。

　　動作五：接上勢，身體先向右轉，再向左轉，重心移至左腿，左手先順纏後向右經胸前向左畫弧外翻上掤，掌心斜向外，指尖斜向右；右手順纏向下向左畫弧置於腹前，掌心斜向左，指尖斜向前；與此同時，右足向左後方偷步；隨即左足向左橫開一步，腳跟著地；同時左手向左下畫弧於左胯側，右手向上畫弧於右前方，目視左前方（圖 3-45～圖 3-47）。以上動作重複 3 次，連插 3 步。

圖 3-44

圖 3-45

圖 3-46

圖 3-47

　　要求：此勢要以腰為軸，兩手在體前分別向左右兩側畫圓，如車輪滾翻。

　　用法：開步、偷步均可套管對方腳步，雙手可以打捌勁。

第十六式 玉女穿梭

動作一：重心移至左腿，身體微向左轉，提右足向前一步成虛步，左手向上畫弧於頭左側，掌心斜向前，指尖斜向上，右手順纏外旋向下置於腹前，掌心斜向左，指尖斜向前（圖3-48）。

緊接著左手順纏向下，右手逆纏向上至額前，右腿向前上一步，腳跟外側著地，重心仍在左腿，目視前方（圖3-49）。

動作二：接上勢，重心移至右腿，左手領左腿向右轉體上步，左腳尖點地，兩手上掤，目向前視（圖3-50）。上動不停，隨之左腳跟外擺，重心移至左腿，身體向右轉180°，兩手由上向下畫弧成立掌，合於胸前中線，右腳收回成右虛步，腳尖點地，目視前方（圖3-51）。

要求：此組動作要連貫，轉體要迅速，兩手掤勁與兩腳虛實變換要協調一致。

圖3-48

圖3-49

圖 3-50

圖 3-51

圖 3-52

圖 3-53

用法：假設對方後侵，我突然轉身，蓄勢待攻。

動作三：接上勢，右腳向前方快速上步，左足迅速促步跟進，這樣連續上三步、促三步，兩手自然配合，目視前方（圖 3-52～圖 3-56）。

要求：向前促步時，腰要下塌，髖要下坐，身體自然正直。右足伸出要輕，左足促步要重，左腳踏地，右腳即

圖 3-54

圖 3-55

起，動作要快、穩、整，與兩
手向前掤勁相配合。

　　用法：突然轉體，用手按
對方胸前，人若退步，用促步
靈活快速跟進，借勢發力。

第十七式　　倒騎龍

　　動作一：重心前移於右
腳，左足提起，右手下按，左
手上穿，目視前方（圖 3-
57）。緊接著向右轉體 180°，

圖 3-56

隨轉體左腳落於右足前，腳跟著地。左手逆纏畫弧變勾手
至身後，手心斜向上，勾尖向後；右手先向下再向前伸
出，掌心向左，指尖向上，目視前方（圖 3-58）。

　　要求：穿掌、轉體、換步應協調一致，上下配合得
體，步法穩健。

圖 3-57

圖 3-58

用法：接上勢逼進之時，如對方退跑更快，我突然出右掌穿其咽喉及面部，然後再猛轉身防守背後。

動作二：身體向下蹲，左腳著地，隨即右足促步跟進；當右足踏地時，左足隨即上步，這樣連續上三步、促三步，目視前方（圖 3-59～圖 3-62）

圖 3-59

圖 3-60

圖 3-61　　　　　　　　圖 3-62

　　要求：此勢轉身時，重心變化要快，連進三步，步法輕靈穩健，在左手向前伸時，左足提起，並且有裡合之意，上下相隨。

第十八式　掩手肱拳

　　動作一：左腳尖向裡扣，重心移至左腿，隨即右足提起，身體向右轉 180°，同時右手先順後逆纏內旋向上，外旋向下畫弧變拳收於右肋側，左手順纏外旋向上向前畫弧，置於左前方，目視前方（圖3-63～圖 3-67）。

　　動作二：動作說明與第十三式「掩手肱拳」相同（圖3-68）。

圖 3-63

圖 3-64

圖 3-65

圖 3-66

圖 3-67

圖 3-68

第十九式　裹鞭裹鞭

動作一：重心在左足，腳尖內扣，左手變拳與右拳交叉於小腹前（圖 3-69）。緊接著身體向右轉 180°，與此同時，提起右腿（圖 3-70）。

圖 3-69

圖 3-70

上動不停，右足落地震腳，隨即左足提起，向左側橫開一步；兩拳一齊雙順纏向上外翻，至左右兩側向下砸擊，置於兩膝旁，拳心均向上。同時重心向左移，身體下蹲，目視前方兼顧兩旁（圖3-71～圖3-73）。

　　上動不停，再重複兩次（圖3-74～圖3-76）。

圖 3-71

圖 3-72

圖 3-73

圖 3-74

圖 3-75

圖 3-76

動作二：重心移至左腳，右足提起，身體向右轉180°，再連發3次（圖3-77～圖3-84）。

要求：此式連續6次發勁，雖發勁的方向不同，但發勁要領完全相同。一次是轉身後發勁，第二、三次是蓋步後發勁；要在一腳尚未落地時，另一腳即起；雙拳向上時

圖 3-77

圖 3-78

稍慢，向下砸時要快、猛、重。注意要隨身體下蹲，鬆肩沉肘，將勁力順達至梢節，不可以用僵勁和拙力。

用法：此勢可近身解脫，也可躍步遠擊。

圖 3-79

圖 3-80

圖 3-81

圖 3-82

圖 3-83

圖 3-84

第二十式　獸頭勢

動作一：身體先略向左轉，重心移至左腿，隨著重心的轉移，右足向後方撤步，同時右拳逆纏向上向左，再變順纏畫弧置於胸前，拳心向左；左拳逆纏內旋向左，拳心向下。目視前方（圖 3-85）。緊接著，身向右轉，重心右移，右拳順纏下沉至右腿外側，左拳順纏至鼻前，目視右前方（圖 3-86）。

動作二：上動不停，接著身體向左轉，右拳逆纏由下向後，向上畫弧置於頭右側，高度與額平，拳心向裡；左拳順纏外旋向下合於左膝前，拳心向上；同時左足收於右足側，

圖 3-85

圖 3-86

圖 3-87

腳尖點地，目視前方（圖 3-87）。

要求：此勢雖不發勁，但蓄而待發，為下一勢發勁作準備，雖身肢屈蓄，但仍要保持不丟不頂，八面支撐的身法。

用法：承上勢的裹鞭崩拳後，可以後撤步胯打，肩靠，然後轉為守勢，蓄而待發。

第二十一式　披架子

動作一：身體微右轉，左足向左前伸出一步，兩拳交叉於胸前，目視左側（圖 3-88）。

緊接著身體微向左轉，重心速向左移，同時左臂向左前方順纏發勁，右臂向右下方逆纏以同樣的速度發出。目視左前方（圖 3-89）。

要求：左臂向前上方發勁要猛，並有上撩之意。同時左肩以腰為軸，隨轉腰的慣性向後打（包含著背折靠），右臂向下發勁，與左臂要協調對稱。

圖 3-88

圖 3-89

用法：避身進左腿，上引下進，可打背靠，也可以用左臂攔腰橫擊。

動作二：重心右移，提左腳懸於襠內，左拳畫弧至左額上方拳心向上，右拳逆纏畫弧至身體右側，拳心向下，目視左方（圖 3-90）。

動作三：身體向左轉，並跳躍轉身約 90°，兩足落地。兩拳隨跳躍向上，又隨著兩足

圖 3-90

落地向下擊，右拳為主在腹前，左拳為輔在背後，目視前方（圖 3-91、圖 3-92）。

要求：隨左拳上引，將左足帶起跳躍，提右足向前上躍一步，用右拳頂向下猛擊，左拳向後發，跳躍、落地，動作完整一致。

圖 3-91

圖 3-92

第二十二式　掩手肱拳

動作如圖 3-93～圖 3-95，動作說明與第十三式「掩手肱拳」相同。

圖 3-93

圖 3-94

圖 3-95

圖 3-96

第二十三式　伏　虎

　　動作一：身體略左轉，重心在左，右腿略向後撤。右拳順纏外旋向左上方，肘略沉，拳心向上，左拳逆纏從腰側向上與右拳相配合，目視右側（圖 3-96）。

　　動作二：上動不停，身體隨即下沉並向右轉，重心移於右腿；右拳隨轉體順纏外旋向後，拳心朝上；左拳順纏向裡合畫弧置於額前，拳心向裡，目視左前方（圖 3-97）。

　　動作三：身體向左轉，重心向右移。隨著轉體，右拳逆纏外旋，向上畫弧置於頭右側，略高於頭，拳心向裡，左拳隨著轉體，先向外掤，再向

圖 3-97

　　　圖 3-98　　　　　　　　　　　圖 3-99

下畫弧於左膝內側，拳心向裡，兩拳合住勁；右腿全蹲，左腿仆下，足尖裡扣，目視左前方（圖 3-98）。

　　要求：此勢為縮身法，也叫打虎勢，一手護頭，一手護膝，目向前視，使對方感到無隙可乘。

　　用法：此勢為打虎勢，有蓄勢出擊之意。

第二十四式　抹眉肱

　　動作一：接上勢，重心向左移，左足尖外擺，身體左轉；隨轉體右足提起，右拳變掌收至右肩前，掌心斜向下，左拳收於腰間。身體繼續左轉，右足落地震腳，隨即左足提起向左前方上步；同時右掌收於右肋旁，掌心向下，左拳變掌配合著轉向左前方，目視前方（圖 3-99、圖 3-100）。

　　動作二：接上勢，身體迅速向左轉，隨轉體重心迅速移至左腿；右掌隨轉體向前發出，其高度與肩平，掌心向前，指尖向上；同時左肘以同樣的速度向左後方擊出；目

圖 3-100　　　　　　　　　　　圖 3-101

視前方（圖 3-101）。

　　要求：此勢要求上起跳躍突然轉身猛擊一掌，動作快速有力，震足沉穩。蹬地轉身躍起震足推掌一氣貫通。

　　用法：擊後方來侵之敵胸口，有黑虎掏心之勢。

第二十五式　黃龍三攪水

　　動作一：接上勢，身體向左轉，提右足向前上步，虛足點地；同時，左手叉腰，右手順纏下沉。目視右前方（圖3-102）。

圖 3-102

　　上勢不停，身體繼續左轉，重心移於右腿；同時，右手先順後逆纏向左畫弧上掤，手心向外，其高度與肩平。左足收於右足內側，目視前方

圖 3-103

圖 3-104

圖 3-105

圖 3-106

（圖 3-103）。接著，左足向左後方倒一步，然後重心移
於左腿，提右腿向後插步，同時右手順纏下沉於腹前，再
移重心再倒步，連倒三步。（圖 3-104～圖 3-108）。

　　要求：動作連貫，上動下隨，步法輕靈自然；右手臂
擺動猶如黃龍攪水一樣。

圖 3-107

圖 3-108

用法：此勢為守勢，作後退時防守之用。結合靈活的步法，將勁用於右臂，嚴密防守，使敵無隙可乘。

動作二：接上勢，重心移至左腿，右足提起，身體先左後右轉；同時右手先順後逆纏向下畫弧上掤，掌心向外，指尖斜向前，其高度於耳平；左手順纏掤於小腹前。目視前方（圖 3-109）。

圖 3-109

接著右足落地震足，隨即左足提起向左伸出。左手順纏向下於左前方，掌心向前；右手下沉叉腰。目視左側（圖 3-110）。

要求：轉身提腿震足開步與兩手旋轉變化要配合一致。

動作三：接上勢，身體先右後左轉，重心向左移。隨

圖 3-110

圖 3-111

圖 3-112

圖 3-113

轉體左手先順後逆纏向右、向上經胸前向左上方畫弧，掌心向外，指尖斜向前上方，同時右足落於左足後外側。目視左側。然後再移重心開左步，連開 3 步（圖 3-111～圖 3-114）。

要求、用法：與動作一相同，惟方向相反。

圖 3-114

圖 3-115

第二十六式　左沖右沖

動作一：接上勢，重心移至左腿，雙手逆纏上分，掤於左右兩側。目視前方（圖 3-115）。

然後，重心移至右腿，左足提起懸於襠內；兩掌畫弧下沉，變拳交叉合於小腹前。目視身左側（圖 3-116、圖 3-117）。

動作二：接上勢，身體略下沉，左足向左側迅速蹬出，同時雙拳向左右發出，雙拳高度與肩平。目視左側（圖 3-118）。

動作三：接上勢，身體略下蹲左轉，左足跟落地，足尖向外擺；同時兩拳向下沉交叉

圖 3-116

圖 3-117

圖 3-118

圖 3-119

圖 3-120

於腹前（圖 3-119）。緊接身體向左轉 90°，重心移向左足，隨轉體右足提起懸於襠內。目視身右側（圖 3-120）。

　動作四：接上勢，身體略下沉，右足向右側迅速蹬出；同時兩拳向左右發出，其高度與肩平。目視右側（圖

圖 3-121　　　　　　　　　圖 3-122

3-121）。

　　要求：轉身上步，連環側蹬，步法虛實分明，上下相合。蓄要蓄得緊，開要開得盡，勁合於丹田，發於兩拳兩足，周身完整一氣。

　　用法：左右連環蹬足，雙開拳可擊敵面部，足可蹬其腰部。

第二十七式　掩手肱拳

　　動作一：接上勢，身體略向左轉，右足收提；同時右拳下沉於右腿內，左拳下沉於身左後側（圖 3-122），接著，右拳順纏向上畫弧外翻，發勁於右腿外側，拳心向上；左拳配合向上，拳心朝裡，同時，左足尖內扣，身體向右轉 90°，目視前方（圖 3-123）。

　　要求：單腿支地，重心穩固。兩拳發力與扣足轉身要完整一氣。

　　用法：右拳向身右側翻打，左拳配合，猶如海底翻花。

圖 3-123

圖 3-124

圖 3-125

圖 3-126

動作二：接上勢，雙拳變掌向上交叉左上右下合於額前。右腳震腳落地，左腿提起向左側偏前方上一大步；同時雙手合住勁下沉至腹前。其他動作與第十三式掩手肱拳的蓄發動作相同（圖 3-124～圖 3-126）。

要求、用法：同「掩手肱拳」。

圖 3-127　　　　　　　圖 3-128

第二十八式　掃膛腿

動作一：接上勢，身體迅速向右俯身，重心移於右足，兩手變掌，兩掌隨身體右轉在右足前按地。右腿全蹲，左腿伸開向右掃半圈。目視左足（圖3-127、圖3-128）。

要求：身體屈膝下勢要快，利用身體下沉的慣性，將勁集中於伸直的左腿，用足尖擦地，掃腿要猛。

用法：用左腿正面橫掃敵下盤。

動作二：接上勢，身體繼續右轉，重心移至左足，左腿屈蹲。右腿伸開向後掃半圈。目視右方（圖3-129、圖3-130）。

要求：在上勢用左腿橫掃的基礎上，轉換重心，用右腿橫掃，動作靈活，快速，周身一致。

用法：此動用右腿背掃，兩腿連貫橫掃為連環腿法。

圖 3-129　　　　　　　　　圖 3-130

第二十九式　掩手肱拳

動作一：接上勢，身體繼續右轉180°，右手順纏向上向右畫弧變逆纏再向下，同時左手順纏向上向右畫弧變逆纏再向下，兩手交叉合於腹前；同時左足站立，提右足快速躍起，左足隨即向左前方上一步，兩足同時落地。也可以右足先落，左足後落。目視前方（圖3-131）。

要求：此勢要求轉身、躍步，兩手先分後合，動作要快，完整一氣，有翻江倒海之勢。

用法：此動練習轉身跳躍，上下起伏。有躍起下擊之意。

圖 3-131

圖 3-132　　　　　　　　　圖 3-133

動作二：與第十三式「掩手肱拳」的蓄發動作相同，惟方向相反（圖 3-132、圖 3-133）。

要求、用法：同「掩手肱拳」。

第三十式　全炮捶

動作一：身體略右轉，左手變拳逆纏向上前伸出，右拳逆纏向後略向左前掤。重心移到左腿，右腿提起。目視左側（圖 3-134）。隨即右足震腳落地，提左足向前上步；同時，兩拳左順右逆畫弧下沉，重心在右足，目視身左側（圖 3-135）。上動不停，身體繼續右轉。突然重心左移，身體左轉，用左臂外側向左後發勁，目視左前方（圖 3-136）。

要求：此動震足墊步，下沉裡合，再突然向左後發力，要求動作連貫，完整一氣。發勁要剛勁有力，襠勁沉穩。

用法：用左臂外崩，有打左背折靠之勢。

動作二：接上勢，身體略左轉，同時兩拳向右上方左

圖 3-134

圖 3-135

圖 3-136

圖 3-137

逆右順掤起。右拳置於右額前，拳心斜向左下；左拳置於右胸前，拳心向裡；隨兩拳上掤，重心由左移至右足後，左足提起。目視前方（圖 3-137）。

　　緊接著身體先向右轉隨即再向左轉，隨轉體左拳逆纏，右拳順纏向下，向左畫弧置於腹前；左足震腳落地

圖 3-138　　　　　　　　　　圖 3-139

後，右足提起向右前方伸出，目視右前方（圖 3-138）。

　　動作三：接上勢，當右足跟著地時，身體即速向右轉，重心由左足移至右足；同時兩拳由左向右上方發出，右拳心向上，左拳心斜向下，目視右前方（圖 3-139）。

　　要求：此組動作要求連貫；轉換重心，震腳開步，蓄勢發力都要動作協調，完整有力。

　　用法：此勢用右臂發力，有打右背折靠之勢。

第三十一式　掩手肱拳

　　動作同第二十九式「掩手肱拳」（圖 3-140～圖 3-142）。

　　要求、用法：同「掩手肱拳」。

第三十二式　搗叉搗叉

　　動作一：接上勢，身體向右轉，重心移至左足；同時右足提起收回，虛足以足尖點地。右拳順纏向後向裡收至

圖 3-140

圖 3-141

圖 3-142

腹前，拳心斜向上；左手握拳，由上向下與右拳環抱，拳
心斜向裡，目視右前方（圖 3-143、附圖 3-143）。緊接著
右足橫開一步，重心隨即右移，右拳向右側發出；左肘以
同樣的速度向左側擊出，目視右側（圖 3-144、附圖 3-
144、圖 3-145）。

圖 3-143

附圖 3-143

圖 3-144

附圖 3-144

　　要求：轉身、收腿、合力、開步、發拳向下橫擊要協調一致，步法與右拳發力時配合緊密，要形到、意到、勁到。

　　用法：側身上右步，用右拳外側擊敵小腹或襠部。

　　動作二：接上勢，身體向右轉，重心移至右足，左足提起向右蓋步；同時左拳順纏，隨左足上步，向右拳外側

圖 3-145

下砸，目視右前方（圖3-146）。

隨即右足提起向右側上一步。同時右拳由下向上畫弧，再向右前發出，拳心向下；左拳先向右畫弧，再以肘向左側發出。目視右前方（圖3-147）。

要求：左拳下砸，右拳裡合上提要與步法配合，結合

圖 3-146

圖 3-147

圖 3-148　　　　　　　　　圖 3-149

腰勁，意識集中。

用法：接上動，右拳擊敵小腹時，如被握住手腕速上左步，用左拳順右拳外側下砸，催其鬆手，緊接著上右步，發右拳擊敵腹部。

第三十三式　左二肱右二肱

動作一：接上勢，左足向前上步，身體向右轉約180°，重心控制在右足，同時左拳逆纏向左前發出，拳心向下，其高度與肩平；右拳順纏以肘向後擊出，拳收於右肋側，拳心向裡。隨著發左拳，重心由右足同時移至左足。目視前方（圖 3-148）。

動作二：接上勢，右拳逆纏向前擊出，拳心向下；左拳向後放肘勁收至左肋側。隨即右拳左拳再先後各擊出一拳。目視前方（圖 3-149）。

要求：上左步後，左右拳連擊，兩拳要在重心不變的情況下，結合腰襠勁要快、猛，力達拳頂。

圖 3-150　　　　　　　　圖 3-151

用法：用左右連環拳，擊敵胸部或面部。

第三十四式　回頭當門炮

動作一：接上勢，雙拳左逆右順纏絲向上掤，拳心均向內；同時重心右移，身體向右轉約 180°，提左足隨轉體向右側上一步，兩拳隨轉體協調轉動。目視左前方（圖 3-150、圖 3-151）。

動作二：接上勢，雙拳畫弧，隨身體向右轉 180°，右足提起向左腿後插步轉身。目視左前方（圖 3-152）。

動作三：身體繼續右轉下沉，重心移於右腿；兩拳左順右逆纏絲隨身體下沉裡合。目視身左側（圖 3-153）。

圖 3-152

圖 3-153　　　　　　　　　　圖 3-154

動作四：上動不停，身體先右後左急速旋轉，重心左移；同時雙拳隨轉體向左後發力。目視左側（圖 3-154）。

要求：此動作回頭轉身跳步回擊，旋轉要快速、輕靈，步法要敏捷、穩健，發力完整。

用法：接上勢，設敵人從背後擊來，我速轉身跳步避開來勢，再回頭猛擊。用雙拳前擊，打背折靠都可。

第三十五式　變勢大捉炮

動作一：接上勢，雙拳走下弧向右上方掤，拳心向內，左拳在右胸前，右拳置於右側，其高度與頭平；同時左足提起，身體微向右轉。目視左前方（圖 3-155）。

隨即左足跳步落地，右足提起向左上一步，身體向左轉約 180°，雙拳隨跳步轉身相應畫弧轉動；左腿向右腿後插步，向左轉身 180°。雙拳隨身體繼續旋轉至身體右側。目視右前方（圖 3-156、圖 3-157）。

動作二：接上勢，身體左轉下沉，重心左移；雙拳左

圖 3-155

圖 3-156

圖 3-157

圖 3-158

逆右順纏並隨身體畫弧下沉。目視身右側（圖 3-158）。

　　隨即身體急速右轉，重心右移；雙拳隨轉體向右後方發出。目視右前方（圖 3-159）。

　　要求、用法：與上式回頭當門炮相同，惟左右方向相反。

圖 3-159

圖 3-160

第三十六式　腰攔肘

　　動作：接上勢，左拳變掌順纏與右肘一齊向外開，同時右足提起。隨即腰勁下塌，鬆胯微屈左膝，右足跨步落地震足；同時右肘向右前方猛烈擊出，左掌以同樣的速度迎擊右肘。目視右前方（圖 3-160、圖 3-161）。

圖 3-161

　　要求：右臂屈肘，左拳變掌，先開而後合，右足先收再開，均為蓄而後發。要求鬆肩、沉肘、塌腰、鬆胯，這樣才能將勁集中於右肘。

　　用法：用右肘蓄而後發，跨步近敵，橫擊其腰肋部位。

圖 3-162

圖 3-163

第三十七式　順攔肘

動作：接上勢，身體略左轉，右肘走上弧線收至右肋前；同時右足提起收回再向前伸出。身體迅速右轉，重心右移，同時右肘向右側擊出；左手托撫右手腕部以助其勢。目視右側（圖 3-162、圖 3-163）。

要求：收右步，蓄右肘，周身相合；開右步，發右肘，力達肘尖；左手托右腕以助其力，左步促步跟進，固其下盤。

用法：聚周身之力於肘尖，穿敵胸肋部位。

第三十八式　窩底炮

動作一：接上勢，身體微右轉，左足提起；同時兩拳虛握雙逆纏分向前後，右拳在前，拳心向下，左拳在後，拳心斜向後，目視右前方（圖 3-164）。隨即左足蓋步落地，左拳走下弧向前擺動變掌，右拳順纏向內畫弧至胸

圖 3-164

圖 3-165

前，拳心向上，目視右前方
（圖 3-165）。

要求：向前上步要靈活，
兩手開中有合，合中有開，兩
臂與步法協調結合。在練習時
也可做跳躍步。

用法：做跳躍步練習，根
據對方距離遠近，步法隨機應
變。

動作二：接上勢，右足向
右橫開步，落地後重心右移，

圖 3-166

身體迅速左轉，隨轉體右拳逆纏向右擊出，拳心向下；左
手同時逆纏向左側發肘勁。目視右方（圖 3-166）。

要求：發勁要由根至梢，由內至外，剛勁有力，完整
一氣，右足與右拳要同時到位。

用法：躍步擊敵小腹。

第三十九式　回頭井攔直入

動作一：接上勢，重心繼續右移，身體向右轉180°，同時左腳內扣畫弧向右側上一步，左拳先逆後順纏，由前畫弧向右上掤；右拳隨身體右轉逆纏上掤至額前。目視左側（圖3-167）。

動作二：接上勢，重心移於左腿，右足提起插步向左後方伸出，身體右轉180°。雙拳隨轉體從額前畫弧下沉至胸前。目視前方（圖3-168）。身體微右轉，重心右移。兩拳雙順纏向下沉至腹前，右拳在上左拳在下，雙拳拳心斜向裡。目視前方（圖3-169）。

動作三：接上勢，身體迅

圖3-167

圖3-168

圖3-169

圖 3-170 圖 3-171

速左轉，重心隨轉體向左移。兩肘同時向左前上方發出。
目視左前方（圖 3-170）。

　　要求：此式向右轉體 360°，連續動兩步，雙拳配合身
體旋轉，要做到周身協調，發力完整，力達兩肘尖。

　　用法：此式為近距離雙肘擊敵的方法。

第四十式　金剛搗碓

　　動作一：接上勢，雙拳變掌，右掌逆纏向上向右畫
弧，屈臂於右胸前，掌心斜向右；左掌順纏先向前再向右
後攦，掌心斜向右上；隨即雙掌同時向右後方攦，重心移
到右足。目視前方（圖 3-171）。

　　動作二：接上勢，動作同老架一路第二式金剛搗碓動
作五至動作九（圖 3-172）。

　　要求、用法：同金剛搗碓。

圖 3-172　　　　　　　　　　圖 3-173

第四十一式　收　勢

動作：雙拳變掌，雙掌順纏分向兩側，再變逆纏由外
經上合於胸前，再向下按於兩側。左足收於右足內側，自
然站立，兩掌心向內，自然合於兩腿外側（圖 3-173）。

要求：兩手下按，周身放鬆，氣沉丹田，意氣歸源。

第四編

陳氏太極拳
新架一路

陳氏太極拳新架一路簡介

陳氏太極拳新架屬陳長興傳統老架系列，由十七世祖陳發科大師所創。

陳發科為近代陳氏太極拳的代表人物，在北京授拳卅年，技藝高超，獨步一時，桃李遍於海內。晚年他依據自己體悟並結合教學實踐，在家傳拳術套路的基礎上創編了新架一路、二路，並對所創新架不斷修改完善，最後由其子陳照奎老師定型，繼而傳播於海內外。

經過精心編排的新架套路，和老架相比在運動速度和強度、身法勁路諸方面都有所不同。

和陳長興同代的十四世祖陳有本所創拳架當時稱新架。陳發科所創拳架流傳以後，陳家溝遂稱陳有本創編的拳架為小架。

本篇介紹的新架一路，是堂叔父照奎老師親傳。其特點是架式寬大，低沉穩重。拳架以「掤攦擠按」四正手的運用為主，以「採挒肘靠」四隅手的運用為輔；以柔化勁為主，發勁為輔，柔中寓剛，力求柔順。外形以緩柔穩為主，疾剛跳躍為輔。運勁方法要求以身領手，突出螺旋纏絲勁的練習，以腰為軸，旋腕轉膀，旋腰轉脊，旋踝轉膝，胸腰折疊，形成一系列的空間曲線運動。

陳氏太極拳新架一路動作名稱

第 一 式	預備勢	第二十三式　中　盤
第 二 式	金剛搗碓	第二十四式　白鶴亮翅
第 三 式	懶扎衣	第二十五式　斜行拗步
第 四 式	六封四閉	第二十六式　閃通背
第 五 式	單　鞭	第二十七式　掩手肱捶
第 六 式	第二金剛搗碓	第二十八式　大六封四閉
第 七 式	白鶴亮翅	第二十九式　單　鞭
第 八 式	斜行拗步	第 三 十 式　雲　手
第 九 式	初　收	第三十一式　高探馬
第 十 式	前蹚拗步	第三十二式　右擦腳
第 十一 式	第二斜行拗步	第三十三式　左擦腳
第 十二 式	再　收	第三十四式　轉身左蹬一跟
第 十三 式	前蹚拗步	第三十五式　前蹚拗步
第 十四 式	掩手肱捶	第三十六式　擊地捶
第 十五 式	第三金剛搗碓	第三十七式　二起腳
第 十六 式	撇身捶	（踢二起）
第 十七 式	青龍出水	第三十八式　護心拳
第 十八 式	雙推手	（獸頭勢）
第 十九 式	三換掌	第三十九式　旋風腳
第 二十 式	肘底看捶	第 四 十 式　右蹬一跟
第二十一式	倒捲肱	第四十一式　掩手肱捶
第二十二式	退步壓肘	第四十二式　小擒打

陳氏太極拳新架一路動作圖解

第一式　預備勢

動作：兩腳成立正姿勢，身體中正，兩臂下垂於身體兩側，手心向內，頭自然正，唇齒微合，舌尖抵住上腭，二目平視（圖4-1）。

要點：預備勢是開始練拳之前意識和姿勢上的準備。總體要求是心靜體鬆，內固精神，外示安逸。

圖4-1

具體要求：身法中正，虛領頂勁，下頦內收，鬆肩沉肘，含胸塌腰，襠圓而虛，屈膝鬆胯，十趾抓地，湧泉要虛，呼吸自然，意存丹田。

第二式　金剛搗碓

動作一：鬆右胯重心右移，提左腳向左橫開半步，略寬於肩，隨著左腳踏實，重心移於兩腳之間。目視前方（圖4-2）。

動作二：屈膝鬆胯，身體螺旋下沉，兩臂微屈，手心向下，十指自然下垂，手背領勁，雙手提至高與肋平（圖4-3）。然後身體略左轉下沉，重心偏右；同時雙手左逆右

圖 4-2

圖 4-3

圖 4-4

圖 4-5

順纏絲向左下弧形按出（圖4-4）。身體繼續左轉下沉，雙手左逆右順纏向左上方掤出，略高於肩。右手心向上，手指向前；左手心向前，手指向上。目視左前方（圖4-5）。

　　動作三：屈左膝鬆右胯，身體向右轉，重心左移，右腳尖外擺。同時雙手先以左順右逆纏加掤勁翻轉，再隨轉

圖 4-6

圖 4-7

體向右後方弧形上掤（圖 4-6）。重心右移踏實，身體微右轉下沉，隨即左腿屈膝提起，雙手隨身體下沉向外上加掤勁。目視左側前方（圖 4-7）。

動作四：左腳向左前方蹬出，腳跟裡側著地，腳尖上翹裡合（圖 4-8）。然後鬆左胯重心左移，身體向左轉，隨著移重心，左腳以腳跟為軸腳尖

圖 4-8

外擺踏實；同時雙手向右後上方擺，然後下沉，雙手左逆右順纏走下弧向前方，左手以掌外緣領勁向前方掤出，右手合於右膝上。目視前方（圖 4-9）。

動作五：左掌前撩，右掌向後配合，帶動身體重心前移，隨即左掌回收於胸前與右小臂內側相合，掌心向下；

圖 4-9

圖 4-10

右掌向前上托領與左掌相合，
並帶動右腿上步於左腳右前
方，腳尖點地，右掌心向上，
指尖向前。目視前方（圖4-
10、圖4-11）。

　動作六：屈膝鬆胯，身體
下沉，右掌順纏虛握拳裡合上
提高與肩平；同時左掌外旋下
沉於腹前，掌心向上，右拳上
提並帶動右膝上提，右腳懸於
襠內，腳尖自然下垂（圖4-

圖 4-11

12）。右腳震腳落地，兩腳相距與肩等寬，重心在左腳；
同時右拳向下落於左掌心內。目視前方，耳聽身後（圖4-
13）。

　要點：

　1.此勢為整套拳重要動作之一，一舉動都要符合太極

圖 4-12　　　　　　　　圖 4-13

拳虛實分明、上下相隨、立身中正、鬆肩沉肘、含胸塌
腰、心氣下降、步法輕靈自然等要求。

　　2.動作二中雙手上提時由下向左再向上走弧形，下按
時由上向右再向下走弧形，一提一按在腹前走一圓圈。

　　3.動作三中提左膝時要以膝領勁，腳尖自然下垂，這
樣才能輕靈自然，氣不上浮，重心穩定，身法中正。

　　4.震腳前提右腿時，左腿支撐要自然穩健，五趾抓
地，湧泉穴要虛。右腿屈膝鬆胯上提，身體肩肘放鬆下
沉，上下相合，團聚之氣蓄於丹田。右拳右腳下落時，周
身氣往下沉，兩肩胯鬆開，頂勁要虛虛領起，眼向前看。

第三式　懶扎衣

　　動作一：接上勢，鬆右胯身體略右轉，右拳和左掌合
住勁先雙逆纏後雙順纏向右前方彈抖出去。隨即鬆左胯重
心右移，身體略左轉；同時雙手合勁不丟隨轉體向左側弧
形下沉。接著重心左移，身略右轉；同時右拳變掌，雙掌

圖 4-14　　　　　　　　圖 4-15

小逆纏合住勁在身體左側向上加掤勁領起。然後重心右
移，身體略左轉；同時右肩放鬆，用右肘向右前掤出。左
掌心向前，指尖向上；右掌心向後，指尖向上，以掌外緣
搭於左腕處。目視雙手，兼顧前方（圖 4-14、圖 4-15）。

　　動作二：雙手逆纏，左掌向左下按，右掌向右上畫弧
上掤。接著重心左移，提右腿向右側開步，腳跟裡側著地
滑出，腳尖上翹；同時雙手變順纏，左手由下經左向上，
右手由上經右向下，雙手畫圓在胸前交叉相合。右手掌心
向左上，指尖向左前；左手掌心向右，指尖向上合於右小
臂內。目視右側（圖 4-16、圖 4-17）。

　　動作三：鬆左胯重心右移，身體微向左轉；同時雙手
隨轉體向左側引勁（圖 4-18）。接著鬆右胯身體右轉，右
手逆纏向上向右畫弧展開，順纏下沉；左手小順纏掌心向
上，下沉於左腹前。目視前方，耳聽身後（圖 4-19）。

　　要點：

1. 動作一中重心變化三次，即由重心在左變右、變

圖 4-16

圖 4-17

圖 4-18

圖 4-19

左、變右。重心在左，身向右轉，重心在右，身向左轉。靈活多變的身法帶動兩手纏絲旋轉，體現出一路拳以身領手的運勁方法。

2. 此勢為上引下進法，腳開手合，同時到位。然後進胯進身，以腰催肩，以肩領肘，以肘帶手，節節貫串。

3. 成勢時要調整身法，鬆肩、沉肘、坐腕，勁貫指肚，含胸、塌腰、鬆胯、屈膝，身體放鬆，螺旋下沉，頂勁領起，開襠貴圓。

第四式　六封四閉

動作一：接上勢，身體先右後左轉，兩手先逆後順纏絲在原地折腕旋轉畫一小圈（圖4-20）。接著鬆左胯，重心左移，身體左轉；同時左手小逆纏微下沉；右手順纏由右上方擺至腹前與左手相合（圖4-21）。身體微右轉，重心右移，左手小順纏，右手逆纏轉臂，兩手合住勁隨重心右移向右上方擠出。左手心向內，右手心向外，目視右側（圖4-22）。

動作二：身微左轉，重心左移；同時右手下沉畫弧順纏上托，左手逆纏，虎口掤圓以腕關節領勁弧形向左上提，五指斜向下垂形成刁手，左手刁右手托，隨重心左移向左上擺。目視右側（圖4-23）。

圖4-20

圖4-21

圖 4-22

圖 4-23

圖 4-24

圖 4-25

　　動作三：身體繼續左轉，重心右移；同時兩手逆纏翻掌合於兩耳下（圖 4-24）。雙掌合勁向右下方按出，身體隨下按之勢右轉下沉；同時左腳向右弧形併步，以腳尖點地於右腳內側。目視右下方（圖 4-25）。

圖 4-26

圖 4-27

要點：

1. 動作一開始旋臂折腕原地畫一圓圈，以引起動作。這種旋臂折腕畫圈動作在新架拳套中出現多次，剛開始練習時只能手轉，不能和身法協調配合，須抽出單勢專門練習體會。其作用在拳套中以引起動作起接勁作用，在技擊中可化解擒拿，為反擒拿創造條件。

2. 此式重點是在身法的帶動下，重心左右移動，旋腕轉膀，胸腰折疊運化，體現上擺下按的動作變化。

第五式　單　鞭

動作一：接上勢，重心在右不變，身體先微右轉再微左轉，帶動左腳以腳尖為軸自然作相應的轉動；同時兩手順纏，左前右後旋轉，掌心向上。隨即右掌逆纏，五指合攏變勾手，以腕部向右上方掤出，高與肩平；左掌微順纏向下鬆沉至腹前，掌心向上。目視右側（圖 4-26、圖 4-27）。

動作二：鬆右胯身體微右轉，重心移至右腳，然後左

圖 4-28　　　　　　　　　　　圖 4-29

腿屈膝提起，以腳跟內側著地向左方滑出，腳尖上翹微
合。右手腕領勁，目視左側（圖4-28、圖4-29）。

　　動作三：鬆右胯屈左膝，重心左移。接著微鬆左胯身
微右轉再左轉，重心由左腳稍向右回；同時左手穿掌上掤
逆纏外翻至右胸前。然後左手逆纏轉臂外開弧形向左，並
帶動右腳尖稍內扣；重心隨著
左手外開而移至左腳。左手開
至左側高與肩平時雙手微順纏
下沉。目光送左手開到位後轉
視正前方，耳聽身後（圖4-
30、圖4-31）。

　　要點：

　　1.此式為整個拳套重要動
作之一，作為動作變化的轉換
式子共編排了七個，要細心體
會不同銜接和不同轉換的差異

圖 4-30

圖 4-31　　　　　　　　　圖 4-32

所在。

2. 動作一中雙手左前右後順纏在身體右側旋轉時，要以腰脊為軸用身體的轉動來帶動，圓轉輕靈方為合格。

3. 左腳向左開步和左手向左運行與懶扎衣成左右勢。在運行過程中上引下進，進跨進肩進肘，以腰為軸，節節貫串。

4. 左手向左開到位後，雙手微順纏下沉，頂勁領起，全身放鬆，身正襠圓，外開內合。

第六式　第二金剛搗碓

動作一：接上勢，重心先左移，隨即右移；身體先左轉，隨即右轉；兩手先左逆右順纏絲下沉，隨即變左順右逆纏絲轉臂弧形向右外上方加掤勁擺。接著鬆左胯身體左轉，重心移至左腳；同時左手下沉小逆纏前掤，右手大順纏轉臂走下弧向前和左手合住勁。左手掌心向前，指尖向上偏右；右手掌心向上，指尖向前。目視左前方（圖 4-

圖4-33

圖4-34

32、圖4-33）。

　　動作二：鬆右胯，重心由左腳向右腳後移，身體右轉螺旋下沉；同時雙掌略下沉，隨即左順右逆纏絲向右後上擺（圖4-34）。然後鬆左胯，身體左轉，左腳外擺；同時雙手下沉，以左逆右順纏絲走下弧，左掌外緣領勁向左前方掤出，掌心向下，右掌合於右膝上，掌心向外。目視左前方（圖4-35、圖4-36）。

圖4-35

　　動作三：重心前移，以身催動左手向前撩掌，然後向上畫弧收回合於胸前右小臂內側，掌心向下；右手配合向後抖動後隨即向前上托領與左掌相合，並帶動右腿弧形上步到左腳右前方，腳尖點地，右手掌心向上。目視前方

圖 4-36

圖 4-37

（圖4-37）。

動作四：鬆胯屈膝，雙手隨身體放鬆下沉左手順纏外翻成掌心向上，右手順纏下沉握拳。然後右拳略逆纏上提並帶動右膝上提，右腳懸於襠內，腳尖自然下垂。隨即右腳落地震腳，兩腳相距與肩等寬，右拳同時下落於左掌心內。目視前方，耳聽身後（圖4-38、圖4-39）。

要點：動作一中雙手配合著先順時針走一圓圈是為了引起動作，起接勁作用。上式單鞭成勢時全身放鬆，勁往下沉，為了將已斷的勁連接起來，要在身體的帶動下雙手輕靈自然地走一圓圈以引起以下的動作，這個圓圈不宜太大，隨著功夫的長進應越來越小。

第七式　白鶴亮翅

動作一：接上勢，鬆右胯身體略右轉，右拳和左掌合住勁向右前方彈抖出去。隨即鬆左胯，重心右移，身體略左轉；同時雙手合勁不丟，隨著轉體向左側弧形下沉。接

圖 4-38

圖 4-39

著重心左移，身略右轉，右拳變掌，雙掌小逆纏合住勁在胸左側向上掤出。然後重心右移，身略左轉，用右肘向前加掤勁。左掌心向前，右掌心向後，雙手指尖都向上，右掌以掌外緣搭於左腕處。目視雙手，兼顧前方（圖 4-40、圖 4-41）。

圖 4-40

圖 4-41

圖 4-42　　　　　　　　　　　圖 4-43

　　動作二：鬆左胯身向左轉，左腳尖外擺；同時雙手逆纏分開，左手向左下方按，右手向右上方掤。接著身體先右再左轉，重心移至左腳踏實，提右腳向右前方（約45°）以腳跟裡側著地滑出，腳微上翹；同時雙手順纏在身體左右兩側畫弧轉圓，交叉相合於胸前。左手搭於右小臂上，左掌心向右，右掌心向左上。目視右前方（圖 4-42、圖 4-43）。

　　動作三：身體左轉，重心右移，右腳踏實；同時右臂順纏向左側滾動引勁。緊接著鬆右胯身向右轉，帶動右臂逆纏向右畫弧上掤展開；左手逆纏向左下按至左胯旁；左腳弧形收至右腳內側以腳尖點地。目視前方（圖 4-44）。

　　要點：

　　1.此式為上引下進之法。手合步開，手開步合，合中有開，開中有合，欲開必先合，欲合必先開，要不丟不頂，連綿不斷，才不致產生凹凸之病。

　　2.定勢時兩手門戶大開，兩腳虛實分明，頂勁領起，

圖 4-44

圖 4-45

放鬆下沉，方能有八面支撐，穩如山岳之氣勢。

3.成勢時要求：雙手微順纏放鬆下沉，虛領頂勁，鬆肩沉肘，含胸塌腰，屈膝鬆胯，開襠貴圓，腳趾抓地，全神貫注，氣沉丹田。這些要求在以後類似拳勢中都應做到，不可顧此失彼。

第八式　斜行拗步

動作一：接上勢，身體略右轉，隨即向左轉；同時雙手略一下沉隨即左逆右順纏，右掌向上領勁，左掌向下沉按；重心控制在右腳，左腳隨身體轉動而用前腳掌作原地相應轉動；身體隨右手螺旋上升領勁。目視前方（圖4-45）。

動作二：上動不停，快速鬆右胯身體向右轉約90°；同時用左腳前掌調節重心，用以控制身體平衡，使右腳以腳跟為軸腳尖迅速外擺踏實屈膝下蹲；左手順纏屈臂上升至額前，微下沉成立掌於鼻前中線；右手逆纏畫弧下按至右

胯側。左掌心向右，右掌心向下。目視前方（圖4-46）。

動作三：左腿以膝領勁向右上方提起，腳尖微下垂；同時右手逆纏弧形向上掤，略高於肩，掌心向右前；左手小順纏，掌心向右，雙手形成向右上的掤勁。雙手加強掤勁；同時左腳以腳跟裡側著地向左前方鏟出，腳尖上翹。目視左側（圖4-47、圖4-48）。

圖4-46

動作四：鬆右胯身體右轉下沉，重心略向左移；雙手隨轉體在原位作小順纏（圖4-49）。隨即重心再往右移，弓右腿，鬆左胯，身體左轉下沉；同時左手逆纏轉臂隨身體下沉至左腿上方，五指合攏，右手小逆纏屈臂合於右耳旁。目視左側（圖4-50）。

圖4-47

圖4-48

圖 4-49

圖 4-50

動作五：身體微向左轉，重心走下弧左移，左腕領勁變勾手上提至肩平。鬆右胯身向右轉；同時右手逆纏先向前加掤勁，然後向右展開。目光隨右手到位後轉視前方（圖 4-51、圖 4-52）。

圖 4-51

圖 4-52

要點：

1.動作一與六封四閉的動作一同屬引起以後動作的接勁動作，須在身手協調一致的基礎上適當加快速度。

2.動作五由於右手的外展使拳勢成為雙開勁。定勢時雙膝裡合，鬆胯塌腰，身體放鬆，螺旋下沉，鬆肩沉肘坐腕，頂勁領起，心氣下降，使雙開勁轉換成雙合勁。

第九式　初　收

動作一：接上勢，右腳微蹬，雙膝合勁，身體微左轉；同時左勾手變掌，左右兩掌略逆纏弧形上撩，左手向右上，右手向左上，兩掌相合於額前，掌心向前，指尖相對（圖4-53）。然後身體微右轉；同時雙手順纏轉臂外開下沉相合於左膝裡上方。掌心向上，手指向前。目視前方略下（圖4-54）。

動作二：鬆右胯，右膝裡合，身體略左轉，重心由左腳全部移至右腳成右獨立步，左腿以膝領勁上提；同時肩

圖4-53

圖4-54

圖 4-55　　　　　　　　　圖 4-56

肘放鬆下沉，雙手小逆纏隨身體屈臂收回至胸腹前。調整身法重心穩定後，左膝上提和胸相合；同時雙手以指端向前下彈抖發力。目視前下方，耳聽身後（圖 4-55、圖 4-56）。

要點：

1. 動作一中的雙掌下沉合勁前的雙掌上撩，體現了太極拳欲下先上的運動規律，動作應做得較快。

2. 圖 4-55 的合勁動作是雙順合勁之後的雙逆合勁，稱之為合之再合。

3. 此式的定勢動作為合勁獨立步法。頂勁領起是穩定的關鍵，配合氣沉丹田，全身放鬆下沉，使身體有上下拉長之意，這樣才容易做到身法中正，步法穩健。

第十式　前蹚拗步

動作一：接上勢，鬆右胯，身微右轉下沉；同時雙手以左順右逆纏絲向身體右側下攦（圖 4-57）。接著身體微

圖 4-57

圖 4-58

左轉，左腿順纏弧形外擺下落
於左前方，腳跟外側著地，腳
尖上翹外擺；同時雙手左逆右
順纏下沉再上翻轉臂向上畫弧
下落合於胸前。左手在下右手
在上，兩腕交叉相合，左手掌
心朝右，右手掌心向左，指尖
向前上高與鼻平。目視前方
（圖 4-58）。

　　動作二：雙腕向上領勁，
身體鬆跨下沉（圖 4-59）。

圖 4-59

接著左腳尖外擺踏實，身體隨之左轉，重心左移，右腳由
實變虛；同時隨著身體左轉，兩臂鬆肩沉肘坐腕左逆右順
纏絲向前加掤勁（圖 4-60）。然後提右腿向前方上步，腳
跟著地，腳尖微上翹；同時雙手隨轉體左逆右順纏向右下
鬆沉合於胸前（圖 4-61）。

圖 4-60

圖 4-61

圖 4-62

圖 4-63

　　動作三：身體左轉，重心右移；同時雙手左逆右順纏
向左引勁（圖4-62）。接著鬆右胯，身體右轉，雙手逆纏
畫弧先向上再左右分開，掌心向外，指尖向上，至高與肩
平時雙順纏下沉。目視前方（圖4-63）。

要點：

1. 圖 4-59 中手腕的上領勁必須配合身法，以內催外，一動周身無處不動，這樣才能做到內勁連綿不斷，氣勢飽滿。

2. 定勢時由雙肩肘的放鬆下沉，使全身放鬆，心氣下降，肩與胯合，肘與膝合，手與足合（所謂外三合），襠勁合好，頂勁領起。

第十一式　第二斜行拗步

動作一：接上勢，鬆右胯，身體微右轉；同時雙手左順右逆小纏絲向右側加掤勁（圖 4-64）。接著鬆左胯，重心左移，身體左轉；同時雙手下沉左逆右順向左攦。目視右前方（圖 4-65）。

動作二：鬆右胯，重心右移，身體螺旋下沉並向右轉約 45°，右腳尖外擺；同時雙手下沉變左順右逆纏絲向右側加掤勁外攦（圖 4-66）。接著重心右移踏實，身體繼續

圖 4-64

圖 4-65

圖 4-66

圖 4-67

右轉，左腳提起；同時雙手掤
勁不丟繼續後攦。目視左前方
（圖 4-67）。

　　動作三：左腳向左前方鏟
地滑出，鬆右胯，身體向右轉
並螺旋下沉，雙手掤勁不丟
（圖 4-68）。接著身體繼續
右轉下沉，重心稍向左移，雙
手小順纏，左手上掤，右手屈
肘裡合（圖 4-69）。隨即鬆
左胯身體左轉，弓右腿重心右

圖 4-68

移；同時左手逆纏轉臂下沉至左腿上方，右手合於右耳
下。目視左側下方（圖 4-70）。

　　動作四：重心走下弧左移，左手變勾手上提至肩平。身
體先左後右轉，右手逆纏先向前加掤勁推出再弧形向右展
開。到位後肩肘放鬆順纏下沉，塌腰鬆跨，全身放鬆下沉，

圖 4-69

圖 4-70

圖 4-71

圖 4-72

頂勁領起，目視前方，耳聽身後（圖4-71、圖4-72）。

第十二式　再　收

動作一：接上勢，雙膝裡合，勾手變掌，雙掌略逆纏弧形上撩相合於額前。接著雙手轉臂順纏外開下沉相合於

圖 4-73

圖 4-74

圖 4-75

圖 4-76

左膝裡上方。目視前方略下（圖 4-73、圖 4-74）。

　　動作二：重心向右腳移，身體下沉，提起左腿成右獨立步；同時雙手逆纏收回。接著左膝上提與胸相合；同時雙掌向前下發勁。目視前下方，耳聽身後（圖 4-75、圖 4-76）。

圖 4-77　　　　　　　　　　圖 4-78

第十三式　前蹚拗步

　　動作一：接上勢，重心下沉，身向右轉；同時雙手向右側下攦。隨即身向左轉，左腳外擺落於左前方，腳跟外側著地，腳尖上翹；同時雙手左逆右順纏下沉。然後再轉臂上翻走上弧相合於胸前。目視前方（圖4-77、圖4-78）。

　　動作二：雙腕向上領勁，身體鬆胯下沉。接著雙手坐腕下沉外挪向左側引勁；重心左移，提起右腳向右前方上步。目視右側（圖4-79～圖4-81）。

　　動作三：身體左轉，重心由左向右移；雙手隨轉身繼續向左側引勁。重心到位後，雙

圖 4-79

圖 4-80

圖 4-81

圖 4-82

圖 4-83

手逆纏向上再向左右分開，雙手與肩平後微順纏下沉。目
視前方，耳聽身後（圖 4-82、圖 4-83）。

第十四式　掩手肱捶

動作一：接上勢的向下鬆沉勁，雙手微逆纏折腕裡合

圖 4-84

圖 4-85

再向上領，接著鬆胯、塌腰，身體螺旋下沉，肩肘放鬆下沉轉臂，帶動雙手原位小順纏絲，纏至雙手掌心向上時右手握拳，雙手下沉。鬆右胯身微右轉，重心左移，右腿由膝部領勁提起，腳尖微下垂，身體隨著提右腿向右轉約 90°。同時雙手在左右兩側微逆纏向上相合於額前，右拳以拳頂合於左掌根部，左手掌心向右，指

圖 4-86

尖向上。頂勁領起，目視前方（圖 4-84～圖 4-86）。

　　動作二：右腳落地震腳有聲，左腿隨即以膝領勁提起，身略右轉下沉，左腳向左側蹬出，腳跟裡側著地，腳尖上翹；接著重心左移，雙手隨身體下落至腹前，右拳心向下，左手以掌根貼於右腕上方。目視前方（圖 4-87、圖

圖 4-87

圖 4-88

4-88）。

動作三：右腳蹬地右膝裡
合，重心繼續左移，鬆左胯身
體左轉約 45°；右拳順纏轉臂
向右側發勁，拳眼向右，拳心
向上；左掌逆纏收於左肋部，
掌心向左側，指尖向前（圖
4-89）。上動不停，右拳利用
發勁的反彈性逆纏屈臂收回至
左胸前；同時鬆右胯身體右
轉；左手逆纏隨身體的右轉用

圖 4-89

肘向右與右拳相合，左手掌心向下在右大臂內側。目視前
方（圖 4-90）。

動作四：重心由左向右移，鬆右胯身體略右轉；同時
左掌略逆纏下沉向左，再轉順纏向前停於胸前，高與肩
平，掌心向前，指尖向前上；右拳逆纏向右下方鬆沉，然

圖 4-90

圖 4-91

圖 4-92

圖 4-93

後順纏屈臂收於身體右側，拳心向上；收右拳時身體右轉並螺旋下沉。目視前方（圖 4-91、圖 4-92）。

動作五：右腳蹬地右膝裡合，鬆左胯身體略左轉，重心速向左移；同時右拳逆纏前沖發勁；左手虛握拳以肘部向後放勁。目視前方，耳聽身後（圖 4-93）。

要點：

1. 此勢為整個拳套重要動作之一，是一路拳中練習剛（發）勁的代表動作。應抽出單勢練習體會。

2. 發好勁的關鍵是蓄勁。圖4-92收右拳時全身放鬆，右轉下沉，將右臂自然鬆沉於身體右側，使右拳處於最佳出拳位置，頂勁領起，全神貫注，目光注視前方，蓄而待發。

3. 發勁時右腳蹬地，右膝裡合，擰腰扣襠，使勁起於腳，行於腿，主宰於腰，通過肩肘，催於手，方能快速有力，具有穿透性。前拳後肘，穩定平衡，腰如車軸，氣如車輪，全憑腰襠的旋轉力。

4. 發勁時擰腰扣襠，不扣則散；柔勁時活腰鬆襠，不鬆則滯；蓄勁時塌腰合襠，不合則浮。

第十五式　第三金剛搗碓

動作一：緊接上勢，發勁以後右拳隨即鬆開，鬆右胯身體右轉帶動右臂折腕，用手腕領勁向右上提；同時左手折腕用手腕領勁向左下掤出，兩手形成開勁（圖4-94）。接著鬆左胯身體左轉；同時雙手左逆右順纏絲，左手由左下弧形向上向右，右手由右上弧形向下向左，兩手交叉相合於左胸前。左手在上，掌心向下，指尖向右前；右手在下，掌心向上，指尖向左前。目視雙

圖4-94

圖 4-95

圖 4-96

手，兼顧前方（圖 4-95）。

　　動作二：右掌下沉逆纏外翻，以右肘領勁用右小臂向右側發勁；左掌略順纏以掌心撫於右小臂內側，和右臂合好勁一齊向右發；同時身向右轉，帶動雙腳稍向左側跳步震腳，雙腳一齊落地有聲。落地時重心控制在右腳，頂勁領起，目視前方（圖 4-96）。

圖 4-97

　　動作三：左手微逆纏向左下方按，右手微逆纏向右上方掤（圖 4-97）。接著左腳尖內扣，左掌原位順纏外翻。重心再略向右移，稍起左腳向左側開小步，隨即重心左移踏實，帶動右腳以腳尖著地弧形向左腳靠攏後再弧形向前略偏右方，身體隨著跳步向右轉約 45°；同時左手逆纏弧形向上向右屈肘橫臂於胸前，

圖 4-98

圖 4-99

掌心向下，合於右小臂內側；右掌順纏轉臂向下向前向上，掌心向上，小臂與左掌相合於胸前。目視前方（圖 4-98～圖 4-100）。

圖 4-100

動作四：肩肘放鬆下沉，右掌順纏虛握拳裡合，左掌順纏外旋成掌心向上。右拳上提並帶動右膝上提，右腳懸於襠內。隨即右腳落地震腳；同時右拳下落於左掌心。兩腳相距與肩等寬，重心偏左。目視前方，耳聽身後（圖 4-101、圖 4-102）。

要點：

1. 動作一中右拳發勁後右腕的上提勁要向右略移重心，用身法帶動將已斷的勁重新連接起來，使內勁連綿不

圖 4-101   圖 4-102

斷。

2. 動作二中跳步震腳要與雙手的發勁配合協調，以求發出整勁。

第十六式　撇身捶

動作一：接上勢，鬆右胯身體略右轉，右拳變掌和左掌合住勁向右前方彈抖出去，隨即雙掌收回腹前，身體隨之略左轉。雙肘加掤勁略向外撐，雙手掌心向上，拇指皆向前，雙掌左下右上相疊。目視前方（圖4-103、圖4-104）。

動作二：重心略偏左腳，兩掌以手腕手背領勁向左右兩側分開，掌心向上，指尖相對。接著鬆左胯，身體螺旋下沉，右腳向右側橫開一大步；同時雙手微左逆右順纏絲由左右兩側弧形上撩交叉相合於胸前。左掌在外，掌心向右；右掌在裡，掌心向左，指尖都向上。頂勁領起，目視前方（圖4-105、圖4-106）。

圖 4-103

圖 4-104

圖 4-105

圖 4-106

　　動作三：重心右移身體微左轉，接著鬆右胯身體右轉；雙掌變拳隨身體的轉動在胸前逆時針方向轉動，右拳由左拳後繞行到左拳頂，屈臂立肘；左拳微順纏肘部上掤（圖 4-107、圖 4-108）。然後重心左移，鬆左胯，身體略左轉，雙臂向左側偏上加掤勁。右拳心向內，拳頂向上置

圖 4-107

圖 4-108

於胸前；左拳心向內，拳眼向上，高與肩平，置於左側。目視前方偏左（圖4-109）。

動作四：鬆左胯，重心再左移，身體在螺旋下沉中向左轉近90°，右腳向右側速跳開一大步；同時雙拳隨身體左轉在身左側左逆右順纏絲，並外開發勁。左拳在左後上方，拳心向下；右拳在左前上方，拳心向後。面向正前，目視右前方，耳聽身後（圖4-110）。

圖 4-109

動作五：鬆右胯身體右轉；右拳順纏轉臂向右膝上方鬆沉，左臂順纏屈臂向上，目視右側（圖4-111）。接著弓右腿重心右移，身體向左轉；右拳隨著重心右移逆纏絲，以拇指側腕部領勁由右側下方弧形向上；左拳逆纏轉

圖 4-110

圖 4-111

圖 4-112

圖 4-113

臂收回腹前。右拳高與肩平，拳心向下，拳眼向左；左拳心向下，拳眼向內。目視右拳及遠方（圖4-112）。

　　動作六：鬆左胯重心左移，身體略向左轉；同時雙拳順纏，轉右臂略沉肘成右拳心向上；左拳沉肘轉成拳心向上，隨著轉身向後貼於左腰際（圖4-113）。重心再向左

圖 4-114

圖 4-115

移，身體左轉，帶動右臂向左側引帶（圖 4-114）。然後弓右腿重心右移，鬆右胯身體右轉下沉，左腳尖微內扣；同時右拳逆纏裡轉再外翻屈肘向右上方掤出至右太陽穴；左拳逆纏以拳頂貼住左腰，隨著右轉身左肘向前掤出。眼看左肘尖和左腳尖，耳聽身後（圖 4-115）。

要點：

1. 此勢動作大開大合，以腕關節旋轉的小圈領勁，大圈套小圈，小圈領大圈，體現了旋腕轉肩，旋踝轉膝，旋襠轉腰一環套一環的周身螺旋運動和周身無處不是圈的特點。

2. 為了加強動作四的跳步發勁，可在動作三中雙臂向左側加掤勁時帶動右腳先向左收小半步，以加強蓄勁。

第十七式　青龍出水

動作一：接上勢，重心左移，鬆右胯身體向右轉；同時右拳順纏轉臂下沉合於右腰間，拳心向上；左拳由腰間

圖 4-116

圖 4-117

順纏屈臂隨著轉身向上停於胸前，拳心向上。目視右側（圖4-116）。

動作二：身體迅速左轉，重心右移；右拳逆纏以拳頂向右下撩拳發勁，左拳成半握拳收至腹前（圖4-117）。緊接著身體右轉，重心左移，左拳變掌逆纏向右側撩掌發勁，右拳收回腰間。目視右側下方（圖4-118）。

圖 4-118

動作三：鬆左胯重心略右移，身體突然下沉左轉；同時右拳逆纏以小指側向右側發勁；左掌順纏微屈中指、無名指及小指並屈臂收至腹前。目視右側下方（圖4-119）。

要點：雙手交替向右側的發勁，要周身協調，以腰為軸，一動全動，其勁起於腳，發於腿，主宰於腰而行於手

圖 4-119

圖 4-120

指。動作三中右拳的發勁終點
要有微向上之意，即拳論所謂
「物將掀起而加以挫之」。本
勢練習時速度應適當加快，體
現出陳氏太極拳鬆活彈抖的特
點。

第十八式　雙推手

動作一：接上勢，兩手原
位先逆後順折腕纏絲。然後重
心左移，身體略左轉下沉；同

圖 4-121

時左手逆纏下沉，右手順纏向左下鬆沉，雙手相合於小腹
前。左拳心向內輕貼小腹，右拳心向左，右小臂內側合於
左拳背。目視右下方（圖 4-120、圖 4-121）。

動作二：重心右移，雙手變掌隨著移重心左順右逆纏
絲向右側擠出。目視右側雙手（圖 4-122）。

圖 4-122

圖 4-123

動作三：雙掌微下沉。身體下沉鬆左胯向左轉，左腳尖外擺；右掌順纏轉臂成掌心向上；左掌順纏隨轉身弧形向左下方鬆沉，雙手形成合勁（圖4-123）。重心左移，左腳踏實，提右腳向右前上步以前腳掌著地，身體隨著繼續左轉約135°；同時雙手隨轉身向左上方掤攦。雙手掌心向上，重心控制在左腳。目視右前方（圖4-124）。

圖 4-124

動作四：雙手逆纏翻掌合於胸前上方；同時身體左轉下沉，重心完全移至左腳，提起右腳向前稍進步（圖4-125）。重心右移，身體右轉；同時雙手向前略偏右方推出，並帶動左腳向右腳弧形併步，以前腳掌著地停於右腳

圖4-125　　　　　　　　　　　圖4-126

內側。雙手掌心向前，指尖向上。二目向前平視（圖4-126）。

要點：

1.動作一中折腕纏絲為接勁動作，要求以身帶動，以內催外，將已斷的勁連接起來，使內勁連綿不斷，帶動以後的動作。

2.此式的開合轉換與六封四閉基本相同，為上引下進動作。

但是六封四閉是以移重心為進，本式則是右步稍進（動作四前部分），而且推按到終點的速度較六封四閉稍快，勁別較剛。

第十九式　三換掌

動作一：接上勢，稍鬆右胯身體略右轉；並帶動雙掌順纏成掌心向上，左掌向前上伸出，右掌向內收回（圖4-127）。身體左轉；右掌逆纏橫掌前推；左掌五指微屈順纏

圖 4-127

圖 4-128

收回至腹前。右手掌心向前，指尖向左；左手掌心向內上，指尖微攏向上。目視前方（圖4-128）。

動作二：緊接上動身體突然微右轉；左掌逆纏向上翻轉，隨著轉身向前上推掌發勁；右掌順纏合於右肘下。左手掌心向前，指尖向上；右手掌心向內，指尖向左。頂勁領起，二目平視（圖4-129）。

圖 4-129

要點：身體右轉出左掌，身體左轉出右掌，兩掌在腰胯帶動下，交替前伸和收回，以身催手，圓活自然。左腳以腳尖點地，隨著腰胯的旋轉而自然轉動，使全身一動無有不動。最後左掌的發勁要體現出胸腰折疊，力由脊發。

第二十式　肘底看捶

動作一：接上勢，身體向左轉；同時左手逆纏下沉於身體左側下方，右手逆纏外翻向右側上方弧形展開，高與頭平。左手掌心向下，指尖向前；右手掌心向外，指尖向左略偏上。目視前方（圖4-130）。

動作二：身體向右轉，左膝隨身體微裡合；同時左手順纏弧形向左向上高於頭部，掌心向右，指尖向上；右手順纏握拳弧形向下沉於左小腹前（圖4-131）。接著右腿屈膝鬆胯，身體右轉下沉；同時左臂放鬆下沉，右拳上托與下沉的左肘相合。左手掌心向右，指尖向上；右手拳心向內，拳眼向上。頂勁領起，目視前方，耳聽身後（圖4-132）。

要點：本式是在重心沒有移動，在鬆胯轉腰身體微微螺旋上升或下降的帶動下進行動作。右腳五趾抓地，腳心要虛，兩腿膝關節要隨著腰胯旋轉開合，並有上下相合之意。

圖4-130

圖4-131

圖 4-132

圖 4-133

第二十一式　倒捲肱

　　動作一：接上勢，右膝裡合微挺，右腳蹬地，使身體螺旋上升。當勁上升到左臂時，左手以拇指為軸心，其餘四指逆纏絲螺旋上升，手心向右，手指向上。二目平視（圖 4-133、圖 4-134）。

　　動作二：鬆右胯身體略下沉右轉，重心完全移至右腳，提起左腳。接著身體左轉，左腳向左後方弧形倒一大步，重心仍控制在右腳；同時右拳變掌先順纏下沉，再逆纏轉臂向上向前推出；左掌逆纏下沉後攦。右掌心向前，指尖向上；左掌心向下，指尖向前。目光瞻前顧後（圖 4-135）。

圖 4-134

圖 4-135

圖 4-136

動作三：左腳以腳跟為軸腳尖內扣，左膝向裡合，鬆左胯重心左移，身體右轉，提右腳弧形收回到左腳內側前方，腳尖點地；同時左掌先順後逆纏絲，向上翻轉合於左耳下再向前稍推；右掌順纏屈肘弧形收回到腹前（圖 4-136、圖 4-137）。右腿弧形向右後倒一大步；同時左掌逆纏前推；右掌逆纏後擺。頂勁領起，目視前方，耳聽身後（圖 4-138）。

圖 4-137

動作四：右腳尖內扣，右膝裡合，重心移到右腳，身體微向左轉，左腳經右腳內側弧形向左後倒一大步；同時左掌隨著倒步先順後逆纏絲並向左後擺；右掌先順後逆纏絲向上翻掌從右耳側向前推出。頂勁領起，目視前方，耳

圖 4-138

圖 4-139

圖 4-140

圖 4-141

聽身後（圖 4-139～圖 4-141）。

要點：

1. 本式的開合轉換是在連續後退中完成的。每次換步時要鬆胯轉腰，後掤之手外開上翻完成勁的轉換過程。有了這種轉換，才能退中有進，退即是進，進即是退，進退

圖 4-142　　　　　　　　圖 4-143

自如。

2. 後退時兩臂在身體兩側後攦前推，有化有打，必須以腰為軸，以身催手，這樣才能圓轉靈活，順遂自然。

第二十二式　退步壓肘

動作一：接上勢，右手小逆纏，左手順纏上托，雙手合住勁向左上方掤。然後鬆左胯重心左移，身體微向左轉；同時雙手下沉，左逆右順纏絲弧形向左攦帶。目視雙手（圖 4-142～圖 4-144）。

動作二：重心右移，身微右轉；雙手下沉翻轉成左順右逆纏絲向右側弧形攦帶（圖 4-145）。

接著重心左移，身體右轉；同時雙手順纏下沉合於胸前。掌心向上，指尖向前。目視雙手兼顧前方（圖 4-146）。

動作三：重心再左移，雙膝外開，身體略向左轉；同時雙手折腕逆纏外開，左手開至左小腹側，右手向右前展

圖 4-144

圖 4-145

圖 4-146

圖 4-147

開（圖 4-147）。接著鬆右胯身體突然右轉；左手折腕以手背貼於左小腹處以肘向前下方發勁；右手順纏以掌心相迎拍擊左肘；雙膝突然裡合，跳步震腳。重心偏右腳，目視前下方（圖 4-148）。

動作四：重心向左移，身體略右轉，右腳弧形向左再

圖 4-148　　　　　　　　　圖 4-149

弧形收回到左腳內側稍前，以腳尖點地；同時左手經過腹
前橫掌向前上伸出；右手稍向左合於左肘下方（圖 4-
149）。身體略右轉；同時重心控制在左腳，右腳向右後方
以腳前掌著地退步，到盡頭時腳後跟蹬地有聲；右手五指
微屈內扣輕撫腹部，右臂隨著轉身向右後發肘勁；左手微順
纏轉成立掌向前推掌發勁。左手心向前，指尖向上；右手輕
貼腹部。頂勁領起，目視前方，耳聽身後（圖 4-150）。

　　動作五：身體微左轉，右掌微順纏向左略進，然後重
心突然略向右移，身體右轉，帶動雙臂左逆右順纏絲，右
手掌心向上向右後方彈擊；左手掌心向下隨轉身輕貼胸
前。目視右後方（圖 4-151）。

　　動作六：重心左移，身體先向左轉；同時右手利用反
彈的回勁屈臂向左，在胸前與左臂合住勁（圖 4-152）。
接著屈膝鬆胯，身體下沉；同時左手微順纏，鬆肩沉肘展
臂向前推出；右手屈指撫腹向右下鬆沉和左手形成開勁。
頂勁領起，目視左前方（圖 4-153）。

圖 4-150

圖 4-151

圖 4-152

圖 4-153

要點：

1. 動作一和動作二要做得輕鬆靈活，體現出腰如軸，氣如輪，上下相隨，周身一家的特點。

2. 動作三的跳步拍肘發勁要以腰催動，快速有力，頂勁領起，身法中正，音脆勁整。

圖 4-154 　　　　　　　　　圖 4-155

3.動作四的壓肘動作要柔中寓剛，身法下好，左掌的發勁和右肘的發勁、右腳的震腳要協調一致，使之上下相隨協調，勁力完整。

第二十三式　中　盤

動作一：接上勢，身體略左轉，右手變掌前伸與左掌合住勁。重心右移，身體再略右轉下沉；同時雙手向右下方弧形攦帶（圖 4-154、圖 4-155）。

動作二：雙手攦至右下方時，左掌順纏屈臂折腕五指微攏向內，以手腕領勁向上掤至胸前；右掌順纏向上高與肩平；兩手上掤的同時，鬆左胯左腳尖略外擺，身向左轉，重心左移（圖 4-156）。重心完全移至左腳，身體左轉約 90°，提起右腿成左獨立步；同時右掌逆纏轉臂向前成橫掌，與左手相合向前方發勁，高與面部平。雙手左下右上，相距 10 餘公分，左手心和指尖都向內，右手心向前，指尖向左。目光向前平視（圖 4-157）。

圖 4-156

圖 4-157

圖 4-158

圖 4-159

　　動作三：右腳落地震腳有聲，身手隨之自然鬆沉下落。
重心隨即由左腳移至右腳，然後鬆右胯身體略右轉下沉，提
起左腿以腳跟裡側著地向左方滑出，腳尖上翹裡合；同時左
手變掌向右側微順纏引勁，和右手相抱形成合勁，左下右上
兩手心相對。目視左側下方（圖 4-158、圖 4-159）。

圖 4-160　　　　　　　　圖 4-161

動作四：鬆右胯身體向右轉，重心左移；同時左手折腕，五指微屈相合，以手腕領勁向左側上方掤出；右手微逆纏向右側下方按出。左手心和指尖向右下方，右手心向下，指尖向前。頂勁領起，目視前方兼顧左手，耳聽身後（圖 4-160）。

要點：

1. 本式注重開合的練習，欲左先右，欲前先後，開中寓合，合中寓開，頂勁領起，神氣鼓蕩，氣貼脊背，富有彈性。

2. 成勢時身法較低，但是襠部不可低於膝部而形成蕩襠（塌襠）。

第二十四式　白鶴亮翅

動作一：接上勢，鬆左胯，身體微向左轉，右腳弧形向左腳併步，以腳尖點地於左腳內側；同時左手變掌，雙手左逆右順纏絲相合於胸前。左掌在上，掌心向下；右掌

圖 4-162

圖 4-163

在下，掌心向上。目視右側（圖 4-161）。

動作二：鬆左胯，身體微左轉下沉，雙手隨轉身向左側引勁；同時右腳以腳跟裡側著地向右側滑出（圖 4-162）。右手順纏繼續向左引勁，身體左轉重心右移。接著身體右轉，雙手逆纏分開，右手向右上弧形展開掤出；左手下沉於左胯旁；重心控制在右腳，左腳向右腳弧形靠攏，於右腳內側點地。定勢時頂勁領起，全身放鬆下沉，目視前方，耳聽身後（圖 4-163）。

第二十五式　斜行拗步

動作一：接上勢，雙手左順右逆纏絲略下沉，身體略向右轉。隨即身體左轉，雙手左逆右順纏絲，左手向左下按，右手向前上領勁，引動身體在左轉中螺旋上升（圖 4-164）。鬆右胯，重心仍控制在右腳，以左腳為支點，右腳跟為軸，右腳尖迅速外擺，使身體向右轉約 90° 屈膝下蹲；同時左手順纏屈肘上舉；右手逆纏下按至右胯旁。左

圖 4-164

圖 4-165

圖 4-166

圖 4-167

手掌心向右，右手掌心向下。目視左前方（圖 4-165）。

　　動作二：雙手向右上方攦帶，提左腳向左側上一大步。目視左側（圖 4-166、圖 4-167）。

　　動作三：鬆左胯，身體下沉左轉，左手逆纏下沉，右手微順纏合於右耳下。接著重心走下弧左移，左手成勾手

圖 4-168

圖 4-169

向上提高與肩平。右手先向前
推按，接著鬆右胯身體微右
轉，右手隨轉體逆纏向右弧形
展開。頂勁領起，目視前方，
耳聽身後（圖4-168～圖4-
170）。

圖 4-170

第二十六式　閃通背

動作一：接上勢，雙膝裡
合，襠勁合好，身體略左轉；
同時左手變掌，雙掌同時逆纏
弧形上撩相合於額前（圖4-171）。隨即身體略右轉下
沉，雙手順纏外開下沉再向內相合於左膝上方。雙手手心
向上，指尖向前。目視前方兼顧雙手（圖4-172）。

動作二：身向左轉，右胯放鬆，重心由左腳逐漸右
移，右腿膝裡合，右腳以腳跟為軸，腳尖內扣，身體隨轉

圖 4-171

圖 4-172

動放鬆下沉；雙手左下右上相
疊，隨轉體雙逆纏下沉，雙肘
向外加掤勁，使雙掌略向身體
靠攏（圖 4-173）。身體繼續
螺旋下沉，重心全部移至右
腳，左腳以腳尖著地向後掃，
使身體向左轉 135°。左腳尖
點地於右腳內側，兩手左下右
上相疊合住勁，手心向上略偏
內，左手指尖向右，右手指尖
向左。目視前方，兼顧右側
（圖 4-174）。

圖 4-173

　　動作三：身體微右轉上升，雙掌向右側上方撩擊（圖
4-175）。利用撩擊反彈力量雙手收回至胸前以後，右掌逆
纏翻轉成掌心向外與左掌心相對。然後左掌向左，右掌向
右，雙手由胸前掌心相錯向左右展臂分開。雙掌心皆向右，

圖 4-174

圖 4-175

圖 4-176

圖 4-177

指尖向前。目視前方兼顧雙手（圖4-176、圖4-177）。

　　動作四：鬆右胯身體右轉後坐，左腳跟外擺落地踏實，隨著轉身後坐重心由右腳逐漸移到左腳，右腳隨即外擺。身體在螺旋下沉中向右旋轉120°；轉體的同時，雙手左逆右順纏絲，左掌隨著轉體向前方推出；右掌隨轉體下

圖 4-178

圖 4-179

圖 4-180

圖 4-181

沉於右腰際。左手掌心向前，指尖向上；右手掌心向上，指尖向前。頂勁領起，目視前方（圖 4-178、圖 4-179）。

　　動作五：重心前移，右腳踏實。接著鬆右胯身體右轉下沉，提起左腳向左前方上步。腳跟著地，腳尖上翹（圖 4-180、圖 4-181）。

圖 4-182　　　　　　　　圖 4-183

　　然後重心前移，左腳踏實，隨著移重心左胯微鬆，右
腳蹬地，身體左轉近 90°；轉體的同時右掌由腰際向前上方
發勁；左掌經胸前逆纏向左後下沉於左胯旁。右手掌心向
上，指尖向前上；左手掌心向下，指尖向前。頂勁領起，
目視前方，耳聽身後（圖 4-182）。

　　動作六：鬆左胯，左膝裡合，左腳尖盡量內扣，重心
仍在左腳；鬆右胯，身體在螺旋下沉中向右轉體約 90°；同
時雙手左順右逆纏絲，右手屈臂翻掌上掤至額上；左手向
左側伸展高與肩平（圖 4-183）。

　　以左腳跟為軸身體快速向右後轉，右腳以腳掌著地隨
轉體向後掃 150°，腳跟震地有聲；左腳尖可適當內扣調
整；同時右掌弧形逆纏下按至右胯旁；左掌由左經上走弧形
向前下劈掌。左手掌心向右下；右手掌心向左下，雙手指皆
向前方。頂勁領起，目視前方，耳聽身後（圖 4-184）。

　　要點：
　　1. 動作一和動作二的速度應有快有慢，要適當掌握。

　　　　　　　　　　　圖 4-185

雙手上撩時快，左腿後掃時快，其他動作要相對放慢。後
掃時雙手環抱相合，身轉腳隨，身法中正不偏，周身放鬆
下沉，兩肘下沉外翻。

　　2.動作六中向右後轉體150°時，左手的劈勁、右手的
按勁和右腳跟的震腳要同時完成，協調一致，富於完整的
彈抖性。

第二十七式　掩手肱捶

　　動作一：接上勢，雙手先微順纏向外下沉，接著雙手
逆纏轉臂弧形向前上，右手在向前上時握拳和左掌相合於
腹前；同時重心左移，身體左轉，提起右腿成左獨立步。
目視前方（圖 4-185、圖 4-186）。

　　動作二：右腳落地震腳，隨即提起左腿向左開一步。
目視前方（圖 4-187、圖 4-188）。

　　動作三：重心左移，身體左轉；右拳順纏向右側發
勁。然後鬆右胯身體右轉，雙手屈臂相合於胸前。目視前

圖 4-186

圖 4-187

圖 4-188

圖 4-189

方（圖 4-189、圖 4-190）。

　　動作四：兩手下沉向左右分開。鬆右胯重心右移，身
體下沉右轉；左掌向前伸出；右拳屈臂蓄勁於右腰際。蹬
右腳鬆左胯，身體速向左轉，重心左移；右拳逆纏向前發
出，左手半握拳微順纏屈肘向後放肘勁。頂勁領起，目視

圖 4-190

圖 4-191

圖 4-192

圖 4-193

前方，耳聽身後（圖 4-191～圖 4-193）。

　　要點：動作一中雙手小順纏下沉要做得沉穩、緩慢，
向前上合勁時速度要相對快些，也可以快速發勁相合。無
論快慢，都要與右腿的上提協調一致，身端步穩。

第二十八式 大六封四閉

動作一：接上勢，雙手先逆後順小纏絲折腕畫圈，左手在順纏時握拳置於腹前（圖 4-194）。

雙拳左逆右順纏絲，下沉交叉於小腹前；同時身體螺旋下沉並鬆左胯略向左轉。左拳心向下，右拳心向左。目視前方（圖 4-195）。

動作二：身體略右轉上升；雙拳變掌左順右逆纏絲，合住勁向前略偏左上方擠出，高與胸平（圖 4-196）。

重心繼續右移，鬆左胯身體螺旋下沉向左轉約 45°，左腳尖以腳跟為軸外擺；同時左手微逆纏，右手順纏，雙手弧

圖 4-194

圖 4-195

圖 4-196

圖 4-197

圖 4-198

形下沉形成擺勁（圖 4-197）。

重心左移，左腳踏實，右膝領勁，提起右腿，腳尖自然下垂，成左獨立步；同時左手微逆纏虎口撐圓，以拇指側腕關節領勁弧形向左上提，五指斜向下垂形成刁手；右手微順纏弧形上托，左手刁右手托，隨轉體向左上方擺帶。頂勁領起，目視右側（圖 4-198）。

動作三：兩手逆纏翻掌合

圖 4-199

於胸前；同時鬆左胯，身體下沉略左轉，右腿向右側上步落地，腳跟裡側著地，腳尖上翹裡合（圖 4-199）。

鬆右胯，右腳腳尖落地踏實，身體略右轉，重心移至右腳，左腳以腳尖著地弧形向右腳併步；隨重心移動，雙手合住勁微順纏向右下方按出，身體隨著按勁螺旋下沉。

圖 4-200

圖 4-201

目視右下方（圖 4-200）。

要點：

1. 動作一和動作二的前半動為接勁和引勁動作，速度相對柔緩一些。動作二提托攦的動作要快。雙手與右腿要上下相合，協調一致。

2. 獨立步時，左腿要扣膝微屈，胯關節放鬆，五趾抓地；身體上部要虛領頂勁，胸膝合勁。上下肢對拔拉長，才能身法中正穩健，不致左右歪斜。

3. 動作三為上引下進的技擊法，與第四式六封四閉相似，但前式是以換重心為進，本式則是進右腳，可蹬、踢、踹，落地則能踩、插、套。上下配合協調是得機得勢的關鍵。

第二十九式　單　鞭

動作一：接上勢，身體先微右轉；雙掌順纏，左掌外穿，右掌內收（圖 4-201）。右掌逆纏變勾手向右上方掤

圖 4-202　　　　　　　　　　圖 4-203

出，高與肩平；左掌微順纏向下鬆沉至腹前，掌心向上；
身體略左轉下沉。接著鬆右胯，身體略右轉下沉，左膝領
勁提起左腿。目視左側（圖 4-202、圖 4-203）。

　　動作二：身體下沉，左腳向左開一大步，重心走下弧左
移，左手向右上方穿掌逆纏外翻轉臂再逆纏向左展開。穿左
掌時要稍向右回重心。目視前方（圖 4-204～圖 4-206）。

第三十式　雲　手

　　動作一：接上勢，右勾手變掌順纏弧形向下鬆沉。鬆
右胯身體右轉，重心右移；同時雙手左順右逆向右側上方
掤出。左掌心向上，右掌心向外，手指皆向左側。目視前
方偏左（圖 4-207）。

　　動作二：身體微右轉，重心左移，提右腳向左腳後插
步，腳尖著地；同時左掌先向右再逆纏翻掌走上弧向左側
掤出；右掌轉臂順纏下沉走下弧向左側掤出。左手心向
前，指尖向右；右手心向左上，指尖向前。雙手合住勁向

圖 2-204

圖 4-205

圖 4-206

圖 4-207

左掤。目視右側（圖 4-208）。

　　動作三：重心移至右腳，身體微右轉下沉，提左腳以腳跟著地向左側開一大步，腳尖上翹裡合；同時右手先順纏再逆纏向上翻掌走上弧向右側掤出，略高於肩；左手順纏轉臂下沉走下弧向右側掤出。右手心向前，指尖向左；

圖 4-208

圖 4-209

左手心向右上，指尖向前。目
視左側（圖 4-209）。

　　動作四：重心左移，右腳
向左腳後插步；同時左手先順
後逆纏絲，翻掌向上走上弧向
左側掤出；右手轉臂順纏下沉
走下弧向左側掤出。雙手合住
勁向左側掤。目視右側（圖
4-210）。

　　動作五：重心右移，身體
右轉下沉，提左腳以腳跟裡側

圖 4-210

著地向左側開步，腳尖上翹裡合。同時右手先順後逆纏向上
翻掌走上弧向右側掤出，略高於肩；左手順纏轉臂下沉走下
弧向右側掤出。雙手合住勁右掤。目視左側（圖 4-211）。

　　要點：

　　1. 此式為整個拳套重要動作之一，可連續插步，亦可

圖 4-211　　　　　　　　圖 4-212

連續蓋步、併步或者三種步法交替。無論使用何種步法，
都必須注重於腳的虛實轉換。某側手為實（意念注重的成
分多）腳則為虛，反之亦然。這樣才能上下相隨，周身協
調，將兩手和兩腳的虛實統一於整個身法的虛實之中。

　　2.重心轉換和手法（即纏絲勁）轉換時，要「欲左先
右」、「欲上先下」，再配合靈活的眼法，才能神氣鼓
蕩，顧盼自如。

　　3.雙手在左右纏絲時，在左右立圓之中配合左右轉動
的身法，要具有裡外纏絲的成分，這樣才符合以腰為軸、
氣貼脊背的要求。

第三十一式　高探馬

　　動作一：接上勢，鬆左胯身體左轉，重心左移；同時
左手逆纏轉臂，然後屈左臂以掌外緣領勁向左側掤出；右
手順纏向外向下至右側（圖 4-212）。接著，左掌向前
撩，右掌後撩配合，帶動身體重心走下弧繼續左移。左手

圖 4-213

圖 4-214

心向下，指尖向左；右手心向前，指尖向右。頂勁領起，目視左側，耳聽身後（圖4-213）。

動作二：鬆左胯，身體左轉下沉，右腳向左腳內側靠攏，腳尖著地；同時雙掌微順纏交叉相合於胸前，兩手左上右下，左掌合於右小臂內側。右手掌心向上，指尖向前；左手心向下，指尖向右。目視右前方，耳聽身後（圖4-214）。

圖 4-215

動作三：身體螺旋下沉略向左轉，雙手合勁向左上方引帶；同時提右腳向右後開步（圖4-215）。然後鬆右胯，身體略右轉，重心稍右移，雙手逆纏向上掤，再逆纏弧形向左右方向分開，雙臂高與肩平，鬆肩，沉肘，坐

圖 4-216

圖 4-217

腕，下沉合住勁。雙手掌心向外，手指向上。頂勁領起，目視前方（圖4-216）。

　動作四：身體略右轉，重心向左移，右掌向右下方鬆沉，左掌小順纏（圖4-217）。

　接著，鬆左胯身體略左轉下沉，重心向右移，右膝裡合，右腳尖以腳跟為軸內扣；同時右掌先順後逆屈臂向上合於右耳旁；左掌小順纏絲。然

圖 4-218

後身體繼續左轉，左腳以腳尖著地向左後掃約135°，收於右腳內側，腳尖著地；同時右掌順纏前推；左掌隨身體的轉動收於左腰間。右掌心向外，指尖向上；左掌心向上，指尖向右。頂勁領起，目視右側，耳聽身後（圖4-218～圖4-220）。

圖 4-219　　　　　　　　圖 4-220

要點：動作四中右手屈臂向右耳旁合時，右肘要隨著手掌的纏絲勁向外開，這樣才能將右掌螺旋前推的勁蓄緊。右手前推和左手收回腰間以及左腳後掃收回要協調一致。定勢時肩肘放鬆下沉，全身心氣下降，塌腰、鬆胯、屈膝，腳趾抓地。頂勁上領，雙手向下塌住勁。

第三十二式　右擦腳

動作一：接上勢，兩手先逆後順折腕纏絲在原位各畫一小圈。然後屈膝鬆胯身體下沉；同時左手微逆纏下沉；右手順纏向左下攦至腹前與左手相合。接著身體微右轉上升；雙手左順右逆纏絲合住勁向右側上方擠出，高與肩平。右手心向外，指尖向左前；左手心向內，指尖向後。頂勁領起，目視右側（圖 4-221～圖 4-223）。

動作二：重心再往右移，身體左轉下沉；同時左手成刁手用腕部領勁向左側上方掤；右手小順纏翻掌上托（圖4-224）。左腿提起經右膝前向右蓋步，以腳尖外緣先著

圖 4-221

圖 4-222

圖 4-223

圖 4-224

地；同時左手變掌向上向右向下先逆後順纏絲；右手稍向左側微順纏引帶，兩小臂在胸前左上右下交叉相合，雙手掌心左下右上，手指都斜向上。目視左手，當右手和左手相合後兼顧右側（圖 4-225、圖 4-226）。

　　動作三：雙手合勁逆纏外翻上掤；同時重心前移，身

圖 4-225

圖 4-226

圖 4-227

圖 4-228

體微下沉。接著身體微左轉略上升，右腳繃平腳面向右側
上方踢起；同時雙手微順纏向左右弧形分開下拍，右手迎
擊上踢的右腳面。掌心都向下。目視右側（圖 4-227、圖
4-228）。

圖 4-229　　　　　　　　圖 4-230

第三十三式　左擦腳

動作一：接上勢，拍腳後右腳自然下落，將觸地面時右膝微向上提起，然後腳尖弧形外擺；同時雙手左順右逆小纏絲配合。接著右腳跟外側著地落於身體右側前方，腳尖上翹外擺；身體右轉約 90°；雙手在胸前方左上右下相合。左手心向右；右手心向下，指尖皆向前上。目視前方（圖 4-229）。

動作二：雙手逆纏翻掌合勁上掤至前上方；同時右腿屈膝鬆胯，身體下沉右轉，重心移至右腳踏實（圖 4-230）。身體繼續右轉約 90°，提左腳向左上方踢起，腳面要繃緊；同時雙手順纏由上方向左右分開下拍，左手迎擊上踢的左腳面，雙手掌心向下。目視左側，耳聽身後（圖4-231）。

要點：

1.本式與上式右擦腳相似，要點一併敘述。拍腳時勿

圖 4-231	圖 4-232

需雙臂完全在一條線上，應有向前的弧度，踢腳時要在側面稍前的位置上踢。

2.拍腳時，雙手向下用力要對稱，肩肘放鬆，使手掌的下拍勁富有彈性；獨立腿不可挺膝頂胯使身體上升，應該在原鬆胯屈膝的基礎上再稍微放鬆下沉，這樣才能重心穩定，身法中正，手腳相合，拍擊有力。

第三十四式　轉身左蹬一跟

動作一：緊接上勢，拍腳後左腳自然下落。左手順纏折腕向內，五指微合；右手逆纏屈臂裡合於右耳旁；同時左膝領勁上提。右手心向左下，左手心向上。目視左側，耳聽身後（圖4-232）。

動作二：鬆右胯，以右腳跟為軸腳尖迅速內扣隨即踏實，控制並穩定重心，使身體下沉並向左後轉約半周；左腿隨轉體放鬆下擺。當身體轉到位時左腿又上提，同時雙手逆纏，在胸前相合，隨即又左右分開變拳。雙拳心向

下。目視右側，耳聽身後（圖4-233）。

　　動作三：兩拳微順纏在腹前左內右外相合，右腿屈膝鬆胯，身體螺旋下沉，左膝領勁上提；同時雙拳微逆纏上提又微順纏向下彈抖。緊接著左腳尖微翹，以腳跟向左側蹬出；同時左右雙拳以小指側領勁向左右分別發出。雙拳拳心斜向下。目視左側，耳聽身後（圖4-234、附圖4-234、圖4-235）。

　　要點：

　　1.本式由於是右腿獨立，所以穩定重心是關鍵。練習時要細心體會雙手與左膝的配合。動作一中雙手向左側發勁時要左膝上領，快速轉身後雙手外開時左膝上提，蹬腳發勁前為了將勁蓄得更緊，雙手向

圖 4-233

圖 4-234

附圖 4-234

圖 4-235　　　　　　　　圖 4-236

下彈抖時左膝上提。只有雙手和左膝配合好，才能身法中正穩健。

2. 蹬腳發勁時，拳腳的發勁要快速有力，富有彈性，一發即收，以備再發，這樣，實戰時可以避免被人拿（抱）住。

第三十五式　前蹚拗步

動作一：接上勢，左腿自然收回膝部領勁上提，鬆右胯身體下沉；同時雙拳發勁後自然收回至胸前變掌，左順右逆纏絲向右下弧形摟帶，摟至右側時變左逆右順纏絲轉臂上翻向左側加掤勁，雙手形成合勁（圖4-236）。接著身體下沉左轉約90°，左腳腳尖外擺，腳跟著地向左側邁出；同時左手微向左下沉；右手隨轉身微順纏向左，在胸前雙手左下右上交叉相合。目視前方（圖4-237）。

動作三：鬆左胯屈左膝重心由右向左移，身體左轉約60°下沉，提起右腳向右側開步。接著雙手向左側引勁，身

圖 4-237

圖 4-238

圖 4-239

圖 4-240

體向左轉，重心向右移。然後鬆右胯身體右轉下沉；雙手
逆纏上翻向左右兩側展開，到位後微順纏下沉合住勁。目
視前方（圖4-238～圖4-240）。

　　要點：上式發勁後，雙拳和左腳要迅速收回，左膝上
提，右腿同時微屈膝鬆胯使身體稍向下沉，這樣才能身法

中正，重心穩定，從容鎮定地連接本式的獨立右攔動作。

第三十六式　擊地捶

動作一：接上勢，鬆左胯身體微向左轉，重心略向左移；同時雙手左逆右順纏絲略下沉向左加掤勁（圖4-241）。然後鬆右胯身體右轉，重心略向右移，同時雙手變左順右逆纏絲走上弧向右攔帶（圖4-242）。接著重心左移，雙手走下弧左逆右順向左側攔帶。左手心向前，右手心向上，手指皆向右。頂勁領起，目視右側（圖4-243）。

動作二：鬆右胯身體右轉；同時雙手下沉翻掌，隨轉身左順右逆纏絲向右攔帶（圖

圖4-241

圖4-242

圖4-243

4-244）。接著重心右移，身體微右轉下沉，提左腿向左前方上一大步；同時雙手向右上方加掤勁。目視左前方（圖4-245、圖4-246）。

動作三：鬆右胯身體微右轉；同時雙手小順纏變拳（圖4-247）。鬆左胯左膝微外擺，重心由右向左移；身

圖 4-244

圖 4-245

圖 4-246

圖 4-247

體微左轉螺旋下沉至左大腿與膝平；同時左拳微順纏向下，再逆纏屈肘向左上方提起；右拳先順後逆纏經右耳旁向前下擊出。左拳心向下，右拳心向內。目視前下方，耳聽身後（圖4-248、圖4-249、附圖4-249）。

要點：

1. 此式向下擊時身法可高可低，但要有右拳入地的意念貫注其中。

2. 在俯伏的身法中，更要注意頂勁不丟，如拳論所講「尾閭正中神貫頂」，身法的尾閭正中是此式整個脊骨節節貫串且富於彈性的關鍵。

3. 此式又名「神仙一把抓」，「栽捶」，是太極五捶之一。其他四捶是：掩手肱

圖 4-248

圖 4-249

附圖 4-249

捶、撇身捶、肘底捶和指襠捶。

第三十七式 二起腳(踢二起)

動作一：接上勢，右拳順纏向前下鬆沉畫一小圈。接著右拳逆纏右肘向右後上方掤出；左拳逆纏轉臂下沉；同時重心由左腳向右腳移，左腳尖內扣，身體上升右轉（圖4-250）。左腳尖再內扣，屈左膝重心左移，鬆右胯身體右轉約90°，右腳弧形收回到左腳右前方，腳尖點地；同時右拳順纏外翻隨轉體下沉於身體右側；左拳順纏隨轉體上舉於面前左上方。左拳心向內，右拳心向上。頂勁領起，目視前方（圖4-251）。

動作二：身體微右轉，重心向前移至右腳；同時左拳略向前掤；右拳稍向後擺。目視前方（圖4-252）。

動作三：重心完全移至右腳，左腳向前踢出；同時雙拳變掌，左掌弧形向左下，右掌弧形向右上（圖4-253）。在左腳尚未落地時，右腳蹬地躍起，向前上方繃平

圖 4-250

圖 4-251

圖 4-252

圖 4-253

腳面踢起，右掌速向前下迎擊右腳面，左掌在右掌拍腳時向左後上方撩出，掌心向下。目視右手（圖4-254）。

要點：

1. 動作一和動作二要以腰為軸，身法中正，勿左歪右斜，勿前俯後仰，以免失勢。

2. 二起拍腳要快速準確，在左腳未落地之前騰空完成。拍腳時切勿後仰，要求胸膝相

圖 4-254

合，左手在後上撩和右手形成合力，以助拍腳之勢。

第三十八式　護心拳（獸頭勢）

動作一：緊接上勢，拍腳後左腳先落地，右腳隨之也落於左腳內側稍前，重心偏左。雙手隨右腳落地下按於腹

圖 4-255

圖 4-256

前。雙掌心向下，指尖都向
前。頂勁領起，目視前方，耳
聽身後（圖 4-255）。

動作二：雙手左逆右順纏
向左下方按出；同時重心右
移，身體左轉下沉。再翻掌左
順右逆纏向右側上方攦帶；同
時提左腳向左側偏後方橫開一
步，腳跟裡側著地，腳尖上翹
（圖 4-56）。鬆左胯重心左
移，身體螺旋下沉微左轉，右

圖 4-257

腳以腳尖著地，隨著移重心和轉體向左腳內側靠攏；同時
雙掌下沉，變左逆右順纏絲隨著移重心向左側上方加掤攦
勁。左手掌心向外，指尖向右；右手掌心向上，指尖向右
前方。目視右前方，耳聽身後（圖 4-257）。

動作三：雙掌逆纏變拳。身體繼續左轉螺旋下沉，右

腳向右稍偏前方速跳開一大步；同時雙拳隨著轉身左逆右順纏絲，並在身體左側外開發勁。左拳在左後上方，右拳在左前上方，拳心都向左後，拳眼左下右上。目視前方，耳聽身後（圖4-258）。

動作四：鬆右胯身體右轉；同時右拳轉臂順纏隨著轉身孤形下沉於右膝上方；左拳隨著轉身順纏向上至左前上方，高與頭平（圖4-259）。

鬆左胯重心向右移，身體微左轉；同時右拳以拳頂領勁向上緩慢沖拳；左拳微逆纏屈臂沉於左腹前。左右拳心都向內。目視右拳及遠方（圖4-260）。

動作五：重心左移，鬆右胯身體右轉；隨著轉身右拳微

圖4-258

圖4-259

圖4-260

圖 4-261

圖 4-262

逆纏屈肘向右後方領起；左拳逆纏至前下方（圖 4-261）。
重心右移，身體左轉；同時右臂鬆肩沉肘，右拳順纏轉臂手
腕裡屈向前掤出至胸前；左拳微順纏收至腹前，高與右肘尖
平。左右手形成合勁，左拳眼向上，右拳眼向右上，雙拳心
向內。頂勁領起，目視前方，耳聽身後（圖 4-262）。

要點：

1.動作三練習時速度要快，雙拳的外開發勁和右腳的
跳步震腳要同時完成，協調一致。關鍵是要做好動作二的
周身蓄勁。

2.動作四和動作五是在不動步的情況下，鬆胯轉腰，
同時又胸腰折疊，雙手旋腕轉臂，注重裡外纏絲勁的練
習。要求速度要慢，氣貼脊背，節節貫串，一動全動，周
身一家。

第三十九式　旋風腳

動作一：接上勢，雙拳順時針轉一小圈變掌向右前加

圖 4-263

圖 4-264

掤勁攦；同時重心略向左移再移回右腳，身體略向右轉（圖4-263）。鬆左胯身體螺旋下沉向左轉，左腳尖外擺，隨即重心由右腳移到左腳，身體微下沉，右腿屈膝提起；同時雙手下沉翻掌左逆右順纏絲弧形向上領起。左手掌心向外，右手掌心向上，指尖都向右前方。頂勁領起，目視右前方（圖4-264）。

圖 4-265

動作二：身體螺旋下沉，右腳尖外擺向右前方上半步，腳跟外側著地；同時雙手順纏，先外開再相合，左上右下交叉相合於胸前（圖4-265）。右腳尖外擺，重心右移，右腿屈膝下蹲；左腳由實變虛，左腿屈膝下跪，左腳尖點地；身體右轉螺旋下沉；同時雙手隨轉身逆纏翻掌外

圖 4-266　　　　　　　　圖 4-267

掤。雙手心都向外。目視前方，耳聽身後（圖 4-266）。

　　動作三：身體繼續右轉，帶動左腳迅速起腳裡合；同時雙手向左右兩側橫開，左手以掌心迎擊左腳內側。目視左手與左腳，耳聽身後（圖 4-267）。

　　要點：

　　1.本式是獨立步裡合旋掃腿法，有一定難度，要求旋轉快速，身法中正，拍腳有力，重心腿沉著穩健。可抽出單勢練習體會。

　　2.動作一前半部分的小圈是接勁動作，將上勢發勁後的斷勁重新連接起來，同時也是引起以後動作的引勁動作，要求沉著緊湊，以身催動，眼法相隨，形神兼備。

第四十式　右蹬一跟

　　動作一：接上勢身體的慣性右轉 180°，左腳落於右腳內側，腳尖點地；同時雙掌自然內收，左下右上交叉相合於腹前。雙掌心向下，指尖斜向前方。目視左前方，耳聽

圖 4-268

附圖 4-268

圖 4-269

圖 4-270

身後（圖 4-268、附圖 4-268）。

　　動作二：身體略下沉，左腳向左開一步；同時雙手逆
纏向上再左右分開（圖 4-269）。接著重心左移，右腿屈
膝提起；同時雙手順纏下沉交叉相合於腹前。目視右側略
偏前方，耳聽身後（圖 4-270）。

圖 4-271

圖 4-272

動作三：鬆左胯身體下沉，右膝上提；同時雙手下沉變拳。右腳向右側蹬出；同時雙拳快速向左右兩側發勁。兩拳心向下，目視右側所蹬方向，耳聽身後（圖4-271）。

要點：此式是在近距離踹腿時，快速開步閃身提腿蹬腳的練習方法，實用時開步的大小視距敵遠近而定。

第四十一式　掩手肱捶

動作一：接上勢，發勁後右腳自然收回屈膝上提，左腿獨立；左拳順纏下落於左胯側；右拳順纏下落於襠前（圖4-272）。右拳逆纏以肘領勁上提至高與胸平，然後順纏向右側下方拳心向上以拳背發勁；左拳順纏轉臂屈肘向上（拳心向內）以拳頂向上發勁；同時以左腳為軸，隨著雙拳發勁身體向右轉90°。頂勁領起，目視前方（圖4-273）。

動作二：左拳逆纏變掌向上，右拳逆纏屈臂向上，右

圖 4-273

圖 4-274

拳在下，左掌在上雙手在頭前
上方相合。然後右腳落地震
腳，身體隨之下沉，隨即提起
左腿向左開步；同時雙手隨著
身體下沉合勁不丟下落於腹
前。目視前方（圖 4-274）。

　動作三：重心左移，身體
左轉，右拳轉臂向右側發勁，
左掌收回到左肋部。然後身體
右轉，雙手相合，再下沉外
開，左掌向前，右拳收於右肋

圖 4-275

側，重心由左腳向右腳移。目視前方（圖 4-275）。

　動作四：鬆左胯，身左轉，重心由右腳移至左腳，右
拳逆纏向前發勁；左手虛握拳向後放肘勁。目視前方（圖
4-276）。

　要點：動作一是利用上勢發勁後雙手和右腳自然收回

圖 4-276

圖 4-277

的蓄勢，然後快速轉身發勁。要求周身放鬆，立身中正，動作快速，完整一氣。發勁時可呼氣出聲，以助發力。

第四十二式　小擒打

動作一：接上勢，右腿屈膝鬆胯，身體右轉，重心稍向右移；同時右拳屈腕上提變掌，虎口張開，手心向下，以手腕向右上領勁；左手五指微屈相合，手心向上以手腕領勁微逆纏向前下捌出（圖 4-277）。

右手順纏轉臂走下弧向前略偏上；左手逆纏向上再向下合於右小臂內側；同時鬆左胯重心左移，身體向左轉，提起右腿向前上步，腳跟著地，腳尖外擺。左手心向下，右手心向上。目視前方（圖 4-278）。

動作二：身體下沉右轉，右腳尖外擺踏實，重心移至右腳，左腿屈膝提起；同時雙手合勁不變，隨著提左腿左順右逆纏絲向右上方捌起（圖 4-279）。

接著鬆右胯，身體右轉下沉，左腳向左前上一大步；

圖 4-278

圖 4-279

圖 4-280

圖 4-281

同時右手掤勁不丟，左掌隨上步向前下方按出。左掌心向下，右掌心向外。目視前方（圖4-280）。

　　動作三：鬆左胯，身體略向左轉，重心左移，左掌隨身法加掤勁向上領起，高與肩平；右掌下沉順纏走下弧向前與左手合住勁（圖4-281）。

圖 4-282　　　　　　　　　圖 4-283

　　鬆右胯，重心稍右移，身體略右轉下沉；同時雙手左
順右逆纏絲走上弧向右側攦，攦至胸正前時全身放鬆下沉
（圖 4-282）。緊接著蹬右腿，身左轉，重心左移；同時
左掌逆纏轉臂成橫掌，右掌下塌豎指，雙手合好隨轉身向
左側發勁。手心都向外，頂勁領起，目視左方，耳聽身後
（圖 4-283）。

　　要點：

　　1.本勢的前兩個動作右腳和左腳各上一步，上步要自
然、連貫、輕靈，並和手法密切配合，做到上下左右相
合，身法協調一致。

　　2.發勁時擰腰扣襠，不僅速度要快，而且要富有彈性。

第四十三式　抱頭推山

　　動作一：接上勢，雙掌變拳，重心略右移，身體略向
右轉，隨著轉身屈右臂，右拳順纏走弧形至右上方；左拳
小順纏向左下與右拳形成雙分的開勁，雙拳互相呼應（圖

圖 4-284

圖 4-285

4-284）。身體左轉下沉，重
心左移，左腳尖內扣，右膝隨
著轉身裡合；同時右拳隨著轉
身由右上方向左下方逆纏；左
拳向下逆纏，雙拳左上右下交
叉於左膝上方，拳心都向下。
目視左下方，耳聽身後（圖
4-285）。

動作二：身體右轉微升
起，右腳收回到左腳內側，腳
尖點地；同時雙拳隨轉身向胸

圖 4-286

右側小順纏絲，至拳心向上時稍下沉內收，隨即雙拳變掌
向右上彈出，隨即又收回。目視右前方（圖 4-286、圖 4-
287）。

動作三：身體螺旋下沉，鬆左胯向左轉。提起右腿向
右側稍偏前方上一大步，腳跟裡側著地，腳尖上翹裡合；

圖 4-287

圖 4-288

圖 4-289

圖 4-290

同時雙手逆纏向下再左右分開，接著逆纏翻掌向上合於胸前。目視右前下方（圖 4-288、圖 4-289）。

　　動作四：鬆右胯，屈右膝，重心右移，身體略向右轉；同時雙掌微順纏向右側按出。雙手掌心向右，手指向上。頂勁領起，目視右側及遠方（圖 4-290）。

要點：

1.前兩個動作要按照拳論「欲左先右，欲合先開」的要求，以腰催動，身法中正，頂勁領起，神氣鼓蕩。

2.上步雙推時，上步要大，身法要放低。也可在雙手分開時左腳先向右側跳一小步，再上右步。雙掌的推法要以腳為根，過腰脊力達雙掌。

第四十四式　三換掌

動作：接上勢，鬆右胯，身體微右轉，重心稍向左移；同時雙手順纏成掌心向上，左掌向右前上螺旋前引，右掌回收（圖4-291）。重心右移，身體左轉，右掌逆纏向右前按，左掌五指微屈收回（圖4-292）。接著身體快速右轉，左掌逆纏翻轉向右前上按掌發勁，右掌順纏屈肘合於左肘下。目視右前方（圖4-293）。

要點：

1.本勢是在不動步的情況下，由腰襠的轉換和雙腿的

圖 4-291

圖 4-292

圖 4-293

圖 4-294

纏絲旋轉帶動雙手的，要求以腰為軸，上下相隨，胸腰運化，一動全動。

第四十五式　六封四閉

動作一：緊接上勢，身體略左轉；同時右掌逆纏翻轉向右前上方橫掌推出；左掌順纏五指微屈下沉（圖 4-294）。重心左移，身體左轉，雙手左刁右托走下弧向左上方擬。目視右側（圖 4-295）。

圖 4-295

動作二：重心右移，鬆左胯身體略向左轉，雙手逆纏翻掌合於胸前（圖 4-296）。接著鬆右胯，重心右移，身體右轉下沉，左腳跟步腳尖點地；同時雙手向右下方按出。目視

圖 4-296

圖 4-297

右下方（圖 4-297）。

要點：與第一個六封四閉相比，本式的速度較快。本
式與上式的銜接處是訓練解脫擒拿邊化邊打的手法，必須
出手快速，圓轉靈活。

第四十六式　單　鞭

動作一：接上勢，身微右
轉；雙手順纏，左掌前伸，右
掌回收（圖 4-298）。身微左
轉，右手逆纏成勾手向右側上
方掤出；左掌鬆沉至腹前。目
視右側（圖 4-299）。

動作二：提起左腿向左開
一大步。目視左側（圖 4-
300、圖 4-301）。

動作三：重心左移，左手

圖 4-298

圖 4-299

圖 4-300

圖 4-301

圖 4-302

穿掌上掤逆纏外翻向左拉開。穿掌時向右稍回重心。目視
前方（圖 4-302、圖 4-303）。

第四十七式　前　招

動作一：接上勢，右勾手變掌順纏弧形向下向左，左

圖 4-303　　　　　　　　　圖 4-304

手小逆纏，雙手形成合勁向左方攦帶（圖4-304）。雙手攦
勁不停，鬆左胯身體左轉，重心右移。接著鬆右胯，身體
右轉約45°，帶動左腳收回到右腳左前方，腳尖點地；同
時雙手下沉變左順右逆纏走下弧向右後上方攦。左手掌心
向右，指尖向前下；右手掌心向外，指尖向左上。目視前
方（圖4-305）。

　　動作二：身體螺旋下沉微右轉，左腳向左前方上一
步，腳跟裡側著地滑出，腳尖上翹裡合；同時雙手向右前
方加掤勁，目視左側（圖4-306）。身體繼續右轉；左掌
順纏向右下方引勁；右掌逆纏向左下沉合於左臂上方。目
視左前方（圖4-307）。

　　動作三：左腳踏實，重心左移，身體微左轉，右腳跟
進半步收於左腳右前方以腳尖點地；同時左手逆纏轉臂向
左上掤出；右手下沉再順纏向左側掤出。左手掌心向外，
指尖向右；右手掌心向左偏前，指尖向右前方。目視左
側，耳聽身後（圖4-308）。

圖 4-305

圖 4-306

圖 4-307

圖 4-308

第四十八式　後　招

動作：接上勢，身體先微左轉，再鬆右胯，身體右轉微下沉；左手先逆後順纏走下弧向右掤；右手稍順纏向上再逆纏翻掌向右掤出。雙手掌心都向右。目視右側（圖4-

圖 4-309　　　　　　　　圖 4-310

309）。

　　要點：

　　1. 前招和後招是採用較小的身法和手法來加大腰脊的活動幅度，進而使腰部向左右兩側運動的功能都得到鍛鍊。

　　2. 前招為上引下進法。動作二的進步法也可採用跳步的方法練習：右手使撲面掌，右腳同時跳步向左前進，左手向右引，左腳則向左進，跳步震腳，身手協調。

　　3. 前後招是練習左右兩邊捯勁的方法。

第四十九式　野馬分鬃

　　動作一：接上勢，右手折腕收回；左手向右稍進，鬆右胯，身體略下沉右轉（圖 4-310）。緊接著身體左轉，右手順纏絲，向下纏至掌心向上；左手逆纏至左上，兩手形成擺勁（圖 4-311）。兩手加強掤勁，左手略向左帶，右手微順纏前伸；同時身體螺旋下沉，右腿屈膝提起。目視右側（圖 4-312）。

圖 4-311

圖 4-312

　　動作二：身體下沉，右腳向前方偏右上一大步，接著重心右移，身體微右轉；同時右手微順纏隨著重心前移之勢展臂前托；左手逆纏向後外撐，高與肩平。右掌心向上，左掌心向後下。目視右手方向（圖4-313）。

　　動作三：鬆右胯身體微右轉；同時左手順纏向右走下弧，右手小逆纏微下沉。轉左

圖 4-313

臂，雙手左逆右順纏走上弧向左側攦帶；同時重心由右向左移。身體螺旋下沉，鬆右胯身向右轉，右腳尖外擺；同時雙手微下沉變左順右逆纏向右後側攦。目視前方（圖4-314～圖4-316）。

　　動作四：鬆右胯，身體下沉右轉，重心移至右腳，左

圖 4-314

圖 4-315

圖 4-316

圖 4-317

腿屈膝提起向左前方上一大步。接著重心左移，身微左轉；同時左手微順纏絲並隨著重心前移之勢展臂前托；右手逆纏向後外撐，高與肩平。左手掌心向上，右手掌心向後下。目視左手方向（圖4-317、圖4-318）。

　　動作五：右手順纏向左走下弧，左手小逆纏微下沉，

圖 4-318

圖 4-319

雙手形成合勁（圖 4-319）。
重心右移，身微右轉；同時雙
手略下沉翻掌，隨著移重心左
順右逆纏絲走上弧向右攦（圖
4-320）。重心左移，身體左
轉；雙手下沉翻掌，變左逆右
順纏走下弧隨著轉身向左側挒
出。左手橫掌，手指向前；右
手指向前下，掌心都向左側。
目視左側（圖 4-321、圖 4-
322）。

圖 4-320

　　動作六：雙手左順右逆纏絲下沉向右側走下弧攦帶；
同時重心右移，身體微右轉（圖 4-323）。雙手繼續右攦，
然後左手逆纏折腕，五指微攏向上再向左以手腕領勁挒
出；右手小順纏向上再變逆纏向左側橫掌推出，左手在
下，右手在上，雙手形成合勁；同時左腳尖外擺，身體左

圖 4-321

圖 4-322

圖 4-323

圖 4-324

轉，重心左移。雙手高與眼平。頂勁領起，目光從雙手間向左側看（圖 4-324、圖 4-325）。

要點：

1. 和前後招相比野馬分鬃是大身法，步大身低，大開大合，前手順纏，後手逆纏，前後對稱展開，猶如拳腳棍

圖 4-325

圖 4-326

棒像亂馬鬃打來時一樣，用左右兩手穿掌外分，將來勁引落空地。

2.此式身法中正安舒，八面支撐，八面轉換，雙手上下翻，順逆纏絲，其勁皆起於腳，行於腿，主宰於腰，通肩臂而行於手指。

3.為鍛鍊腰腿，可將此式作為單勢抽出練習，加大身法，增加發勁以增強鍛鍊效果。

第五十式　大六封四閉

動作一：接上勢，重心稍右移，鬆左胯身體左轉，左腳尖外擺。然後重心完全移至左腳，身體左轉，右腿屈膝提起；同時雙手下沉，隨著轉身左逆右順纏絲向左側擺，提右腳時雙手變成左手刁右手托，並向左上方弧形擺帶。目視右側（圖4-326、圖4-327）。

動作二：雙手逆纏合於胸前；同時身體下沉微左轉，右腳向右側進步（圖4-328）。鬆右胯，重心右移，身體

圖 4-327

圖 4-328

圖 4-329

圖 4-330

右轉，左腳向右腳靠攏；同時雙手微順纏向右下方按出。
目視右下方（圖4-329）。

第五十一式　單　鞭

動作說明同第五式單鞭（圖4-330～圖4-335）。

圖 4-331

圖 4-332

圖 4-333

圖 4-334

第五十二式　雙震腳

　　動作一：接上勢，右手變掌順纏向左走下弧，左手順纏向右走上弧，雙手左上右下交叉相合於腹前；同時重心移至左腳，右腳收至左腳內側以腳尖點地（圖 4-336）。

圖 4-335

圖 4-336

圖 4-337

圖 4-338

雙手合住勁，右臂上翻向右側掤，帶動身體右轉 90°；以左腳跟為軸腳尖內扣；右腳尖著地稍向右移。接著鬆肩沉肘雙手成立掌。目視前方（圖 4-337）。

動作二：身體螺旋下沉，雙手逆纏下按（圖 4-338）。雙手順纏迅速向上領起全身，提起右腳，左腳蹬地躍起

圖 4-339　　　　　　　　圖 4-340

（圖 4-339）。兩腳左先右後落地震腳，左重右輕；雙手逆纏隨震腳向下按。重心在左腳，雙手掌心向下，指尖向前。目視前方（圖 4-340）。

　　要點：身體躍起時首先由雙手向上領勁，雙手則由雙腕領勁在先。下落時也由雙腕向下領勁，身手協調，富有彈性。

第五十三式　玉女穿梭

　　動作一：接上勢，雙手順纏上掤，右腿隨之屈膝提起。身體迅速左轉；右腿裡合外蹬；同時右掌逆纏向右前推；左掌逆纏向左發肘勁。目視前方（圖 4-341、圖 4-342）。

　　動作二：右腳向前躍進一步，重心隨之前移，右腳迅速蹬地彈起前縱；左手逆纏前推，帶動身體在空中向右旋轉 180°；同時右手隨轉身向右開。左腳落地，右腳從左腳後插過，腳尖著地，身體右轉 180°，重心移至右腳，左腳隨著轉體裡合；隨著轉體右手（屈右肘）在右上方掌心向

圖 4-341

圖 4-342

右前掤出；左手在身體左側下方掌心向下按。左手指尖向前，右手指尖向左前。目視左側，耳聽身後（圖 4-343～圖 4-345）。

要點：此式為平縱步法，身體在旋轉中完成連進三步。可抽出單勢練習。練習本式時要快速連貫，要保持身

圖 4-343

圖 4-344

圖 4-345

圖 4-346

法中正，頂勁領起，身未動，眼先至，切勿低頭。

第五十四式　懶扎衣

動作一：接上勢，重心左移，身體略左轉，右腳向右開步；同時兩手順纏左上右下畫弧相交於胸前，合住勁。目視右側（圖4-346）。

動作二：身微左轉，重心右移；右手順纏向左引帶（圖

圖 4-347

4-347）。身微右轉，右手逆纏上翻向右拉開；左手順纏沉於腹前。目視前方，兼顧右側（圖4-348）。

第五十五式　六封四閉

動作一：接上勢，雙手折腕小纏絲，鬆左胯身體向左

圖 4-348

圖 4-349

圖 4-350

圖 4-351

轉，重心左移，雙手左逆右順纏絲相合於腹前。目視右側
（圖4-349、圖4-350）。

　　動作二：重心右移，身微右轉；雙手合住勁向右上方
擠出（圖4-351）。重心左移，左手變刁手向左上挪；右
手上托，雙手先下沉，接著走下弧向左上攦帶。

圖 4-352

圖 4-353

圖 4-354

目視右方（圖4-352）。

動作三：鬆左胯身略左轉，重心向右移，雙手逆纏轉臂合於胸前（圖4-353）。雙手合勁向右下方按出；同時左腳向右腳併步靠攏，腳尖點地。目視右下方（圖4-354）。

第五十六式　單　鞭

動作說明：同第五式單鞭（圖 4–355～圖 4–360）。

圖 4–355

圖 4–356

圖 4–357

圖 4–358

圖 4-359　　　　　　　　　圖 4-360

第五十七式　雲　手

動作一：接上勢，右手變掌下沉，重心右移；同時雙手左順右逆纏絲，並向右上方掤出（圖 4-361）。

動作二：重心左移，右腳向左插步；同時左手先向右微順纏，再逆纏翻掌走上弧向左掤出；右手順纏走下弧向左掤出（圖 4-362）。

重心右移，左腳向左開步；同時右手逆纏上翻走上弧向右掤出；左手順纏走下弧向右掤出（圖 4-363）。

動作三：重心左移，右腳向左插步；同時左手翻掌走上弧向左掤出；右手下沉走下弧向左掤出（圖 4-364）。

圖 4-361

圖 4-362

圖 4-363

圖 4-364

圖 4-365

　　重心右移，身微右轉，左腳向左開步；同時右手逆纏向
右上翻，左手順纏下沉，雙手形成合勁。目視左側（圖4-
365）。

圖 4-366

圖 4-367

第五十八式　雙擺腳

動作一：接上勢，鬆左胯身微左轉，重心向左移；同時左手逆纏上掤；右手順纏下沉往前掤（圖 4-366）。身微右轉，重心右移；同時雙手微下沉翻掌，左順右逆纏絲向右上掤帶。左掌心向上，右掌心向外，雙手手指都向前。目視前方（圖 4-367）。

圖 4-368

動作二：雙手繼續後掤，身體微向右轉，重心向左移；雙手隨轉體左逆右順纏絲下沉合住勁（圖 4-368）。

重心移至左腳，身體微右轉，右腿提起弧形向左上再向右後擺腿；同時雙手由身右側左逆右順纏絲向左迎擊右腳面外側，左先右後拍擊兩聲。目視右腳（圖 4-369）。

圖 4-369　　　　　　　　圖 4-370

要點：拍腳前重心的轉換都是在雙手攦勁不丟的條件下完成的。拍腳時必須雙手迎擊，頂勁領起，身法中正，腰部以下放鬆下沉，穩定重心，以使上肢自然靈活。

第五十九式　跌　岔

動作一：緊接上勢拍擊後，右腿外擺，然後收腿在左腳內側偏後方震腳落地，重心移至右腳，身體螺旋下沉；同時雙手變拳，左拳心向下，右拳心向上，雙拳左上右下交叉相合於胸前。目視左前方（圖 4-370）。

動作二：身體右轉下沉，左腿提起以腳跟內側著地，向左側偏前方鏟地滑出。右腿屈膝仆步下蹲，襠部離地四指；左小腿著地，腳尖自然向上；同時雙拳隨著蹲身左順右逆分開，右拳上提到身體右上側，高於頭頂；左拳轉臂向下沉於左小腿上。兩拳心相對。頂勁領起，目視前上方，耳聽身後（圖 4-371）。

要點：震腳時全身放鬆下沉，以求勁整。跌下以後要

圖 4-371　　　　　　　　　圖 4-372

身法中正，頂勁上領，切勿低頭俯視。

第六十式　金雞獨立

動作一：接上勢，身體先右轉再左轉，蹬右足，擰襠腰，重心走下弧移至左腳；同時左拳隨著移重心微順纏上沖；右拳順纏下沉，合於身體右側。左拳心向內，拳頂向上；右拳心向上，拳頂向前。目視左拳及遠方（圖4-372）。

動作二：鬆左胯，左腳尖自然外擺，身體左轉約90°，重心控制在左腳，提右腳上步至左腳右前方，腳尖點地；同時左拳微回收；右拳隨上步繼續前沖於左拳內側，左下右上交叉相合。雙拳心向內，目視前方（圖4-373）。

動作三：左腿屈膝鬆胯穩定重心，右腿屈膝提起成左獨立步；同時雙拳逆纏微下沉變掌。接著左腿微挺膝，身體螺旋上升；同時右掌螺旋上托高過頭頂；左掌逆纏下按至身體左側（圖4-374）。右腳震腳落地有聲；右掌隨之

圖 4-373

圖 4-374

微順纏下按，重心在左腳。雙
手心向下，指尖向前，頂勁領
起，目視前方，耳聽身後（圖
4-375）。

動作四：鬆左胯身微左
轉，提右腳向右側橫開一步，
腳跟裡側著地；同時雙手左逆
右順纏絲由前下方走上弧向左
上方攦帶。雙手繼續上攦再略
下沉，身體先左轉重心右移，
然後右腿屈膝鬆胯，身體右

圖 4-375

轉，左腿隨轉身收至右腿內側稍前，腳尖點地；同時左手
順纏隨身體向右畫弧，至身體前方時微上托，高於肩平；
右手向右逆纏下按於身體右側。頂勁領起，目視前方（圖
4-376、圖 4-377）。

動作五：右腿屈膝鬆胯，身體放鬆下沉，隨之左掌微

圖 4-376

圖 4-377

逆纏下沉。接著右膝微挺，身
體螺旋上升，左腿屈膝提起；
同時左手逆纏上托，高過頭
頂；右手下按之勢不丟。左手
掌心向前上，右手掌心向下。
頂勁領起，目視前方，耳聽身
後（圖 4-378）。

　　要點：

　　1. 由跌叉到身體躍起，關
鍵是身體右轉下沉，右拳順纏
下沉，通過肩臂將勁催到左拳
上，由左拳將身體領起。

圖 4-378

　　2. 本式為獨立腿高身法，要求身法中正不偏，重心平
衡穩健。達到此要求的關鍵是：提腿時膝向上領勁，腳尖
自然下垂，手向上領勁；獨立腿的一側身體放鬆下沉，屈
膝鬆胯，五趾抓地，腳心要虛，手向下按，使身體兩側上

圖 4-379　　　　　　　　　　圖 4-380

下對拉拔長。

第六十一式　倒捲肱

動作一：緊接上勢，左腳自然落地；左手隨之下按，兩腿屈膝鬆胯，身體下沉（圖 4-379）。

鬆右胯，身體略右轉下沉，微提左腳；同時右手先順後逆纏絲合於右耳側；左手順纏前伸。左腳向左後弧形倒步；同時右手微順纏前推；左手逆纏後攦。目視前方，耳聽身後（圖 4-380）。

下接第二十一式倒捲肱動作三、動作四。

第六十二式　退步壓肘

動作說明和要點：同第二十二式退步壓肘。

第六十三式　中　盤

動作說明和要點：同第二十三式中盤。

第六十四式　白鶴亮翅

動作說明和要點：同第二十四式白鶴亮翅。

第六十五式　斜行拗步

動作說明和要點：同第二十五式斜行拗步。

第六十六式　閃通背

動作說明和要點：同第二十六式閃通背。

第六十七式　掩手肱捶

動作說明和要點：同第二十七式掩手肱捶。

第六十八式　大六封四閉

動作說明和要點：同第二十八式大六封四閉。

第六十九式　單　鞭

動作說明和要點：同第二十九式單鞭。

第七十式　雲　手

動作說明和要點：同第三十式雲手。

第七十一式　高探馬

動作說明和要點：同第三十一式高探馬。

第七十二式　十字單擺腳

動作一：接高探馬定勢（圖 4-220），鬆右胯，身體

圖 4-381　　　　　　　　圖 4-382

速右轉下沉；同時雙掌五指微扣折腕，都以手腕領勁，隨著轉身左手向右前下掤，右手向左後上掤，雙手如抱球狀。目視右側（圖 4-381）。

　　動作二：身體左轉，雙手如抱球狀順時針轉動，右手順纏向右向下再向上托掌；左手逆纏向左向上再向下合於右小臂內側（圖 4-382）。接著鬆右胯身體右轉，左膝裡合，左腳跟外擺，身體微下沉後坐，重心移至左腳，然後右膝外擺，右腳以腳跟為軸腳尖外擺，使身體右轉 90°；同時右手下沉逆纏翻掌，左手下沉塌住右小臂，雙手合勁向右前方掤出。雙手掌心都向外。目視前方，耳聽身後（圖 4-383）。

　　動作三：右腿屈膝鬆胯，身體右轉，重心移到右腳，身體下沉，左腿屈膝提起；雙手掤勁不丟（圖 4-384）。身體繼續下沉，左腳向左前方（約 45°）上一大步；同時右手上掤，左手隨著開左步逆纏下開至左膝上方。隨著開步右腿屈膝下蹲，身體螺旋下沉，頂勁領起，身法中正。

圖 4-383

圖 4-384

圖 4-385

圖 4-386

目視左側（圖 4-385）。

　　動作四：鬆右胯，重心由右腳移向左腳，身體右轉；同時左手順纏向上合於面前；右手微順纏走下弧合於左肘下（圖 4-386）。重心完全移至左腳，身體略上升，提起右腿向左向上再向右後弧形擺半圓；同時左手逆纏向右下

再弧形向左逆纏迎擊右腳面。目視右腳及前方，耳聽身後（圖4-387）。

動作五：拍腳後右腳仍屈膝提起懸於襠內，以左腳跟為軸身體右轉約135°；同時雙掌變拳，右拳經胸前順纏至身體右側下方；左拳微逆纏至左上方，雙拳一齊發勁。右拳與右胯平，拳心向上；左拳略高於頭，拳心向右。頂勁領起，目視前方，耳聽身後（圖4-388、圖4-389）。

要點：

1. 拍腳時左右手交叉呈十字狀，故稱十字單擺腳。雙手交叉為擒拿手法，要以腰帶動，右手向右上領勁，左手向左下方鬆沉，雙手順勁走圓，相吸相繫。

圖4-387

圖4-388

圖4-389

2.此式由合到開，由開到合，既有雙手相吸相繫的開合對稱勁，還有胸膝相吸相合的胸腰折疊勁和手與腳，肘與膝，肩與胯的外三合勁，要求以腰帶動，上下相隨，頂勁領起，身法中正。

第七十三式　指襠捶

動作一：接上勢，右腳震腳落地，隨即左腳屈膝提起（圖4-390）。右腿屈膝鬆胯，身體下沉，左腳向左前方上步。鬆右胯身體右轉，重心左移；同時隨著轉身左拳順纏向右下沉；右拳順纏，微屈右肘，雙手有相合之勢。然後蹬右腳，鬆左胯身體左轉；同時左拳向左上，右拳向右下，雙拳一起逆纏發勁。頂勁領起，目視左前方（圖4-391、圖4-392）。

動作二：身體微左轉，右拳順纏走下弧向左上和左拳形成合勁（圖4-393）。鬆右胯身體右轉，重心右移；同時雙拳左順右逆纏絲弧形向右下攦帶（圖4-394）。鬆左胯

圖4-390

圖4-391

圖 4-392

圖 4-393

圖 4-394

圖 4-395

身體左轉，重心左移；同時雙拳左逆右順纏絲向上翻轉，再變左順右逆纏絲弧形向左前上方發勁。兩拳心相對，目視左前上方（圖 4-395、圖 4-396）。

　　動作三：雙拳折腕小逆纏轉雙順纏，左拳下沉前伸；右拳收於腰間；同時鬆右胯身體右轉下沉，重心由左腳移

圖 4–396

圖 4–397

圖 4–398

圖 4–399

向右腳（圖 4–397、圖 4–398）。蹬右腳，鬆左胯，身體左
轉，重心左移；同時右拳逆纏向前下方發勁；左拳逆纏向
後放肘勁。右拳心向下；左拳心向右。目視前下方，耳聽
身後（圖 4–399）。

　　要點：此式發勁時步子大身法低，要注意身法中正，

頂勁上領，切勿前俯後仰。發勁須富有彈性，一發即鬆，以免前俯失重。

第七十四式　白猿探果

動作一：接上勢，雙拳折腕小逆纏轉雙順纏絲，然後左拳逆纏向右，右拳繼續順纏向左下與左拳交叉相合。雙小臂合住勁，左順右逆纏絲向前上加掤勁（圖4–400）。身體左轉，重心右移，左腳尖外擺；同時雙拳隨著轉身順纏下沉分開，雙拳心向上。目視左側（圖4–401）。

動作二：重心左移，身體左轉約135°，右腿屈膝提起；同時右拳隨著提右腿向右前上

圖4–400

圖4–401

圖4–402

圖 4-403   圖 4-404

方沖拳；左拳微順纏置於左腰際，兩拳形成合勁。雙拳心都向上。頂勁領起，目視右側，耳聽身後（圖 4-402）。

　　要點：動作一中雙拳的纏絲勁要以腰為軸，氣勢飽滿。成勢時左肘下沉外掤，勿貼肋，使之無凸凹之缺陷。

第七十五式　小六封四閉

　　動作：接上勢，雙拳逆纏變掌合於胸前；同時身體微左轉螺旋下沉，右腳向右側開步，腳跟裡側著地，腳尖上翹裡合。右腿屈膝鬆胯，身體下沉右轉，重心右移，左腳弧形收於右腳內側；同時雙掌合住勁向右下方按出。目視右下方（圖 4-403、圖 4-404）。

第七十六式　單　鞭

　　動作一：接上勢，雙掌順纏，左掌外穿，右掌內收。左掌沉至腹前；右掌逆纏變勾手向右上方掤出。身體放鬆下沉，提起左腿向左側開一大步（圖 4-405～圖 4-408）。

圖 4-405

圖 4-406

圖 4-407

圖 4-408

　　動作二：重心左移。左掌向右上穿掌，同時重心稍向右回。然後重心左移，左掌逆纏外翻向右側拉開，高與肩平。目視前方，耳聽身後（圖 4-409、圖 4-410）。

圖 4-409

圖 4-410

第七十七式　鋪地錦

動作一：接上勢，雙手握拳，鬆左胯身體左轉，重心繼續左移；同時雙拳左逆右順纏絲。左拳微回收下沉；右拳走下弧與左拳交叉相合。左拳心向下，右拳心向上。目視左側前方（圖 4-411）。

動作二：身體微右轉，重心右移，右腿屈膝下蹲，左腿仆下；同時雙拳左順右逆纏弧形向左右拉開。左拳在左腿上方，拳心向上；右拳在右上方，拳心向內。目視左側及遠方（圖 4-412）。

要點：此式為仆步下勢沖拳法，此法必須結合襠腰的旋轉力由下而上完整一氣，掤勁

圖 4-411

圖 4-412

圖 4-413

不丟。

第七十八式　上步七星

動作一：接上勢，左腳尖外擺，蹬右腳弓左腿，重心由右腳走下弧向左腳移，身體微左轉並螺旋上升；同時左拳隨著重心前移微順纏向前方上沖；右拳順纏下合於身體右側（圖4-413）。身體左轉約90°，右腿向左上步於左腳右前方，腳尖點地；同時右拳隨身體微順纏上沖到左拳下，兩拳相合，拳心都向內。頂勁領起，目視前方（圖4-414）。

動作二：身體微下沉，鬆肩兩肘微上掤，雙拳左上右下以腕部緊貼，相應逆纏向內合轉一圈，接著折腕變掌成左下右上（圖4-415、圖4-416）。然後沉肘合勁以掌根向前一震發勁；發勁的同時右腳跟落地震腳。雙手掌心向前，指尖向上。目視前方，耳聽身後（圖4-417）。

要點：此式為向上沖拳擊打對方胸、咽喉和解脫擒拿手法。練習時以腰為軸，兩胯轉換，胸腰折疊，以身催

圖 4-414

圖 4-415

圖 4-416

圖 4-417

手，一動全動，立身中正，支撐八面。

第七十九式　退步跨虎

動作一：接上勢，重心略後移，身向後坐；同時雙腕
領勁微屈肘上提內收（圖 4-418）。重心微前移，左腳跟

圖 4-418

圖 4-419

離地稍外擺；同時肩肘鬆沉，
雙掌前按（圖 4-419）。雙掌
下沉微逆纏內收；同時右腳略
收（圖 4-420）。右腿屈膝提
起，以左腳跟為軸，身體向右
轉 90°；同時雙手先逆後順纏
將勁領活，再以右手拇指側腕
部絞左手小指側腕部一周向上
領起，成立掌並高過頭頂。雙
掌左外右內，左掌心向右，右
掌心向左，指尖都向上。目光
從兩臂之間向前看（圖 4-421）。

圖 4-420

　　動作二：左腿屈膝鬆胯，身體螺旋下沉，右腳震腳落
地；同時鬆肩，雙手隨身體下沉而下震，落於腹前。兩手
腕相交，左下右上（圖 4-422）。重心右移，兩手逆纏成
手心向下，然後向左右分開。目視前方（圖 4-423）。

圖 4-421

圖 4-422

圖 4-423

圖 4-424

　　動作三：重心完全移至右腳，提左腳弧形向前以腳尖
點地於左前方；同時兩臂微屈肘向前順纏，左手停於腹
前，右手停於右胸前，雙手合住勁。左手心向右，右手心
向左，指尖都向前。目視前方，耳聽身後（圖 4-424）。

　　要點：本式屬退步練法，練習時要沉穩輕緩，體會手

圖 4-425　　　　　　　　圖 4-426

腳的開合，胸腰的折疊，要求上下相隨，身法中正安舒。

第八十式　轉身雙擺蓮

動作一：接上勢，鬆右胯，身體右轉下沉，左膝裡合，左腳跟外擺著地；同時雙手逆纏，左手向左下按；右手翻掌向右上掤出。雙手上下形成合勁。左手心向下；右手心向前。目視左側（圖 4-425）。

動作二：重心左移，鬆右胯身體右轉，右腳尖外擺；同時左手小順纏，雙手形成擺勁。然後重心右移，左腳蹬地而起，身體以右腳跟為軸向右轉 180°，左腳落於左前方，腳跟著地，腳尖上翹；同時雙手隨著轉體合好擺勁不丟。目視前方（圖 4-426）。

動作三：雙手繼續後擺，變左逆右順纏絲下沉，向前合住勁停於右腰側；同時身體右轉，重心移到左腳（圖 4-427）。提起右腿走下弧向前向上再向右後擺動；雙手合住勁迎擊右腳面外側，左先右後拍擊兩響。目視前方，耳聽

圖 4-427

圖 4-428

身後（圖 4-428）。

要點：轉身要輕靈穩健，關鍵要身法中正，頂勁領起，雙手合住勁向右後擺帶，結合左腳蹬地將身體帶轉過來。身體轉 360°亦可。

第八十一式　當頭炮

動作一：緊接上勢，拍腳後右腿順勢下落，未及著地又以膝領勁向前上提起；同時雙掌左順右逆纏絲變拳向右下方沉收，與右膝的上提勁相合（圖 4-429）。雙拳稍向右下沉變左逆右順向上翻轉，再掄臂微左順右逆纏絲走上弧向前左上方擊出，以左拳背為擊發點，雙拳心相對，兩拳相距約

圖 4-429

圖 4-430

附圖 4-430

圖 4-431

附圖 4-431

30公分；同時右腿自然展開向右後蹬地有聲。目視前方及遠處（圖4-430、附圖4-430）。

動作二：右腳微蹬，重心稍左移；兩手腕領勁向左上方微掤；同時雙手折腕，雙拳向內逆纏，再鬆肩沉肘，雙拳順纏成兩拳心相對（圖4-431、附圖4-431）。接著鬆右胯，

圖 4-432

附圖圖 4-432

圖 4-433

附圖 4-433

身體略右轉下沉後坐，重心移至右腳；同時雙拳隨轉身攦至右側腰際。頂勁領起，目視前方（圖 4-432、附圖 4-432）。

　　動作三：蹬右腳身左轉，重心移至左腳；同時雙拳合力向前沖拳發勁。兩拳心相對，拳頂向前。頂勁領起，目視前方，耳聽身後（圖 4-433、附圖 4-433）。

要點：本式是訓練雙拳發勁的拳勢，可抽出單勢練習。發勁時其根在腳，扣襠擰腰，一抖而發，力達雙拳。

第八十二式　金剛搗碓

動作一：接上勢，雙拳微下沉變掌左順右逆纏絲向右後上方攦；同時右腿屈膝鬆胯，身體向右轉，重心右移（圖4-434）。

身體放鬆下沉，鬆左胯左腳尖外擺，身體左轉，重心走下弧向左移；同時雙手下沉，左逆右順纏絲合住勁向前掤出（圖4-435）。右腳向左前上步，雙手在腹前相合（圖4-436）。

動作二：雙手下沉，右手

圖4-434

圖4-435

圖4-436

圖 4-437

圖 4-438

變拳。右拳和右腿提起（圖 4-437）。右腳落地震腳；同時右拳下落於左掌心內（圖 4-438）。

第八十三式　收　勢

動作：接上勢，身體放鬆下沉，重心調整在兩腿之間；右拳變掌，雙手向左右分開（圖 4-439）。雙手逆纏弧形向上翻掌，高與頭平，然後順身體兩側緩緩下按於大腿兩側（圖 4-440、圖 4-441）。重心右移，收左腳與右腳自然並立，身體緩緩立起，雙手自然下垂，恢復自然站立姿勢，目視前方（圖 4-442）。

要點：

1. 按照預備勢中的要點檢

圖 4-439

圖 4-440

圖 4-441

圖 4-442

查身法和各部位是否符合要求。

　　2. 注意自己的呼吸。如感到呼吸自然，輕鬆順達，可適當增加運動量以增長功夫；如發生氣喘或輕微胸悶現象，首先要檢查動作的正確與否，其次可適當減小運動量。

第五編

陳氏太極拳
新架二路

陳氏太極拳新架二路簡介

陳氏太極拳新架二路亦稱炮捶。

新架二路拳動作比較複雜。套路中以「採挒肘靠」四隅手的運用為主，「掤搌擠按」四正手的運用為輔，剛中寓柔，力求堅剛，震腳發力，閃戰騰挪，竄蹦跳躍，鬆活彈抖，著重於彈性勁的練習。

外形上顯示疾剛跳躍為主，緩柔沉穩為輔的特點。運勁方法要求以手領身，配合靈活的步法，以剛為主，剛柔相濟，以內勁為統馭，內不動，外不發，一動全動，節節貫串，完整一氣。

學習新架二路拳，應在練好新架一路拳的基礎上進行。

陳氏太極拳新架二路動作名稱

陳氏太極拳新架二路動作圖解

第一式　預備勢

動作、要點：同新架一路第一式預備勢。

第二式　金剛搗碓

動作、要點：同新架一路第二式金剛搗碓。

第三式　懶扎衣

動作、要點：同新架一路第三式懶扎衣。

第四式　六封四閉

動作、要點：同新架一路第四式六封四閉。

第五式　單　鞭

動作、要點：同新架一路第五式單鞭。

第六式　搬攔肘

動作一：接單鞭成勢動作（圖 5-1）。雙手變拳。右拳弧形向左上順纏；左拳小逆纏，雙拳形成合勁（圖 5-2）。鬆右胯，重心右移，身體微右轉螺旋下沉；雙拳左順右逆纏絲走下弧合於腹前。左拳心向上，右拳心向下，拳

圖 5-1

圖 5-2

圖 5-3

圖 5-4

眼都向左。目視左側（圖 5-3）。

　　動作二：雙腳向左側橫向跳步，震腳落地有聲，落地時重心控制在左腳，身體微向左轉；同時雙拳隨著跳步轉身以拳眼側向左側偏後方向發勁。拳心左上右下。目視左側，耳聽身後（圖 5-4）。

圖 5-5

圖 5-6

動作三：重心右移，身體微右轉；雙拳微左逆右順纏絲弧形向上向右搋（圖5-5）。重心左移；同時雙拳繼續向右走上弧。身體下沉左轉，雙拳下沉變左逆右順纏走下弧合於腹前。拳心左下右上，拳眼都向右。目視右側，耳聽身後（圖5-6）。

動作四：雙腳向右側橫向跳步，震腳落地有聲，落地時

圖 5-7

重心控制在右腳，身體微右轉；同時雙拳隨著跳步轉身以拳眼側向右側偏後方向發勁。拳心左下右上。目視右側，耳聽身後（圖5-7）。

要點：雙拳向左右兩側發勁時，主要力點在小臂外側。重心的移動與發勁要協調一致，以求得勁整。發勁時

圖 5-8

圖 5-9

也可不跳步，但是必須掌握好蓄勢和發勁的重心轉換。

第七式　護心捶

動作一：接上勢，微鬆右胯，身體微右轉下沉；同時，左拳向下逆纏，右拳向上順纏。緊接著身體微左轉，右拳下沉，左肘向左上方領勁，領起左半身，重心再略向右移。左拳心向前下，右拳心向上。

圖 5-10

目視右側下方，耳聽身後（圖5-8）。

動作二：上動不停，左手上領，提起左腳。接著右手快速上提領起，右腳蹬地躍起。身體在空中向左旋轉135°，雙腳左先右後落地，重心偏左，雙手合於胸前，拳心都向內。目視前方，耳聽身後（圖5-9、圖5-10）。

圖 5-11

圖 5-12

動作三：身體左轉下沉，右腳向右側跳開一大步；同時雙拳隨轉身左逆右順纏絲在左側外開發勁。目視左側，耳聽身後（圖 5-11）。

動作四：鬆右胯，身體右轉下沉；同時雙拳順纏，微屈左肘，左拳停於面前；右拳隨著轉身向右下鬆沉，置於右膝上方（圖 5-12）。蹬左腳，身左轉，重心右移；隨著移重

圖 5-13

心右拳微折腕，以拳頂向上貫勁沖拳；左拳收於腹前。目視右前方（圖 5-13）。

動作五：鬆右胯，身體微右轉，重心略左移；同時雙拳逆纏，左拳向前下鬆沉；右拳微折腕向後上提起（圖 5-14）。鬆左胯，屈右膝，身體左轉下沉，重心右移；同時

圖 5-14　　　　　　　　圖 5-15

雙拳順纏絲，左拳收於腹前，右肩肘鬆沉，右小臂豎起，雙手於胸前合好向前發勁。拳心都向內，目視前方，耳聽身後（圖 5-15）。

要點：

1.動作一的前半部分要身手協調配合，體現出「欲上先下」的特點，這是以手領勁帶動身體騰空旋轉的關鍵所在。

2. 本式的最後發勁要在雙手於胸前合好的基礎上完成，這樣才能起到護心的作用。

第八式　拗步斜行

動作一：接上勢，左拳在下向右，右拳在上向左，雙拳變掌，小臂交叉相合，接著身體微右轉，重心左移。然後身體左轉稍起，右腳隨身體自然向左腳靠攏，以腳尖點地；同時左掌變刁手，雙手左上右下拉開。左手在左上以手背領勁上刁，右手在身右側下按。目視前方（圖 5-16、圖 5-17）。

圖 5-16

圖 5-17

圖 5-18

圖 5-19

動作二：左手變掌向右向下再向上轉一圈；右掌向右
向上再向下轉一圈；同時右腿屈膝提起（圖 5-18）。右腳
落地震腳，左腳隨即屈膝提起；同時左手下沉，右手微逆
纏屈肘提起，雙手形成攞勁（圖 5-19）。屈膝鬆胯，身體
螺旋下沉微右轉，左腳向左側開一大步，雙手攞勁不丟，

圖 5-20

圖 5-21

目視左側（圖5-20）。

動作三：鬆左胯，身體左轉下沉；同時左手逆纏下沉於左腿上方；右掌合於右耳側（圖5-21）。左腿鬆胯屈膝，重心由右腳走下弧向左腳移；同時左掌變勾手以手背領勁向左上方掤出（圖5-22）。鬆右胯身微右轉，右手略向前推再逆纏向右拉開。目視前方，耳聽身後（圖5-23）。

圖 5-22

要點：

1. 動作二雙手畫圈的速度可以加快，將身體領起騰空，雙手的攦勢要在雙腳落地時剛好完成。

2. 動作三可適當放慢速度。二路拳雖然較一路拳速度要快，但是並非一味求快，而是快慢相間，有弛有張。

圖 5-23

圖 5-24

第九式 煞腰壓肘拳

動作一：接上勢，雙手變拳，勁往右上領起，重心稍向右移。接著鬆左胯，重心左移，身體微左轉下沉；同時雙拳微下沉，左逆右順纏絲走下弧向左側引勁。拳心左下右上。目視右側偏下方（圖 5-24、圖 5-25）。

圖 5-25

動作二：雙手繼續引勁後擺，再左順右逆纏絲上翻，身體稍向右轉（圖 5-26）。

接著身體稍向右側躍起，落地時雙腳齊聲震腳，重心控制在右腳，身體右側稍向右方前傾；同時右拳順纏向右下方以拳背發勁；左拳以拳頂領勁在身體左側屈臂向上發勁。雙拳心相對，形成合勁。目視右側下方，耳聽身後

圖 5-26

圖 5-27

（圖 5-27）。

要點：動作二也可採取右先左後的落地方法練習，右腳向右側跨步震腳，左腳自然跟進。

第十式　井攔直入

動作一：接上勢，重心左移，右腳尖外擺，身體右轉；同時雙拳左逆右順纏絲變掌，左手上掤成反掌，掌心向前；右手指尖向右，掌心向上。目視右下方（圖 5-28）。

動作二：右腿屈膝鬆胯，重心移至右腳，提起左腿向右腳前側上步，以腳尖點地；身體右轉 180°，右腿屈膝下蹲，身體向下鬆沉；上步的同時左

圖 5-28

圖 5-29　　　　　　　　圖 5-30

手向右下方按於左膝旁（圖5-29）。身微右轉，右腳尖點
地，使重心突然向左腳移，左腳跟外撇落地有聲；同時雙手
左下右上突然分開，左手微逆纏下按；右手微逆纏以肘領勁
向右上方發肘勁。目視左下方，耳聽身後（圖5-30）。

第十一式　風掃梅花

動作一：接上勢，鬆左胯，左腳尖內扣；右腿以腳尖
著地向右後掃，身體隨之右轉。隨轉身左手順纏向上，右
手微逆纏向下，雙手形成開勁。目光隨著右手轉，兼顧左
手（圖5-31）。

動作二：右腿繼續後掃，左腳自然擺正，重心控制在
左腳，右腳以腳尖點地於右前方；同時雙手左逆右順纏絲
相合於胸前。目視前方（圖5-32）。

要點：以上三式是一連串的解脫擒拿拳勢，要求做得
順隨協調，開合掤勁飽滿，旋轉圓活連貫，不能有斷續和
凹凸之處。

圖 5-31

圖 5-32

圖 5-33

圖 5-34

第十二式　金剛搗碓

動作：緊接上勢，右手變拳屈肘上提；左手小順纏下沉；同時右腿提起（圖 5-33）。右腳震腳落地，右拳向下落於左掌心內。目視前方，耳聽身後（圖 5-34）。

圖 5-35

圖 5-36

第十三式　撇身捶

動作一：接上勢，重心右移，身體微右轉；同時右拳變拳，雙肘隨身體向右前方掤出，帶動雙掌向右前方抖出。隨即重心又移至左腳，身微左轉，雙掌自然收回。目視前方（圖 5-35、圖 5-36）。

圖 5-37

動作二：重心完全移到左腳，屈膝鬆胯，身體下沉，提起右腳向右側橫開一步；同時雙手向左右分開，再弧形向上屈肘交叉相合於胸前。目視前方（圖 5-37、圖 5-38）。

動作三：身體先微左轉，重心向右移，再微右轉，重心向左移；同時雙掌變拳，在胸前逆時針轉動成雙拳頂相對，再拉開向左上加掤勁。目視左前方（圖 5-39～圖 5-

圖 5-38

圖 5-39

圖 5-40

圖 5-41

41）。

　　動作四：重心再向左移，身體左轉，右腳向右側跳開一大步；同時雙拳左逆右順纏在身體左側外開發勁。目視前方，耳聽身後（圖 5-42）。

　　動作五：鬆右胯，身體右轉；同時右拳順纏向右下鬆

圖 5-42

圖 5-43

圖 5-44

圖 5-45

沉；左拳順纏並屈臂向上。接著重心右移；右拳逆纏向上；左拳逆纏收於腹前。目視右拳，耳聽身後（圖 5-43、圖 5-44）。

　　動作六：重心左移，身體微左轉；右拳向左順纏；左拳順纏沉肘收於左腰際（圖 5-45）。身體繼續左轉，右臂

圖 5-46

圖 5-47

向左側引帶。然後鬆右胯，身體向右轉，重心向右移；左腳尖微內扣；同時右拳逆纏向右上方掤出；左拳逆纏貼於腰際。目視左腳尖，耳聽身後（圖 5-46、圖 5-47）。

第十四式　斬　手

動作一：接上勢，身微左轉，屈左膝重心左移；同時左拳順纏，臂向左側稍偏上方伸展；右拳逆纏，臂向右側稍偏下方伸展。左拳心向上；右拳心向下。目視左側（圖 5-48）。

動作二：鬆左胯，屈左膝，重心再左移；同時左拳由左側向右下走下弧；右拳由右側走上弧向左上領，將身體領

圖 5-48

圖 5-49　　　　　　　　圖 5-50

起，帶動右腿屈膝提起。接著右腳落地震腳，隨即提起左
腿向左側橫開一大步；開左步的同時，雙拳左下右上交叉
相合於胸前，重心在右腳（圖 5-49）。蹬右腳，右膝裡
合，重心由右腳向左腳移，身體微向左轉；同時左拳向左
側偏上，右拳向右側偏下，雙拳一齊發勁。右拳心向下；
左拳心向上。目視左拳（圖 5-50）。

　　動作三：雙拳變掌，身體微左轉，右掌走上弧與左掌
相合（圖 5-51）。重心走下弧右移，身體下沉微右轉；雙
掌合住勁走下弧向身體右側下攔。雙手掌心向下，指尖向
左。目視左側（圖 5-52）。

　　動作四：鬆左胯，左腳尖外擺，身體左轉，重心左
移；雙手左順右逆纏絲轉臂向上，再左手折腕，五指微
合；右手變拳，以拳頂與左掌心相合，雙手合住勁向左側
掤出。目視左側雙手（圖 5-53）。

　　動作五：鬆左胯重心左移，身體向左微轉，隨著轉身
提起右腿成左獨立步；提腿的同時左手下沉；右拳背領勁

圖 5-51

圖 5-52

圖 5-53

圖 5-54

上提，雙手形成開勁（圖 5-54）。左腿屈膝，身體螺旋下沉，右腳震腳落地於左腳內側稍前；與震腳同時，右拳砸於左掌內。目視前下方，耳聽身後（圖 5-55）。

　　要點：此式前段練習左背靠，接著練習轉腕折疊，均為解脫擒拿的練習方法。

圖 5-55

圖 5-56

第十五式　翻花舞袖

動作一：接上勢，右手變掌，雙手左順右逆向上領勁，左手高與頭平，右手高過頭，指尖都向上。手向上領，身體微右轉，重心由左腳向右腳移（圖 5-56）。鬆左胯，屈膝下蹲，身體微左轉；同時肩肘向下鬆沉，雙手左逆右順纏絲隨著身體下蹲而向下鬆沉。目視前下，耳聽身後（圖 5-57）。

動作二：緊接著右腳蹬地，雙手左順右逆纏向上領起身體在空中向左旋轉 360°。雙腳左先右後落地震腳，重心偏左；雙手隨身體的下落以掌外緣向下鬆沉抖發，劈掌下

圖 5-57

圖 5-58　　　　　　　圖 5-59

沉。目視前方，耳聽身後（圖 5-58、圖 5-59）。

　　要點：身體能輕靈地躍起旋轉，關鍵在於身體的下蹲和雙手的向上領勁，二者缺一不可。落地後要全身放鬆，這樣才能力達雙掌，技擊中得到解脫和擊打的雙重效果。

第十六式　掩手肱捶

　　動作一：接上勢，雙手先小順纏下沉，再逆纏向上向內，右手變拳在下左掌在上交叉相合於胸前；隨著雙手的上領勁，右腿以膝部領勁提起成左獨立步；同時以左腳跟為軸，身體右轉約 90°。目視前方（圖 5-60）。

　　動作二：右腳落地震腳，身體屈膝下蹲，提起左腳向左

圖 5-60

圖 5-61

圖 5-62

側橫開一步（圖 5-61）。重
心左移，身體向左轉；右拳順
纏向右側發勁（圖 5-62）。
利用右拳的反彈力身體右轉，
屈兩臂，雙手合於胸前（圖
5-63）。

動作三：兩手向左右分
開，重心右移，身體螺旋下沉
微右轉，左掌向前伸出；右拳
屈臂蓄於右腰間。蹬右腳，重
心左移，身體左轉；右拳逆纏

圖 5-63

向前發出；左手半握拳屈臂向後放肘勁。目視前方（圖 5-
64～圖 5-66）。

第十七式　飛步腰攔肘

動作一：接上勢，鬆右胯，身體微右轉，重心移至右

圖 5-64

圖 5-65

圖 5-66

圖 5-67

腳，左腿屈膝提起成右獨立步；左手變拳，隨著提腿轉身，右拳屈臂收於身體右側。雙拳心都向上。目視前方（圖 5-67）。

　　動作二：左腳向前上一大步；同時左拳向前逆纏（圖 5-68）。接著右拳逆纏向前沖；左拳順纏收於腰間。右拳

圖 5-68　　　　　　　　圖 5-69

前沖時帶動右腳提起，身體左轉 180°，左腳緊跟著蹬地，右腳向前跳一大步，落地控制重心，左腳向右插步（圖 5-69）。隨著身體的前進和旋轉慣性，左腳落地，身體左轉 180°，重心偏右腳；左拳變掌逆纏向左弧形展開；右拳順纏屈臂收於右腰際。左掌心向前偏左，指尖向上；右拳心向上。目視左側（圖 5-70）。

動作三：肩肘及全身放鬆下沉，鬆左胯，身體突然左轉約 90°，重心向左移；轉身的同時右肘向前發勁；左掌順纏迎擊右肘。目視左側，耳聽身後（圖 5-71）。

要點：

1.前縱時要利用右拳的前沖力和左腳的蹬勁向前盡量遠跳。這種步法在二路拳中有幾個，需提出進行單勢練習，以適應技擊時需要。

2.前縱落地後仍需保持身法中正，以便能發好肘勁。此勢為遠距離跳步轉身擊肘法。

圖 5-70 圖 5-71

第十八式　雲手（前三）

動作一：接上勢，重心由左腳向右移，身體微右轉；同時左掌下沉順纏，右手變掌向右上逆纏，雙手合住勁。左手指尖向左偏下；右手指尖向左偏上，手心均向前。目視左側（圖 5-72）。

動作二：雙手合住勁向右上方攦。然後左手逆纏翻掌向上再走上弧至左上方；右手順纏下沉走下弧向左至小腹前，雙手合住勁往左側掤；同時鬆右胯重心移至左腳，提起右腳向左腳後插步。目視右側（圖 5-73）。

動作三：重心右移，提起左腳向左側開步，腳跟著地，

圖 5-72

圖 5-73

圖 5-74

圖 5-75

圖 5-76

腳尖上翹裡合;同時右手逆纏上翻走上弧至右上方,左手順纏下沉再向右掤,雙手合住勁。目視左側(圖 5-74)。

　　動作四:同動作二(圖 5-75)。

　　動作五:同動作三(圖 5-76)。

　　動作六:同動作二(圖 5-77)。

| 圖 5-77 | 圖 5-78 |

動作七：同動作三（圖 5-78）。

第十九式　雲手（後三）

動作一：接上勢，微鬆左胯，左膝裡合，左腳以腳跟為軸腳尖微扣，身體右轉，右腳尖外擺，重心由右腳向左腳移。右手略順纏，肩肘向下鬆沉；左手逆纏向上置於腹前。目視右側（圖 5-79）。

動作二：鬆右胯身體右轉，左掌略逆纏立掌向右側發勁推出；右掌收於腹前。緊接著蹬左腳，身體左轉，弓右腿，重心右移；同時右掌向右側以立掌發勁推出；左掌收回腹前。目視右側（圖 5-80、圖 5-81）。

圖 5-79

圖 5-80

圖 5-81

動作三：重心左移，右腿屈膝提起，身體右轉 90°；同時左掌向前發勁推出；右掌屈肘收回。目視前方（圖 5-82）。

動作四：身體繼續右轉，右腳腳尖外擺，落地震腳，隨即重心移至右腳，左腳以腳尖點地於右腳內側；同時右手逆纏至右上，左手順纏下沉，雙手合勁往右側掤（圖 5-

圖 5-82

83）。雙手向右上外掤，鬆右胯身體螺旋下沉，左腳向左側開步，腳跟著地，腳尖上翹裡合。目視左側，兼顧左下方（圖 5-84）。

動作五：雙手向右上方擺，接著左手逆纏翻掌向上，走上弧至左上方；右手順纏下沉走下弧至小腹前向左側加

圖 5-83

圖 5-84

圖 5-85

圖 5-86

掤勁;同時重心左移,右腳向左插步,腳尖著地,雙手合住勁(圖 5-85)。

　動作六:重心移至右腿,提起左腳向左側開步,腳跟著地,腳尖上翹;同時右手逆纏上翻走上弧至右上方,左手順纏下沉再向右掤出,雙手合住勁。目視左側(圖 5-86)。

圖 5-87

圖 5-88

圖 5-89

圖 5-90

動作七：同動作五（圖 5-87）。

動作八：同動作六（圖 5-88）。

動作九：同動作五（圖 5-89）。

動作十：同動作六（圖 5-90）。

圖 5-91

圖 5-92

第二十式　高探馬

動作一：接上勢，鬆左胯
重心左移，左腳落地踏實；同
時雙手微上領再下沉，左手逆
纏翻掌以掌外緣領勁向左側偏
上方掤出；右手小順纏微下沉
（圖 5-91）。左手微前撩，
接著雙手順纏左上右下交叉相
合於胸前；同時身體左轉，右
腳收於左腳內側，以腳尖點
地。目視右前方（圖 5-92）。

圖 5-93

動作二：鬆左胯，身體微左轉，雙手合住勁往左引，
右腳向右方開步。雙手逆纏上掤，然後微逆纏向左右展
開，至與肩平時鬆肩沉肘，下沉合住勁；雙手拉開的同
時，重心由左腳走下弧移至右腳。目視前方（圖 5-93）。

圖 5-94

圖 5-95

　　動作三：鬆右胯膝裡合，右腳以腳跟為軸腳尖內扣，身體在螺旋下沉中先微右轉再左轉；同時右手先順纏下沉，再逆纏向上合於右耳旁；左手小順纏成掌心向上（圖 5-94、圖 5-95）。

圖 5-96

　　身體繼續左轉，左腳以腳尖著地向左後掃至身體轉正，右腳隨轉身自然調整；轉身的同時右手微逆纏向右上方推出；左手收回和右手合住勁。目視右方（圖 5-96）。

　　要點：本式的定勢動作和下式動作之間連貫性較強，可以不停頓地往下走。圖 5-96 為連珠炮的接手動作。二路拳中此種方法較多，要細心體會其銜接要領，以意念為先。可抽出單勢練習體會。

圖 5-97

圖 5-98

第二十一式　連珠炮

動作一：緊接上勢，雙手微向右上方加掤勁；同時左腳稍向左開步。重心由右腳移至左腳，右腳以腳尖著地向左腳稍靠攏；同時左手變成刁手，經胸前走下弧至左上方；右手順纏下沉翻轉成掌心向上時往上托，與左手合住勁向左上方攦。目視右側（圖 5-97）。

動作二：雙手逆纏翻掌合於胸前；同時左腿屈膝鬆胯，身體下沉，右腳向右側上步（圖 5-98）。雙手合住向右側發出按勁；發勁的同時重心右移，左腳以腳尖溜地跟進，腳跟頓地有聲。目視右側（圖5-99）。

圖 5-99

圖 5-100

圖 5-101

圖 5-102

圖 5-103

動作三：雙手向右上方掤出；左腳稍向左開步。重心由右向左移，右腳尖著地向左稍跟步；同時左手變刁手至左上方，右手順纏下沉翻轉成手心向上往上托。雙手合勁向左上方攦。目視右側（圖 5-100、圖 5-101）。

動作四：同動作二（圖 5-102、圖 5-103）。

圖 5-104

圖 5-105

圖 5-106

圖 5-107

動作五：同動作三（圖 5-104、圖 5-105）。

動作六：同動作二（圖 5-106、圖 5-107）。

要點：

1.本式為以身進退的拳勢，必須身手步法協調自然，上下相隨，周身一家，蓄得緊，發得脆，配合左腳頓地有

圖 5-108　　　　　　　　　　　圖 5-109

聲，有無堅不摧之勢。

　　2. 右腳的進步可大可小，但是必須以身法中正為前提。本式為練習促步的拳勢，應抽出單勢練習，反覆體會，以至得心應手。

第二十二式　倒騎麟

　　動作一：接上勢，鬆右胯，身體速右轉下沉；同時雙手折腕，五指微扣加掤勁，左手向下向右微沉，右手向上向左微領。然後身體微左轉，雙手如抱球狀順時針轉動，右手順纏向右下再向上托掌；左手逆纏向左向上再向右合於右大臂內側。目視右下方，耳聽身後（圖 5-108、圖 5-109）。

　　動作二：左手向下，右手向上逆纏分開；同時身體微起右轉，重心移向左腳，右腳以腳跟為軸腳尖外擺。接著重心右移。隨著轉身左手下沉順纏與右手合住勁，雙手左逆右順纏絲向右後領起左腳，使身體以右腳為軸向右後轉360°，重心控制在右腳，左腳跟著地，腳尖上翹。左手立

圖 5-110

圖 5-111

掌伸臂在前，右手掌心向上置於身體右側。目視前方，耳聽身後（圖 5-110、圖 5-111）。

要點：轉體時要以手領身，輕靈自然，身法中正，不可前俯後仰。

第二十三式　白蛇吐信

動作一：緊接上勢，身微左轉，右手以順纏之勢蓄好勁，用手指向前偏上方穿掌擊出；同時左手逆纏，屈肘向左後下按；同時，左腳尖落地，重心前移，腳尖微內扣；右腳隨之自然溜地跟進，腳跟頓地有聲，以求全身勁整。目視前方，耳聽身後（圖 5-112）。

動作一：身體微向右轉，

圖 5-112

圖 5-113

圖 5-114

右手屈臂收回至身體右側；左
手立掌向前；同時重心右移，
提起左腳向前上步，腳跟著
地，腳尖上翹。目視前方（圖
5-113）。

動作三：身微左轉，右手
向前偏上方穿掌擊出；左手向
左後下按；同時重心前移，左
腳尖微扣，右腳跟進，腳跟頓
地有聲。目視前方，耳聽身後
（圖 5-114）。

圖 5-115

動作四：同動作二（圖 5-115）。

動作五：同動作三（圖 5-116）。

要點：

1.與連珠炮一樣，本式也是一種散手開門手法，步法
上小虛小實，便於變化，要求以身進退，力由脊發，節節

圖 5-116　　　　　　　　　圖 5-117

貫串，勢威力猛。

2.本式為拗步前進，一手護身一手擊發的方法。發勁時右手與左腳上下相合，左腳尖微扣，這樣才能身端步穩，發勁快速有力。

第二十四式　海底翻花

動作一：接上勢，鬆左胯，身體下沉左轉；同時右手變拳向前下方逆纏；左手微順纏下沉變拳。目視右側，耳聽身後（圖 5-117）。

動作二：雙拳在腹前交叉相合，然後左順右逆纏絲拉開，右拳以肘領勁向右後上方提；左拳稍上提。緊接著右拳以拳背向右側後下方發勁；左拳向上略偏後以拳頂發勁。身體在由雙手交叉到發勁的過程中，屈膝提起右腿，以左腳跟為軸向右後旋轉 180°。目視前方（圖 5-118、圖 5-119）。

要點：此式為獨立腿大轉身法，要求迅速，穩定，勁

圖 5-118

圖 5-119

整。

第二十五式　掩手肱捶

動作一：接上勢，左拳變掌逆纏向右下，右拳逆纏向上，雙手左上右下相合於腹前；同時震右腳，身體略右轉，左腳向左開步。目視前方（圖 5-120）。

動作二：身體左轉，重心左移；右拳順纏向右側發勁；左掌收於左肋側（圖 5-121）。身微右轉，重心略右移，雙手相合於胸前，再下沉外開，左掌向前伸，右拳收於右肋側（圖 5-122、圖 5-123）。

動作三：鬆右胯，身體右

圖 5-120

圖 5-121

圖 5-122

圖 5-123

圖 5-124

轉下沉，重心移至右腳。雙手微順纏下沉。接著身微左轉，同時右拳向前發勁，左手半握拳屈臂向後放肘勁。目視前方，耳聽身後（圖5-124、圖5-125）。

圖 5-125

圖 5-126

第二十六式　左裹鞭炮

動作一：左手握拳，雙手逆纏交叉相合於腹前；同時鬆左胯，左膝裡合，左腳尖內扣，身體螺旋下沉。接著右腿後掃，使身體以左腳為軸向右後轉約 225°，左腿獨立，右腿屈膝上提。目視前方，兼顧左右（圖 5-126、圖 5-127）。

動作二：右腳震腳落地，隨即提起左腳向左橫開一步。重心略向左移，身體微向右轉；同時雙手順纏，向左右兩側略偏後發捋勁。兩拳心向上。目視前方，兼顧左右，耳聽身後（圖 5-128、圖 5-129）。

動作三：兩拳逆纏上舉相合於額前，重心移至左腳，屈膝提起右腿，右腳懸於襠內。目視前方，兼顧左右（圖 5-130）。

動作四：全身放鬆下沉，雙拳相合下沉至腹前，震右腳，左腳隨即提起向左側開步。接著重心微左移，身體略右轉；同時雙手順纏向左右兩側略偏後發捋勁。目視左

圖 5-127

圖 5-128

圖 5-129

圖 5-130

側，兼顧前方，耳聽身後（圖 5-131、圖 5-132）。

第二十七式　右裹鞭炮

動作一：接上勢，微鬆右胯，重心右移，右膝裡合，右腳尖內扣，身體螺旋下沉；同時雙拳逆纏走上弧交叉相

圖 5-131

圖 5-132

圖 5-133

圖 5-134

合於腹前,身體左轉,左腳腳尖著地向左後掃 180°。然後
重心左移,提起右腿。目視前方,兼顧左右(圖 5-133~
圖 5-135)。

　　動作二:右腳落地震腳,隨即左腳向左側橫開一步。接
著重心略左移,身體略右轉;同時雙拳向左右外開發勁。目

圖 5-135

圖 5-136

圖 5-137

圖 5-138

視前方，兼顧左右，耳聽身後（圖 5-136、圖 5-137）。

　　動作三：雙拳逆纏上舉相合於額前；重心左移，右腿屈膝提起。目視前方，兼顧左右（圖 5-138）。

　　動作四：與動作二相同（圖 5-139、圖 5-140）。

圖 5-139　　　　　　　　圖 5-140

要點：

1. 雙拳逆纏緊裹形成蓄勁，意、氣、身俱往下沉，這樣才能向左右發出具有堅剛的彈性勁。要求力由脊發，既脆又快。

2. 本式是練習橫行步法的重要拳勢，透過練習能使人練就輕身橫躍，連環發勁的功夫，要求換步輕靈自然，身法中正不偏。

第二十八式　獸頭勢

動作一：接上勢，鬆右胯，身體右轉，屈左膝，重心左移；同時雙拳微順纏，左拳向右側擊出；右拳收至右腰間（圖 5-141）。隨即屈右膝，重心右移，身體向左轉；同時右拳逆纏向右側擊出；左拳逆纏收於身體左側。目視右側（圖 5-142）。

動作二：右拳折腕逆纏，帶動左腳尖內扣。接著鬆右胯，身體右轉，重心移至左腳。雙拳順纏，右拳隨著轉身

圖 5-141

圖 5-142

向下鬆沉，收於身體右側，同
時左拳從收回的右拳之上向前
以拳頂擊出。右腳經左腳內側
弧形向右後以腳尖著地退半
步，腳跟頓地有聲。身體右轉
120°，重心控制在左腳。目視
前方（圖 5-143）。

　　動作三：鬆左胯，身體左
轉，右膝裡合，腳尖內扣，重
心右移。隨著轉身，左拳向下
鬆沉收回，右拳向前擊出；同

圖 5-143

時左腳弧形後退半步，腳跟頓地有聲，以配合右拳的前發
勁。重心在右腳。目視前方，耳聽身後（圖 5-144）。

　　要點：本式是以退為進的特殊拳勢。動作二退右步出
左拳，動作三退左步右拳從下又由左臂上面擊發，這種左
右互相掩護輪換擊發的方法，也可起到以守為攻，出其不

圖 5-144

圖 5-145

意，使對方不易防禦的效果。

第二十九式　劈架子

動作一：接上勢，右拳向上逆纏，同時重心左移，右腿屈膝提起，身體右轉約 90°；左拳隨轉身微向前下順纏。兩拳心上下相對。目視左側（圖5-145）。

動作二：微鬆左胯，身體放鬆下沉，雙拳上下交叉相

圖 5-146

合；同時右腳落地震腳，隨即左腳提起向左上一大步，重心控制在右腳。目視左側（圖 5-146、圖 5-147）。

動作三：右腳蹬地，右膝裡合，重心左移，身體微左轉；雙拳左順右逆分開，左拳向左上，右拳向右下同時發勁。左手為主，右手為輔。目視左側上方，耳聽身後（圖

圖 5-147

圖 5-148

5-148）。

要點：

1. 本式為練習肩、肘、手左側發勁的重要拳勢，蓄發都以身法中正穩健為根本，以免落空失勢。

2. 蓄發動作也可以用掌。雙手交叉相合時，右手可擊對方面部，本式屬蓄勁和防護面部的多用拳勢。

第三十式　翻花舞袖

動作一：接上勢，微鬆左胯，身體略向左轉；右手向左上方逆纏。雙手變掌合住勁向右下方弧形搌帶；同時重心由左腳移至右腳，身體右轉螺旋下沉。目視左側（圖5-149、圖5-150）。

動作二：雙手微下沉右帶，變左逆右順纏絲向上領起；同時重心右移，身體左轉，提起左腳，緊接著右腳蹬地而起，身體騰空左轉90°，雙腳左先右後落地震腳，重心控制在左腳。隨著身體下落之勢，雙掌微逆纏以掌緣向

圖 5-149

圖 5-150

圖 5-151

圖 5-152

下彈擊,右手為主在前,左手為輔在身體左側。目視前方,耳聽身後(圖5-151、圖5-152)。

　　要點:動作二雙手下沉右帶是以手領身躍起騰空轉體的關鍵。沒有這種欲上先下的沉勁,前後就不能有機地貫通而形成斷勁。

第三十一式　掩手肱捶

動作一：接上勢，鬆右胯，身體右轉；雙手隨轉身小順纏成掌心向上，再向小指側微折腕下沉向左右兩側分開。然後右手變拳，雙手逆纏向上相合於前方，高與頭平；雙手向上帶動右腿屈膝提起，身體右轉約90°。目視前方（圖5-153、圖5-154）。

動作二：雙手放鬆下沉至腹前，同時右腳落地震腳，左腳向左側開步。目視前方（圖5-155）。

動作三：重心左移，身體左轉；左手微逆纏收至身左側；右拳順纏向外發勁。身體右轉，右拳逆纏收回合於左臂

圖 5-153

圖 5-154

圖 5-155

圖 5-156

圖 5-157

下。目視前方（圖 5-156、圖
5-157）。

　動作四：雙手下沉向左右
分開。鬆右胯，身微右轉，重
心右移；同時左手向前伸出；
右拳順纏蓄於身體右側。鬆左
胯身體左轉，重心左移；右拳
向前逆纏發勁；左手屈臂收於
左側放肘勁。目視前方，耳聽
身後（圖 5-158～圖 5-160）。

圖 5-158

第三十二式　伏　虎

　動作一：接上勢，左手變拳，身體略左轉，雙拳左逆
右順纏絲向左後分開；同時重心再前移，右腳向右後開小
半步。目視左側，耳聽身後（圖 5-161）。

　動作二：鬆右胯，身體向右轉並螺旋下沉，重心右

圖 5-159

圖 5-160

圖 5-161

圖 5-162

移，屈右膝；同時雙拳左順右逆纏絲，右拳由左上方弧形
攦向右下方；左拳向胸前上方領起（圖 5-162）。鬆左胯，
身體向左轉，隨著轉體，右拳在右下方弧形向上舉起，微
向內折腕，略高於頭，左拳向右向下置於腹前。右腿全

圖 5-163

圖 5-164

蹲，左腿仆下，雙拳合住勁。目視左側，耳聽身後（圖5-163）。

要點：此式為大身法，必須在腿部纏絲和雙手纏絲密切配合下使身體螺旋下沉。

第三十三式　抹眉紅

動作一：接上勢，重心控制在右腿，左腿屈膝提起；同時右拳變掌，放鬆下沉收於胸前右側；左拳置於腹前左側。目視左側（圖5-64）。

動作二：左腳向左前上步，接著右手掌向左前推出，重心移至左腳，提起右腳，身體向左轉，左腳蹬地，右腳前躍。右腳落地控制重心，身體繼續左轉，左腳迅速插步，使身體從動作一至此左轉約180°。轉體後重心在左腳。右手在推掌之後隨轉體順纏成掌心向左上；左拳鬆開叉於左腰間。目視左方（圖5-165～圖5-167）。

要點：借助上式的大身法，腰腿再後坐一下以加強起

圖 5-165

圖 5-166

圖 5-167

跳前蓄勢的彈性，前躍時還必須以右手的前推來領起身
體，這樣才能跳得輕靈，如拳論所說「欲前先後」。轉身
時必須身法中正，這樣，落地才能沉著穩定，使用肩靠時
不致失重。

圖 5-168　　　　　　　　　　圖 5-169

第三十四式　右黃龍三攪水

動作一：接上勢，左手叉腰，身體左轉。右手順纏經胸前向左側引勁；右腳隨轉身向左稍進，以腳尖點地（圖 5-168）。右腳向右側略開步，接著鬆右胯，身體右轉下沉，右腳腳尖上翹，以腳跟為軸外擺；同時右手下沉隨轉體向右畫弧。目視右側，耳聽身後（圖 5-169、圖 5-170）。

動作二：身體繼續右轉，重心隨轉身移至右腳，提左腳向右側上步，使身體右轉 180°；同時右手隨轉體向右展臂逆纏，高與肩平。左腳尖點地。目視右手，耳聽身後（圖 5-171）。

動作三：右手微順纏下沉，身體下沉微左轉，左腳向右後倒步，重心隨之左移，身體左轉 180°；同時右手順纏隨轉體向左畫弧，右腳隨轉體向左跟進，腳尖點地。身體繼續左轉，右手順纏經胸前向左引勁。右腳向右側開步，再鬆右胯，身體右轉，右腳尖上翹外擺，右手下沉變逆纏

圖 5-170

圖 5-171

圖 5-172

圖 5-173

向右畫弧。目視右手（圖 5-172、圖 5-173）。

　　動作四：身體繼續右轉，重心右移，左腳向右側上步，腳尖著地，身體右轉 180°。右手隨轉體向右展臂逆纏，高與肩平。目視右手（圖 5-174）。

　　動作五：右手下沉，身體下沉左轉，左腳向右後倒

圖 5-174

圖 5-175

步，重心左移，身體左轉
180°；同時右手順纏向左畫
弧。然後右腳隨轉體向左跟
進，腳尖點地，右手經胸前向
左側順纏引勁。右腳向右側開
步，再鬆右胯，身體右轉，右
腳尖上翹外擺。右手下沉逆纏
向右畫弧。目視右手（圖5-
175、圖5-176）。

動作六：身體右轉，重心
右移，左腳向右側上步，腳尖

圖 5-176

著地，身體右轉180°。右手向右展臂逆纏，高與肩平。目
視右手，耳聽身後（圖5-177）。

動作七：左腳向右後倒步，身體左轉180°，右手隨轉
身順纏至右側。重心在左腳。目視右手，耳聽身後（圖5-
178）。

圖 5-177

圖 5-178

第三十五式　左黃龍三攪水

動作一：接上勢，身體微向右轉，重心右移；同時右手小逆纏加掤勁；左手逆纏向右上與右手合住勁（圖 5-179）。鬆左胯，重心左移，身體左轉下沉。雙手左逆右順纏絲向左下弧形攦至腹前。目視右側，耳聽身後（圖 5-180）。

動作二：右手向右上方逆纏翻掌；左手小順纏成手心向上；同時身微右轉，右腿屈膝提起（圖 5-181）。左腳蹬地，雙手合住勁左順右逆纏絲由左側向上領起身體，使身體在空中向右轉約 135°，雙腳右先左後震腳落地，雙手隨之

圖 5-179

圖 5-180

圖 5-181

圖 5-182

圖 5-183

略變左逆右順纏絲以掌緣向下彈擊。重心控制在右腳。目
視前方，耳聽身後（圖 5-182～圖 5-184）。

　　動作三：右手叉在右腰間；左手順纏向右側引勁；同
時重心移至右腳，身體微右轉，提左腳向右跟步，腳尖點
地（圖 5-185）。左手繼續向右引勁，身體微右轉下沉，

圖5-184　　　　　　　　圖5-185

提左腳向左側開步。接著鬆左
胯，身體左轉下沉，左腳腳跟
著地，腳尖外擺；同時左手逆
纏翻掌隨著轉體向左畫弧。目
視左側（圖5-186）。

動作四：重心左移，提右
腳向左側上步，身體左轉
180°；同時左手隨著轉體向左
展臂逆纏，高與肩平，重心在
左腳，右腳尖點地。目視左
手，耳聽身後（圖5-187）。

圖5-186

動作五：身體右轉，右腳向左後倒步，重心接著右
移，左腳尖點地，身體右轉180°；同時左手順纏隨轉體經
胸前向右畫弧。目視右側，耳聽身後（圖5-188）。

動作六：左手略向右側引勁，左腳向左側稍開步。接
著鬆左胯，身體左轉，左腳尖外擺；同時左手逆纏翻掌隨轉

圖 5-187

圖 5-188

圖 5-189

圖 5-190

體向左畫弧（圖5-189）。左手畫弧不停，鬆左胯，重心左
移，右腳向左側上步，腳尖著地，身體左轉180°，左臂伸
展於左側，高與肩平。目視左手，耳聽身後（圖5-190）。

　　動作七：身體右轉，右腳向左後倒步，重心接著右
移，左腳尖點地，身體右轉180°；同時左手順纏向右畫

圖 5-191

圖 5-192

圖 5-193

圖 5-194

弧。目視右側，耳聽身後（圖 5-191）。

　　動作八：同動作六（圖 5-192、圖 5-193）。

　　動作九：同動作七（圖 5-194）。

　　要點：

　　1.左右攬水動作相同，唯方向左右相反。攬水時要求手

圖 5-195

附圖 5-195

腳配合，上下分清虛實，腰脊帶動，節節貫串，一動全動。

2.左右攬水中間換勢時要以手領身，這樣才能輕靈自然，落地時全身放鬆，力達雙掌。

第三十六式　左蹬一跟

動作一：接上勢，左手逆纏下沉；右手鬆開向前與左手交叉相合於腹前；同時重心左移，右腳尖點地。目視前方，兼顧右側（圖5-195、附圖5-195）。

動作二：雙手逆纏向上再左右分開；同時右腳向右橫開一步（圖5-196）。接著重心右移，提起左腿懸於襠內；同時雙手順纏向下再向內變拳相

圖 5-196

圖 5-197

附圖 5-197

圖 5-198

合於腹前。目視左側（圖 5-197、附圖 5-197）。

　　動作三：雙手放鬆下沉，身體隨之略下沉，左膝上提。緊接著左足向左側蹬出；同時雙拳向左右兩側發勁。目視左側，耳聽身後（圖 5-198）。

圖 5-199 圖 5-200

第三十七式　右蹬一跟

動作一：接上勢，借拳腳發勁後反彈收回之勢，雙拳逆纏向左合住勁；左腳跟落地，腳尖外擺。接著重心左移，身體左轉 180°，右腿隨轉體屈膝提起，右腳懸於襠內。左腿獨立，雙拳在腹前相合。目視右側（圖 5-199、圖 5-200）。

動作二：身手放鬆下沉，右腿上提。緊接著右腳向右快速蹬出；雙拳同時向左右兩側發勁。目視右側，耳聽身後（圖 5-201）。

要點：左右蹬跟蓄勁時要合中寓開，即手合肘開，腳合腿開。意念注重腳跟，發勁才

圖 5-201

圖 5-202

圖 5-203

能完整快脆。左蹬跟後平旋過來時，要頂勁領起，雙手合好勁，這樣才能轉換自如，身端步穩。

第三十八式　海底翻花

動作：接上勢發勁之後，右腿屈膝收回，雙拳左逆右順纏絲向下鬆沉合住勁（圖 5-202）。

緊接著屈右肘向右後上方領勁，再向右後下方以拳背發勁；左拳向上略偏後以拳頂發勁。身體在雙拳發勁時向右轉 90°。目視前方，耳聽身後（圖 5-203）。

第三十九式　掩手肱捶

動作一：左拳變掌，右拳逆纏上掤，雙手相合於前上方。然後雙手合勁下沉，震右腳提左腳向左略偏前方開步。目視前方（圖 5-204～圖 5-207）。

圖 5-204

圖 5-205

圖 5-206

圖 5-207

　　動作二：重心左移，身體左轉，右手順纏向外發勁。
身體右轉，雙手相合。目視前方（圖 5-208、圖 5-209）。

　　動作三：雙手下沉向左右分開，左手向前伸，右拳蓄
於腰間；同時重心右移，身體略右轉。目視前方（圖 5-

圖 5-208

圖 5-209

圖 5-210

圖 5-211

210、圖 5-211）。

　　動作四：蹬右腳，身左轉，重心左移；同時右拳向前發勁；左臂屈肘向後放勁。目視前方，耳聽身後（圖 5-212）。

圖 5-212

圖 5-213

第四十式　掃蹚腿

動作一：接上勢，左手握拳逆纏向後畫一小圈；右拳微折腕逆纏向前畫一小圈。接著雙手順纏，右拳收回到胸前，左拳上舉到與面部等高；同時左膝裡合，腳尖內扣，身體右轉45°右腳尖著地向左腳內側靠攏。目視前方，兼顧右側，耳聽身後（圖5-213）。

圖 5-214

動作二：右腿屈膝提起，自然下落震腳有聲。緊接著身體放鬆下沉微右轉，提起右腳，腳尖外擺腳跟著地向右側邁出；同時雙拳逆纏，右拳以小臂領勁向右上方掤出；左拳向左下方伸出。目視右側，耳聽身後（圖5-214～圖5-216）。

圖 5-215

圖 5-216

圖 5-217

圖 5-218

　　動作三：右腿屈膝下蹲，左腿伸展下仆，利用右腳尖外擺形成的旋轉慣性力，身體向右後旋轉 360°，左仆腿隨轉身畫弧轉掃。目光隨左腿旋轉（圖 5-217、圖 5-218）。

　　要點：

　　1. 此式專門練習腿腳的橫掃勁，可作為散手提出來專

圖 5-219　　　　　　　　　　　　圖 5-220

門練習。

2. 橫掃時要頂勁領起，身法中正，右腳落地穩固，手腿上下相合，這樣才能旋轉快速而穩定有力。

第四十一式　掩手肱捶

動作一：接上勢，屈左膝，重心左移，身體微右轉；同時左拳向右順纏，右拳向右下順纏，雙拳在身體右轉時合住勁。目視右側下方，耳聽身後（圖5-219）。

動作二：左拳變掌，接著雙手微順纏向左右兩側弧形分開，再逆纏向上領起身體，右腿屈膝提起，左腳趁勢蹬地而起，使身體騰空向右旋轉90°。雙手在空中合住勁，雙腳左先右後落地。目視前方（圖5-220、圖5-221）。

動作三：重心左移，身體左轉，右拳順纏向外發勁。然後身體右轉，以手合於胸前。目視前方（圖5-222、圖5-223）。

動作四：雙手下沉向左右分開。重心右移，右手順纏收

圖 5-221

圖 5-222

圖 5-223

圖 5-224

於腰間，左手前伸。重心左移，身體左轉；右拳向前沖拳發勁；左手收回放肘勁。目視前方（圖 5-224～圖 5-226）。

　　要點：此式不同於其他的掩手捶勢，雙手的合勁須在空中完成。掃蹚腿完成以後，仍須身法中正不偏，頭頂向上領勁。雙手先外開下沉，即「欲上先下」，然後逆纏向

圖 5-225

圖 5-226

上領起身體。本式是在身體大旋轉之後再螺旋上升騰空的練習方法。

第四十二式　左　沖

動作一：接上勢，右拳逆纏折腕；左手逆纏變拳折腕向前與右拳合住勁，雙拳轉順纏向右後走下弧合於腹前；同時重心右移，身微右轉。目視前方（圖 5-227、圖 5-228）。

動作二：雙手下沉至右側時弧形向上領，重心移至右腳，左腿屈膝提起成右獨立步，左拳屈肘收至胸前；右拳微向內折腕上掤，高過頭。目視左側（圖 5-229）。

圖 5-227

圖 5-228

圖 5-229

圖 5-230

圖 5-231

　　動作三：身體向左轉 90°，左腳震腳落地，右腳隨即
提起向前上一步；雙拳隨轉身弧形向左下方合於右腹前。
接著蹬左腳，身略右轉，重心向右移；雙拳微逆纏向前略
偏上方發抖勁。目視前方，耳聽身後（圖 5-230、圖 5-
231）。

圖 5-232

圖 5-233

第四十三式　右　沖

動作一：接上勢，雙拳抖
發後先逆後順纏絲折腕，合住
勁向左側走下弧攔，再弧形向
上領起。右拳收至胸前，左拳
上掤過頭；同時身微右轉，重
心左移，右腿屈膝提起。目視
前方（圖 5-232）。

動作二：接上勢，雙拳向
右下鬆沉畫弧至腹前合住勁下

圖 5-234

沉；同時右腳震腳落地，身向右轉 90°，隨即左腳向前上一
步。目視前方（圖 5-233）。

動作三：鬆左胯，蹬右腳，身體左轉，重心左移；雙
拳向前略偏上方發抖勁。目視前方，耳聽身後（圖 5-
234）。

圖 5-235 圖 5-236

要點：

1.左沖右沖為左右兩側雙拳抖發勁的練習。左側轉到右側或右側轉到左側，前後上下圓轉靈活，連續不斷，一氣呵成，要利用身體的旋轉慣性，將勁貫穿到最後的抖勁中去。

2.左沖右沖可作為散手提出來專門練習，開始走大圈上大步，下大身法，待勁走順達後，可逐漸縮小其圈，直至意念一動即可發出抖勁。

第四十四式　倒　插

動作一：接上勢，左拳小順纏；右拳順纏向右側屈臂拉開；同時鬆右胯，重心右移，身體右轉下沉。目視左側（圖 5-235）。

動作二：緊接著右手逆纏經胸前插向左下方；左拳逆纏屈臂收回與右臂相合；同時鬆左胯，身左轉，重心左移，右腳隨之上步，以腳尖點地於左腳內側前方，使向下插擊的右拳在襠前位置。目視前下方，耳聽身後（圖 5-236）。

圖 5-237

要點：此式為解脫擒拿的拳勢，要做到不頂不抗，上下相隨。右腳的上步是利用槓桿原理轉換黏著點，達到以輕制重，於合中求得解脫的目的。

第四十五式　海底翻花

動作：緊接下插之勢，身體微左轉下沉，右拳微逆纏下沉加強蓄勁。接著挺左膝，身向右後上轉，右腿屈膝自然隨身提起；同時屈右肘向上領勁，右拳順纏，經胸前再向外向下略偏後畫圓弧以拳背發勁；左拳順纏向下向外再向上略偏後畫弧以拳頂發勁。目視前方（圖 5-237）。

要點：此式接倒插合蓄之勢，突然轉體發勁，如鯉魚打艇，海底翻花。

第四十六式　掩手肱捶

動作一：接上勢，左拳變掌弧形向下向內，右拳逆纏弧形向上向內，雙手在身前相合。然後震右腳，開左步。

圖 5-238

圖 5-239

圖 5-240

圖 5-241

目視前方（圖 5-238、圖 5-239）。

　　動作二：身體左轉，右拳順纏外開。然後身體右轉，雙手在身前相合。目視前方（圖 5-240、圖 5-241）。

　　動作三：雙手下沉外開。重心右移，身略右轉，左手前伸，右拳蓄於右側。身體左轉，重心左移；同時右拳向

圖 5-242

圖 5-243

前發勁，左肘向後放勁。目視
前方，耳聽身後（圖 5-242～
圖 5-244）。

第四十七式　奪二肱

動作一：接上勢，左手握
拳逆纏向後畫一小圈，右拳在
身前逆纏向前畫一小圈。接著
雙手順纏，右拳收於胸前；左
拳向前向上合於左肩前；同時
鬆左胯，左膝裡合，腳尖內

圖 5-244

扣，身體右轉 90°；右腳腳尖著地向左腳內側稍前方靠
攏。目視右側（圖 5-245、圖 5-246）。

動作二：右拳上提，領起右腿屈膝上提，右拳下落，
右腳隨之震腳落地。身體微右轉，雙拳順纏，左拳由左上
經胸前向右下伸；右拳略向左收，雙拳合住勁；同時右腳

圖 5-245

圖 5-246

向右側上步，腳跟裡側著地，腳尖上翹。目視右側（圖5-247～圖5-249）。

動作三：鬆左胯，身左轉，重心右移，右腳腳尖落地踏實；同時右拳逆纏以小臂外側向右側發勁；左拳逆纏，左臂屈肘向左後放勁。目視右側下方（圖5-250）。

圖 5-247

圖 5-248

圖 5-249

圖 5-250

圖 5-251

圖 5-252

　　動作四：身體右轉，提起左腿；同時雙拳向前後擺動
分開。接著左腳蓋步落地，重心移至左腳，隨即右腿屈膝
提起；同時左拳順纏向前伸；右拳順纏收於懷內，雙拳合
住勁。目視右前方（圖 5-251、圖 5-252）。

　　動作五：右腳向右側上步，腳跟著地，腳尖上翹。緊

圖 5-253

圖 5-254

接著鬆左胯，身左轉，重心右移，右腳踏實；同時右拳逆
纏用小臂外側向右側發勁；左拳逆纏，屈左臂向左後放
勁。目視右下方，耳聽身後（圖 5-253、圖 5-254）。

　　要點：此式發勁時，須擰身一抖，右拳前沖，左肘後
擊，雙腳小虛小實，身法中正，椿步穩固。兩個發勁動作
之間要以身進退，輕靈連隨，不得斷勁。

第四十八式　連環炮

　　動作一：緊接上勢，鬆右
胯，身體右轉近 90°，重心隨
之略向右移；左拳逆纏向前發
勁；右拳順纏收回腰間。目視
前方（圖 5-255）。
　　動作二：上動不停，身體
向左轉，右拳順勢逆纏向前沖
拳發勁；左拳順纏收回。目視

圖 5-255

圖 5-256　　　　　　　圖 5-257

右拳發勁方向及遠方，耳聽身後（圖 5-256）。

　　要點：本式為鍛鍊以腰脊帶動雙拳連發的特殊拳式，可作為散手提出進行單勢練習。發勁時身肢放鬆，意念一動，突然抖發，雙拳連環，且雙臂似曲非曲，富於彈性。

第四十九式　玉女穿梭

　　動作一：緊接上勢，鬆右胯，身體微右轉，重心右移，左拳逆纏向右側沖拳發勁；右拳隨著轉身順勢收回；沖拳的同時，提起左腳，蹬右腳使身體躍起，在空中向右後轉體 180°。左腳先落地，右腳隨轉體之勢由左腳後向左準備插步。目視左側，耳聽身後（圖 5-257、圖 5-258）。

　　動作二：右腳插步落地，身體右轉約 150°。雙拳隨轉體左順右逆纏絲，左拳在身體左側，比肩略高，右拳收至胸前，雙拳合住勁微向下沉。目視左側（圖 5-259）。

　　要點：此式為遇眾出圍之法。練習時以沖拳領起身體前縱，騰空旋轉，要求落地穩固，插步迅速。

圖 5-258

圖 5-259

第五十式　回頭當門炮

動作一：接上勢，鬆右胯，身體下沉右轉，重心移至右腳，左腿收回，腳尖點地；同時雙拳下沉收回到胸前，蓄勢待發。目視左側（圖 5-260、圖 5-261）。

圖 5-260

圖 5-261

圖 5-262

動作二：左腳向左側前方上一大步，重心隨之前移，身體略左轉；同時雙拳微逆纏向左前方發勁。目視前方，耳聽身後（圖 5-262）。

要點：動作一中雙拳下沉收回時，左拳應有後擺之沾勁。應用時沾著來勁突然一擺，勁短力猛，可使對方失重前傾，此時可打回勁，騰空擲人。

第五十一式　玉女穿梭

動作一：接上勢，重心由左腳移到右腳，身體略右轉，右腿獨立，左腿屈膝提起；同時左拳伸向左前；右拳收至右胸前。目視左側，耳聽身後（圖 5-263）。

動作二：左腳向左側前方落步，重心隨之左移。接著身體向左轉，右拳逆纏向左側沖拳發勁；左拳收回；沖拳的同時提起右腳，蹬左腳飛身躍進，身體騰空向左轉體180°。接著右腳落地，左腳向右插步。目視右側，耳聽身後（圖 5-264～圖 5-266）。

圖 5-263

圖 5-264

圖 5-265

圖 5-266

圖 5-267

動作三：身體左轉 180°，重心控制在左腳，右腳收回，腳尖點地；同時雙拳下沉收回蓄勁。目視右側（圖 5-267）。

第五十二式　回頭當門炮

動作：右腳向右側前方上一大步，重心隨之前移；同時雙拳向右前方抖出。目視右前方，耳聽身後（圖 5-268）。

要點：新架二路拳中編排了兩個玉女穿梭和兩個回頭當門炮，單勢練習時可連貫起來進行左右旋轉對稱性鍛鍊，以增強自身的適應能力。

第五十三式　腰攔肘

動作一：接上勢發勁之後，立即回頭注視左側。右拳逆纏向上領勁；左拳小順纏鬆沉至腹前；同時身微左轉，重心左移，右腿屈膝提起成左獨立步。目視左側（圖 5-269）。

圖 5-268

圖 5-269

動作二：右腳落地震腳，隨即重心右移，屈膝鬆胯，身體下沉右轉，提起左腳向左側上一大步；同時左拳向右上，右拳向左下，雙拳在胸前交叉相合（圖 5-270）。

接著鬆右胯，身體微右轉，屈左膝，重心左移，雙手下沉微向右引。然後蹬右腳，身向左轉，左拳以拳眼側向

圖 5-270

圖 5–271

圖 5–272

左側上方發勁，右拳向右側下
方放勁。目視左拳發勁方向，
耳聽身後（圖 5–271）。

　　動作三：微鬆左胯，左膝
裡合，左腳尖內扣，身體下沉
右轉，帶動右腳以腳尖著地向
左收回半步；同時左手變掌微
順纏向右伸出；右拳微逆纏，
屈肘收回至右肋旁。目視右側
（圖 5–272）。

　　動作四：提起右腳向右側
上一步，左腳自然跟進半步並

圖 5–273

蹉地有聲；同時右肘隨進步向右前方發勁；左掌迎擊右
肘。重心略偏右，目視右側，耳聽身後（圖 5–273）。

　　要點：此式為左右攻擊法，先打左背靠，然後突然轉
體打右橫肘，左顧右盼，指東打西，要求身法靈敏，左右

圖 5-274

圖 5-275

逢源，立身中正，勁力完整。

第五十四式　順攔肘

動作一：接上勢，身體微左轉，右腳收回半步，腳尖點地；同時左掌變拳，雙拳微順纏，雙小臂左外右內交叉相合於胸前，拳心都向內。目視右側，耳聽身後（圖 5-274）。

動作二：右腳向右側開一大步，重心隨即右移；左腳自然跟進半步並蹉地有聲；同時雙拳逆纏，兩臂以肘尖向左右兩側發勁。目視右側，耳聽身後（圖 5-275）。

要點：此式為順勢左右開肘擊法，要求身法中正不偏，鬆沉勁整。

第五十五式　穿心肘

動作一：接上勢，右肘向上領起，走上弧收於右胸前，左手變掌鬆握右腕；同時重心左移，身體微向左轉，

圖 5-276   圖 5-277

右腳收回到左腳內側，腳尖點地。目視右側（圖5-276）。

　　動作二：右腳向右側開一大步，隨即重心右移，左腳向右跟進半步並蹉地有聲；同時左手緊握右腕，右臂以肘尖向右側略偏上發勁。目視右側，耳聽身後（圖5-277）。

　　要點：左手握右手腕，以助力達肘尖，增強右肘尖的穿透力。

第五十六式　窩裡炮

　　動作一：接上勢，重心左移，身體微右轉下沉，右腳收回半步以腳尖點地；同時左手變拳，雙拳微逆纏絲，左拳走下弧向左上提；右拳走上弧向右下沉。目視右側（圖5-278）。

　　動作二：雙拳不停，左拳由左上走上弧向右下，右拳在右下走下弧向左上，雙拳在胸前相合。重心移至左腳，右腳尖輕著地略向左收。緊接著雙拳左逆右順纏絲，右拳向右側略偏後方以拳背發勁，左拳向左下放勁配合；同時

圖 5-278

圖 5-279

右腿向右側略偏後方壓出震腳。目視右側，耳聽身後（圖
5-279）。

　　要點：此式為聲東擊西，看左打右的方法。要注意和
眼法密切配合。

第五十七式　井攔直入

　　動作一：接上勢右拳發勁之
後，立即鬆右胯身體右轉，重心
左移；右膝外轉，右腳以腳跟為
軸腳尖外擺；同時左拳逆纏變掌
向上提，略高與肩；右拳微折腕
變掌順纏向右下鬆沉。目視右下
方，耳聽身後（圖 5-280）。

圖 5-280

　　動作二：身體右轉，重心右
移，右腳踏實，鬆胯屈膝，身體
放鬆下沉並右轉近 180°；左腳

| 圖 5-281 | 圖 5-282 |

隨轉體提起向右腳前上步，腳尖點地；上步的同時左掌向左下按於左膝旁（圖 5-281）。接著雙手突然左下右上分開，左手微逆纏下按，右手逆纏以肘尖領勁向上發勁；同時身體微右轉，重心快速左移，左腳跟震地有聲。目視左下方，耳聽身後（圖 5-282）。

第五十八式 風掃梅花

動作：接上勢，鬆左胯，左腿裡合，左腳尖內扣，身體右轉 180°，右腳腳尖著地向右後掃；隨著轉體，左手順纏弧形向左向上再逆纏向內，右手順纏弧形向右向下再向內，雙手在胸前相合。目視前方（圖 5-283、圖 5-284）。

第五十九式 金剛搗碓

動作：上勢不停，右手變拳上提；左手小順纏下沉；右腿隨右手屈膝上提。右腳落地震腳；右拳向下落於左掌內。目視前方（圖 5-285、圖 5-286）。

圖 5-283

圖 5-284

圖 5-285

圖 5-286

第六十式　收　勢

　　動作：右拳變掌，雙掌外分再向上逆纏，再下按。收回左腳，恢復自然站立姿勢。目視前方（圖5-287～圖5-290）。

圖 5-287

圖 5-288

圖 5-289

圖 5-290

第六編
陳氏太極推手法

陳氏太極推手概述

陳氏太極推手是在練好陳氏太極拳架的基礎上進行的。推手訓練既不用護具，又不受場地和器材的限制，還可避免傷害性事故，並能得到技擊、健身和娛樂的多重效果。

陳氏太極推手，就是兩人搭手互相纏繞，根據太極拳沾、黏、連、隨、鬆、活、彈、抖，不丟不頂，圓轉自如，避實就虛，持巧不持力的原則，將抓、拿、摔、踢、打等基本擊法融為一體，運用掤、攌、擠、按、採、挒、肘、靠八種方法和勁別，練習全身皮膚觸覺和體內感覺的靈敏性，以達到人不知我，我獨知人，意在人先，乘勢借力，克敵制勝的目的，是一種練習高超技擊技能的方法。

練習太極拳架是知己功夫，練習推手是知彼功夫，知己知彼方能百戰百勝。練習推手是檢驗拳術功夫層次的重要標準。故拳論云：

一陰九陽根頭棍，二陰八陽是散手；
三陰七陽猶覺硬，四陰六陽類好手；
惟有五陽併五陰，陰陽不偏稱妙手；
妙手一運一太極，太極一運化烏有。

陳氏太極五種推手法

(一)挽　花

1.單手挽花

甲（穿白衣者）、乙（穿黑衣者）雙方搭手前相對站立，其距離以雙臂握拳向前平伸拳頂相觸為標準（圖6-1）。甲乙雙方同上右腳成前弓步；同時都以右臂向前掤出，兩腕關節相接，兩掌心一左一右立於鼻前正中線；雙方左手叉腰；目視對方（圖6-2）。然後在此基礎上，甲可以領乙，乙也可以領甲，前後移動重心，兩手腕相互聽勁，沾黏不散，可轉平圓（圖6-3、圖6-4），也可轉立圓（圖6-5～圖6-7）。這樣反覆練習，可鍛鍊聽勁和上、下、左、右引進落空的勁。甲乙雙方亦可同上左腳成

圖6-1

圖6-2

圖 6-3　　　　　　圖 6-4

圖 6-5　　　　　　圖 6-6

圖 6-7

左弓步，並都以左臂向前掤出，兩腕關節相接，右手叉腰，左手領勁轉平圓或立圓。

2.雙手挽花

同單手挽花步法相同，雙方上左步或右步均可，同出雙臂兩小臂相接掤住，雙方手臂在裡在外均可（圖6-8）。但必須有一人領勁，另一人隨勁，結合重心前後左右移動，在身法，腰勁的帶動下，兩臂相互纏繞，連綿不斷，沾黏不散，快慢相間，上下相隨，裡外相合，隨機應變（圖6-9～圖6-12）。此法周而復始，反覆練習，可使

圖6-8

圖6-9

圖6-10

圖6-11

圖 6-12

兩臂纏綿不斷，觸覺如秤準之靈，其表現是：

　　兩手纏綿不斷線，足跟牢固意九泉；

　　練到兩臂如秤靈，欲加毫厘在意先。

（二）合步推手（定步）

　　合步推手的步法與第一種推手挽花的步法相同。先立正站立（圖6-13），雙方同上右腳，兩腳橫向相對，相距15公分左右，同時雙方右臂伸出掤起，手腕相接；雙方左手均撫於對方右肘外側。目視對方（圖6-14）。

　　然後甲方領勁微向前掤，重心前移，鬆左胯，身微左

圖 6-13

圖 6-14

轉；乙方隨甲方掤勁微後攦，重心略後移，鬆右胯，身微右轉，甲方隨乙方攦勁，身體微右轉，右臂用擠勁走下弧向上掤於乙方左臂下，同時左手在身體右側按住乙方左手腕。與此同時，乙方重心後移，身體微左轉，左手鬆開甲方右肘接甲方左手，右手鬆開甲方右手接甲方左肘變按勁（圖6-15、圖6-16）。

上動不停，乙方用按勁按甲方。甲方身體微左轉，重心後移用掤勁上攦，將乙方按勁引空。乙方被攦左臂隨即鬆肩沉肘，將甲方掤勁滑空，再向左轉變擠勁後，將左臂掤於甲方右臂下，右手按住甲方右手腕。同時甲方攦空後，身體隨即右轉兩臂加掤勁，將乙方擠勁滑空，雙手按住乙方右臂，目視對方（圖6-17、圖6-18）。

甲方重心前移，兩手合力前按；乙方身體微右轉，雙手掤住甲方右臂上攦；甲方隨沉肘鬆肩變擠勁還原成圖6-16。如此反覆練習，連綿不斷。以上是甲方先領勁的練法。如果雙方搭手後乙方先領勁，則甲方攦，乙方擠；甲方按，乙方掤攦；甲方擠，乙方按；甲方左手掤於乙方右臂下（圖6-19～圖6-22）。

圖6-15

圖6-16

圖 6-17

圖 6-18

圖 6-19

圖 6-20

圖 6-21

圖 6-22

甲乙雙方同時上左腳的練法與上面兩種練法相同。

合步推手也叫打輪。兩人搭手，隨其自然，不頂不抗，圓轉自如。熟練後，如膠似漆，沾黏不脫，滑如冰凌。合步推手的特點是：

　　　兩人推手如鰾膠，沾黏連隨主宰腰；

　　　功夫達到熟練時，滑如冰凌沾如膠。

(三)順步推手（一進一退）

甲乙雙方相對站立，甲方提右腿上步成右弓步，同時伸右臂掤起，右手立掌高與肩平。左手立掌輕撫於右肘內側。乙方提左腿上步於甲方右腿外側，同時抬起雙臂，左手腕輕貼對方右肘關節外側，右手腕接對方右腕關節。甲方左手置於乙方左手腕外側。重心均在前腿，目視對方（圖6-23）。

甲方右臂向右前方用擠勁纏繞；乙方身體下沉微左轉化開甲方擠勁後，雙手按住甲方左手和左肘。此時甲方重心在前，乙方重心在後，甲乙雙方目視對方手臂（圖6-24）。

圖6-23　　　　　　　　　　圖6-24

乙方重心前移，用雙手按對方。甲方重心後移身略左轉，用上攔勁將來勁走空，乙方隨即沉肘鬆肩變擠勁掤住對方右臂（圖6-25）。

上動不停，甲方重心前移，其右手按對方右手，左手按對方右肘，向前按出後變側身，以右手為主，向前按並外擠；同時左手撫於右臂內側以助其勢。與此同時，乙方身體向右轉，重心右移，雙手臂纏對方右手臂向下攔，甲方隨著乙方的下攔身向下沉（圖6-26、圖6-27）。

接上動，甲方右手臂外翻上掤，重心後移，提右腿後倒一步，左手臂隨之貼於對方右肘外側。與此同時，乙方隨甲方外翻上掤倒步，用右手臂掤住勁，重心前移，提右腳上一步於甲方左腳裡側，左手臂隨之撫於右臂內側與甲方左手相合。目視對方（圖6-28）。

圖6-25

圖6-26

圖6-27

接上動，乙方用擠勁以右臂向前方纏繞對方左臂，掤住左肘，左手接甲方左手腕變擺勁。甲方雙手臂纏繞後按於乙方左手、肘。此時乙方重心在前，甲方重心在後（圖6-29）。

　　上動不停，甲方重心前移並用雙手按對方；乙方重心後移，身略左轉，用上擺勁將對方擺空；甲方隨即沉肘鬆肩，用擠勁纏繞乙方左臂，掤住乙方右臂變擺勁（圖6-30、圖6-31）。

圖6-28　　　　　　　　圖6-29

圖6-30　　　　　　　　圖6-31

接上動，乙方重心前移，雙手合住勁按甲方右手右肘，按出後變側身，以右手為主向前按並外擠，左手撫於右臂內側，以助右臂之力。與此同時，甲方身體向右轉，重心右移，雙手臂繞住乙方右手臂向下擺，目視對方（圖6-32）

上動不停，乙方隨即身體下沉，右手臂外翻上掤，重心後移，提起右腿倒一步，左手臂隨之輕貼對方右肘外側。與此同時，甲方隨著乙方的上掤和倒步，用右手臂掤住勁，重心前移，提起右腿上一步於乙方左腳內側，左手臂隨之撫於右臂內側與乙方左手相合。目視對方（圖6-33）。

此種練法一進一退為一圈，甲乙雙方各一左一右，平衡圓轉，均包含有掤、擺、擠，按、採、挒、肘、靠八種用法，以及腳、膝、胯等部位的套、管、沾、黏等法。反覆練習，奧妙無窮。其特點是：

掤擺擠按須認真，上下相隨人難侵。

一進一退步靈活，肩肘胯靠顯神威。

右勢練熟後可練左勢，左右勢動作、要求相同，惟方向相反。

圖 6-32

圖 6-33

(四)大　攦

　　大攦的推法，是在第三種順步推手的基礎上進行的一種推手法。如圖 6-33 所示，按第三種方法推幾圈，將周身各部位關節活動開後，身法運動幅度增大，雙方均一腿屈一腿伸，仆步下勢，手法與順步推手相同。在行進中盡量讓小腿肚鋪地，隨著手法掤、攦、擠、按的纏繞，雙腿在下邊左右盤旋（圖 6-34～圖 6-40）。

圖 6-34

圖 6-35

圖 6-36

圖 6-37

圖 6-38

圖 6-39

圖 6-40

　　這種推手方法主要練習腿部力量,從而使下盤靈活、穩固,襠內產生彈簧力,在上肢手法的配合下旋轉自然。其特點是:

　　　　兩腿鋪地如頑石,下盤穩固定根基;

　　　　襠內自有彈簧力,靈機一轉鳥難飛。

　　大攦亦可左右勢練習,方法、要求相同。

（五）活步推手（花腳步、亂踩花）

活步推手的手法與順步推手的方法相同，用掤攦擠按四正手和一進一退的步法推幾圈後，手法不變，而步法靈活多變，或進或退，或大或小，或快或慢，或連進，或連退，總是隨機應變，手法結合身法步法，周身協調一致，連綿不斷。步法不受方向位置的限制，可進一退一，也可進三退三，進五退五，並根據場地大小，任意選擇方向。但步法必須與身法協調，這樣，練起來才輕靈自然，滿場飛舞，瀟灑大方（圖6-41～圖6-53）。

圖 6-41

圖 6-42

圖 6-43

圖 6-44

圖 6-45

圖 6-46

圖 6-47

圖 6-48

圖 6-49

圖 6-50

圖 6-51

圖 6-52

圖 6-53

　　此種練法主要是練習步法靈活，進步、退步、墊步、偷步、橫步、躍步，靈活運用，捨己從人，隨機應變。步法在練拳與推手中均佔有重要地位。故拳論云「步為周身之樞紐，靈與不靈在於步，活與不活在於步。」由此可見步法之重要，學者切勿忽視。

　　此種方法練熟之後，可周身結合，連綿不斷，你來我往，我往你隨，或用肘，或用靠，乘虛而入，乘空而擊，

互相纏繞滑空，圍攻之法互不相讓，如棋逢敵手，將遇良才。這種推手方法練好後，其表現如詩云：

二人推手如圍棋，一來一往論高低。
圍到山窮水盡處，陡然一式判雌雄。

掤，如圖 6-54、圖 6-55。

攦，如圖 6-56～圖 6-58。

擠，如圖 6-59、圖 6-60。

按，如圖 6-61、圖 6-62。

圖 6-54

圖 6-55

圖 6-56

圖 6-57

圖 6-58

圖 6-59　　　　　　圖 6-60

圖 6-61　　　　　　圖 6-62

採，如圖 6-63～圖 6-66。

圖 6-63

圖 6-64

圖 6-65

圖 6-66

捌，如圖 6–67～圖 6–70。

圖 6–67

圖 6–68

圖 6–69

圖 6–70

肘，如圖 6–71、圖 6–72。

圖 6–71　　　　　　　　圖 6–72

靠，如圖 6–73、圖 6–74。

圖 6–73　　　　　　　　圖 6–74

第七編

陳氏太極拳
散手用法

陳氏太極拳散手概述

　　陳氏太極拳的主要內容有基本功、拳架、推手和散手。基本功和拳架是築基功，推手和散手是對抗性功夫。

　　陳氏太極拳散手是在練好拳架的基礎上，對推手的深刻理解和靈活運用，即所謂散推手。當推手的五種方法都練至純熟階段，逐漸產生了可沾可脫，沾脫自如，身手脫而意仍接的方法，這就是太極拳的散手技擊法，散手也可以說是推手的高級階段。只有在推手中將沾黏連隨的功夫練得純熟，打散手時方能「因敵變化示神奇」。散手技擊是太極拳運動的最高境界，也是太極拳流傳 300 餘年譽滿武林的精華所在。

　　陳氏太極散手有別於其他拳種的散手。它以槓桿、螺旋的纏絲勁原理，依靠充盈的內勁將人拋擊跌出，擒拿擲打隨心所欲。溫和時可以使人毫無痛楚而跌出，猛烈時可以使人如受巨浪沖擊，五臟俱裂。

　　本篇介紹的散手技擊實用法屬陳氏太極拳散手的一部分，旨在使初學者增加興趣，起引導和啟蒙作用。但太極拳練的是大道，求整體功力，學者切勿違背拳術本意，捨本求末，局限於一招一勢的應用而徘徊於太極拳殿堂之外。

陳氏太極拳散手用法舉例

金剛搗碓

1. 甲方（穿白衣者）自然站立，乙方（穿黑衣者）伺機進攻（圖 7-1）。乙左拳一晃，墊步進身，以右拳擊甲胸（面）部。甲方身體微向右轉，重心右移，左腿向左前方上步；同時雙手自下弧形而上，右手沾住乙右腕，左手沾於乙右肘處，雙手合住勁向右後上方攦帶。甲緊接著鬆右胯，身體略下沉右轉，雙手掤勁不丟，在身法帶動下將乙向後方拋擲出去（圖 7-2、圖 7-3）。

要點：牽動重心，方能成功。

2. 如果乙方受牽失重欲回抽，甲可提起左腿蹬乙在前的左膝，使乙受挫後跌（圖 7-4、圖 7-5）。

圖 7-1

圖 7-2　　　　　　　圖 7-3

圖 7-4

圖 7-5

3.乙方受牽後採取鬆沉走化之法，甲方可沾住乙方右臂隨其鬆沉之勢向前走下弧，接著重心前移，身體略向左轉將乙方擠出（圖7-6、圖7-7）。

要點：前發後塌，小臂要橫。

4.甲也可隨乙方的後抽勁向前上步，提起右腿向前用膝撞擊乙方襠部，同時上右拳擊其下頦。乙方此時必身體後仰，甲方則趁勢右腳落地踩擊乙方腳面，同時右手下沉前送（圖7-8、圖7-9）。

圖7-6　　　　　　　　　圖7-7

圖7-8　　　　　　　　　圖7-9

圖 7-10　　　　　　　　　圖 7-11

要點：審時度勢，靈活運用。

懶扎衣

乙左手順步攻擊甲，甲出左手沾乙左手腕，向左後方引空，側身上右步於乙方左腿後。甲緊接著重心右移，身體右轉，右臂順纏發勁將乙向右後方跌出。甲也可以用右肘擊乙左肋，或者用靠勁將乙擊出（圖 7-10、圖 7-11）。

要點：以腰為軸，身法中正。

六封四閉

乙方左手順步擊甲方胸部，甲出左手沾乙左手腕，右手隨之搭於乙方左肘外側，雙手合住勁向前下攦；同時甲方上右步於乙方左腳裡側。甲方緊接著左手採住乙方左手腕部，雙手形成合勁，重心左移，身體略下沉左轉，將乙攦仆於地（圖 7-12～圖 7-14）。

要點：鬆胯擰腰，掤勁不丟。

圖 7-12　　　　　　　　圖 7-13

圖 7-14

單　鞭

　　1. 乙方左手順步擊甲，甲左手接住乙左手腕，右手隨
之搭於乙左小臂，雙手在向前滾動加掤勁的同時，左手向
下拿住乙手掌，右手向上沾住乙肘關節，雙手突然向前下
略偏內合勁，使乙方左臂突然受制以致身體前傾（圖 7-
15、圖 7-16）。

圖 7-15

圖 7-16

圖 7-17

圖 7-18

　　乙方如掙扎向上欲解受制的左臂，甲可趁勢以右腕部或拳擊乙方下頦（圖 7-17）。

　　要點：腰脊為軸，驚彈發力；隨人而動，不丟不頂。

　　2. 此時甲方左側露空，又有人趁機襲擊。甲方屈膝鬆胯，身體下沉，提起左腳可蹬其在前的膝部（圖 7-18）。甲也可在避開乙方攻擊的同時，左腳上至對方的右腿外側（如乙方是左腿在前，可直插其襠內），左手穿於其右腋下，重心左移，身向左轉將乙發出（圖 7-19、圖 7-20）。

圖 7-19　　　　　　　　圖 7-20

要點：用肘用靠，全賴腰功。

白鵝亮翅

乙方雙拳交替向甲方進攻，甲卸步伺機用右手小指側面將乙的左手向右上方掤開，用左手將乙的右手按於左下方（圖 7-21）。

要點：門戶大開，攻守由我。

圖 7-21

圖 7-22　　　　　　圖 7-23

圖 7-24

摟　膝

1.甲乙雙方對峙，乙方突然向下抱住甲方左腿欲摔，甲趁勢向下壓按乙頭，使之與膝相撞（圖 7-22）。乙受挫後欲鬆手起身，甲拉其右手向後引帶，同時起左膝撞其胸部（7-23）。

要點：上下相合，協調自然。

2.乙方身向前傾，欲後抽找重心維持平衡，甲方雙手隨之向前送乙，並出左腳蹬之（圖 7-24）。

圖 7-25 圖 7-26

要點：勁發連環，來迎去送。

拗　步

乙方順步，用左手擊甲方胸部。甲方身體略向右轉，同時出右手由內向外擺帶，用小指側面將乙方左手攻勢化解。隨即甲方上左步，出左掌推擊乙方胸部（圖7-25）。如果乙方順步用右手擊甲方胸部，甲方化解和攻擊動作與以上動作相同，惟方向相反（圖7-26）。

要點：上步佔勢，化打合一。

白蛇吐信

乙方拗步，右手拳擊甲面部，甲側身上左步的同時，雙手由下弧形向右上接住乙的右腕肘，雙手合住勁向右上擺帶。乙恐失重急鬆肩沉肘化過，甲隨乙的鬆沉之勢，左手塌住乙右小臂逆纏向下，同時鬆左胯身向左轉，重心左移，出右掌取乙咽喉（圖7-27、圖7-28）。也可插擊其雙目，或以拳擊其面部。

圖 7-27

圖 7-28

圖 7-29

圖 7-30

要點：蹬腿擰腰，勿使前傾。

纏腕跌法

甲出右拳被乙右手拿住，甲急出左手搭於乙右手之上，緊接著鬆右胯，身體右轉下沉，右手變掌搭於乙小臂外側微逆纏隨著轉身下沉，將乙拿跌於面前（圖 7-29、圖 7-30）。

要點：拿彼右手，力點固定；槓桿原理，掤勁貫注。

圖 7-31　　　　　　　　　圖 7-32

小擒打

乙右手順步擊甲，甲左手逆纏上掤，上左步套住乙方右腳，用右掌擊乙胸部，使之向後跌出（圖 7-31、圖 7-32）。

要點：上掤下打，一氣呵成。

迎門靠

乙以雙拳從左右合擊甲方頭部，甲出雙手將乙合擊之勢走化，左手向前上提，右手向右下按。雙手掤勁不丟，下低身法，進右步鑽進乙方襠內，身體突然左轉，用右肩擊乙胸部使彼後跌（圖 7-33、圖 7-34）。

要點：迎門靠法，身法中正。

側肩靠

乙拗步，右手擊甲，甲重心左移，略側身上右步，雙手由下弧形向上持乙右臂向右後攦帶，將乙勁走空。

圖 7-33　　　　　　　　圖 7-34

圖 7-35　　　　　　　　圖 7-36

　　如果乙身體繼續前傾，甲可身體右轉下沉，向右後下方攦帶，使乙前仆跌出。如乙失重欲往回抽身，甲右手抓乙右小臂向右下帶，趁勢重心右移，身體略向左轉，用右肩撞擊乙胸，使乙向後跌出（圖 7-35、圖 7-36）。

　　要點：進步側身，身向前攦。

採挒勁

　　乙順步出右手抓住甲衣領，甲隨即後撤右步，同時右手塌住乙方右手，左手掌撫於乙右肘處。甲屈膝鬆胯，含

圖 7-37　　　　　　　　圖 7-38

胸下沉，向下採折乙之右腕。乙受挫必下蹲前傾，甲趁勢突然鬆右胯，身體下沉右轉，雙手合住勁將乙向右挒出（圖 7-37、圖 7-38）。

要點：採勢要實，挒勁要驚。

左蹬跟

甲乙對峙，甲方左手一晃，欲出右手擊乙，乙身體略向後仰，甲見乙已出拳掌攻擊範圍，速提起左腿猛蹬乙胯部，使乙向後跌出（圖 7-39～圖 7-42）。

圖 7-39

圖 7-40

圖 7-41

圖 7-42

要點：近用手肘，遠則用足。

閃空勁

乙從甲背後用雙掌推甲，甲身體突然左轉，右手右臂向前下伸，左手左臂向後上領，將乙前推之力閃空，乙向前推空必向前栽仆（圖 7-43、圖 7-44）。

要點：以腰為軸，斜中求正。

圖 7-43

圖 7-44

第八編

太極拳內氣淺論與經絡學說

太極拳內氣與經絡的關係

(一)太極圖解

圖 8-1

太極圖（圖8-1）中的黑白兩路分為「陰儀」和「陽儀」。造化之機，乃為陽極生陰，陰極生陽，陰陽二氣，氣機生息不止，變化不息。

中國古代哲學家認為，「陰陽二氣是物質世界的本源。」萬物皆由「氣」構成。然而氣分陰陽，物質世界以及萬物的形成，則是陰陽二氣相互作用的結果。

中醫學的唯物觀，則進一步認為，「萬物是由天地之間陰陽二氣相互交感運動變化的結果。」正如《素問‧六元紀大論》中說：「在天為氣，在地成形，形神相感，而化生萬物矣。」《類經》中也指出：「生化之道，以氣為本，天地萬物，莫不由之。」所謂「形神相感」和「生化之道」，是指天地間陰陽二氣的相互作用，這就說明天地之間所以有萬物，都是物質世界本身的產物，是物質的「氣」運動變化的結果。

(二)太極八卦圖解

中國古代樸素的唯物觀承認世界的物質性，認為

圖 8-2

「氣」是構成物質世界的本源。《易經》認為，「萬物始生於太極。」太極乃為原始混沌之氣，這就從根本上觸及到「氣」是物質世界的本源。所謂「太極生兩儀」，兩儀生四象，四象生八卦（萬物）等（圖 8-2），這正是由於太極陰陽二氣的不停運動和變化，而產生五彩繽紛的物質世界。

這種樸素的唯物觀和方法論，從中揭示了「運動」是物質的根本屬性，「靜止」不過是物質運動的相對狀態。

「太極生兩儀」，兩儀即是指陰陽。意思是指陰陽兩性有別，但同處於一個整體中，以此說明萬事萬物皆有陰陽。陰陽之間既相互對立，又相互統一，相互依存，相互制約，消長與共，陰陽互根。

《易經》以「—」作為陽的符號，以「— —」作為陰的符號，分別表示事物的陽性和陰性。這兩個符號在八卦中，分別稱之為「陽爻」和「陰爻」，並以一定的方位或增或減，用來說明萬事萬物發展變化的規律。它是我國古

代的一種樸素的宇宙觀和方法論，具有對立統一的內涵。陰陽兩儀是對自然界相互關聯的某些事物或現象的對立雙方的高度概括，是代表著兩個相互關聯的事物或勢力，代表著同一事物內部所存在著的相互對立的兩個方面。它是我國古代唯物主義哲學領域的一種重要範疇，具有矛盾的對立統一性。

「兩儀生四象」，四象是指太陰、太陽、少陰、少陽。太陰是由「==」組成，表示事物的陰性佔主導地位；太陽是由「═」組成，表示事物的陽性大盛；少陰是由「==」組成，陰爻在上，陽爻在下，表示事物的陰性初生未充，或是在分化減少；少陽是由「==」之爻組成，陽在上，陰在下，表示事物陽性初生未充，或者是在分化減少。

所謂兩儀生四象，就是指陰陽二氣相互作用，由量變到質變的相互轉變過程。

「四象生八卦」，八卦是指「乾、坎、艮、震、巽、離、坤、兌」。由於氣的運動變化而生陰陽，由於陰陽二氣的交感而化生四象，因而出現了天（乾）、地（坤）、風（巽）、雷（震）、水（坎）、火（離）、山（艮）、澤（兌）八種自然現象，從中可以揭示出生化之道是由天地間陰陽二氣相互作用的結果。故物質世界四象八卦本身的產物，都是物質的氣運動變化的結果。

（三）太極與十二經脈圖解

《易經》中的「太極生兩儀」（陰陽），「兩儀生四象」（太陰、太陽、少陰、少陽）及《素問・熱論》，在六經的基礎上，結合自然界存在著的「風、火、濕、燥、

圖 8-3

寒、暑」六氣的變化和《易經》四象學說，增加了「陽
明」、「厥陰」二名，與六氣相契，並分別命名為「厥陰
風木」、「少陰君火」、「少陽相火」、「太陰濕土」、
「陽明燥金」、「太陽寒水」。

　　古人在天人合一的基礎上，又將六經概括為十二經脈
（圖 8-3），分手足三陰、三陽，三三合一，共稱六經，
用以說明人體陰陽氣血變化的規律。

　　這正是根據《易經》陰陽兩儀理論，把三陽經歸屬太
極的陽端，把三陰經歸屬太極的陰端，形成一個整體，並
把人體的十二經脈，納入六經之中，構成一個人體與大氣
相合的循環模式。

(四)陰陽二氣與經脈的關係

　　陰陽二氣和三陰三陽經的關係，正如《十四經發揮》
注釋所說：「三陰即太陰、少陰、厥陰，三陽即太陽、少
陽、陽明，這是從各經氣血陰陽多少而命名的。」《素

問・至真要大論》說：「氣有多少，巽用也。」

太是大的意思，陰氣大盛則稱太陰，陽氣大盛則稱太陽。少是初生來未充之意，陰氣初生，則為少陰，陽氣初生則為少陽。陽明是兩陽合明，陽氣盛極之意。厥陰是兩陰交盡，陰氣消盡的意思。所以說陰陽之氣，離則為三陰三陽，合則為一陰一陽。

十二經脈的三陰三陽不過是代表經絡氣血本身氣血陰陽的多少而已。例如，胃為水穀之海，多陽多氣之經，故稱之為足陽明胃經。其他經脈則依次類推。

太極拳內氣的練習方法

(一) 無極圖、太極圖 (圖8-4、圖8-5)

無極為一無所有，太初渾穆之象。意為打拳上場，端然恭立，合目息氣，兩手自然下垂，身樁端正，兩腳並立於同一橫線上，腳尖微外撇，心中一無所有，一念無所思，為太極混穆穆之象。

太極生於無極，太極無有形聲，但已蘊初兆。如碩果之核，生機在將動未動之時。待等生機充足，方破殼而出。此期陰陽雖未分而分之機已動，一到於分，清氣上升為天（陽氣），濁氣下降為地（陰氣）。但此時清氣尚未上升，濁氣尚未下降，故稱此為太極。

這裡比喻上場打拳前，手足尚未運動，而在端然恭正

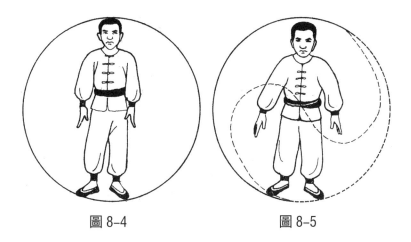

圖 8-4　　　　　　　圖 8-5

之中，其陰陽開合之機，消息盈虛之數已寓於心腹之內。此時一志凝神，專注於靜，陰陽開合，消息盈虛，此未動於形，曰之太極。言此之意，以示學拳之人，初上場時，要洗心滌濾，去其妄念，平心靜氣，以待其動，如此後方可學拳。

(二)太極拳內氣概述

陳氏太極拳中所說的內氣，是功能與物質的綜合體。它不是指狹義的肺部吸進的氧氣和人體固有的力氣，而是一方面概括了中醫學中的「正氣」、「元氣」、「經絡之氣」、「真氣」等物質的氣，另一方面還包含有武術、氣功中所說的「內勁」、「內功」等功能的氣。這兩種氣的相互促進，相互為用，共同組成了陳氏太極拳中所說的太極內氣。

陳氏太極拳練習，要以意念、動作、呼吸三者密切配合。意念是練拳的中心，練拳時要將意念揉入動作之內，一意凝神。並同時將呼吸配合於架式之中。虛實開合，螺旋纏絲，節節貫串等特殊的運動方式要密切配合，久而久

之，太極拳內氣自然充盛，即可產生防病、禦敵及技擊防身的生理效應。

(三)太極拳內氣的練習方法

太極拳內氣的練習，遵照以下三個階段，方可使內氣一氣貫通。在這三個階段內，練習者本人除了勤學苦練，細心體會外，還需必要的指導，以去其丟、頂等毛病，方可度過難關，以至成功。

第一階段

此階段的練習目的主要是熟練套路和糾正架式。首先要清心滌濾，以除去影響練拳的各種因素，專心一意。以後再按拳譜要求，在立身中正的前提下，虛領頂勁，沉肘鬆肩，含胸塌腰，屈膝圓襠，注意頭、手、身、腳、步等各部位的要求，一招一勢認真練習，不可間斷。

除去焦躁情緒，循序漸進，萬不可急於求成。每天練習5遍～10遍，約半年至1年時間，即可將套路練熟。隨著熟練程度的提高，逐漸可以覺察到，體內產生內氣鼓蕩，氣到之處，有酸、麻、沉、脹（僅表現在某一部位，最常見於上肢手指等處）的感覺。此階段太極拳架式的招招式式，具有斷勁不圓的缺陷。

第二階段

經過1年左右的練習後，練習者已具有了一定的基礎，開始進入第二階段的練習，在這一階段的練習中，要逐步達到通運任督諸脈，遂之使十二經脈也相繼打通。此階段練習的重點是在注意第一階段要求的前提下，注重虛實開合及纏絲勁的練習。

開合練習是內氣鼓蕩得以調整的基礎，是太極陰陽二

氣對立統一的活動形式。開合分為內合和外合。外合即是手與足相合，肘與膝相合，肩與髖相合；左手與右足合，左肘與右膝合（右邊也如此）；手與身相合，手與頭相合，身與步相合。內合即筋與骨相合，氣與力相合，心與意相合，肝與筋相合，脾與肉相合，肺與身（皮毛）相合，腎與骨相合。心意一合，周身一起合住，心意一開，內外俱開。同時開中寓合，合中寓開。一開一合，陰陽二氣遞相承。此乃為：「陰中有陽，陽中有陰，陰得陽助則生化無窮，陽得陰助則化源不竭。」

　　陳氏太極拳中的纏絲勁，是區別於其他拳種運動形式的獨特之處。纏絲勁練習得好壞，關係著太極拳內勁走、化、沾、發的質量標準。纏絲勁是以它獨特的螺旋纏繞的運動形式，使清氣上升，濁氣下降，使內氣得以通運諸經。《太極拳論》中說：「纏絲勁，發源於腎，處處有之，無時不然。」練習者要嚴格掌握它的練習方法和運動特點。

　　練習纏絲勁，要求沉肘鬆肩，含胸塌腰，開髖屈膝，動作以腰為軸，一動全動。掌心內外翻轉，手往外轉，以腰催肩，以肩催肘，以肘催手。表現在上肢為旋腕轉膀，表現在下肢為旋踝轉腿，表現在身軀為旋腰轉脊。三者合一，形成一條其根在腳，主宰於腰，行於手指的空間曲線。練習時如覺得有不適之處，可隨纏絲勁的勁別方向調整身軀的重心，以使順隨。

　　手足纏絲勁路線示意圖如圖 8-6～圖 8-8，兩腿之勁皆由足趾領起，上纏過踝，過膝上行至大腿根部，直達襠內任脈會陰穴。運動足跟踏地，漸至足趾，至太陰脾經的隱白穴（足大趾尖處），充實於足掌至足心足少陰腎經的湧泉穴（圖 8-6）。

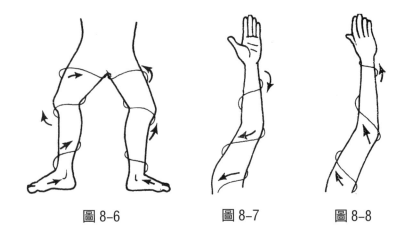

圖 8-6　　　　　圖 8-7　　　　　圖 8-8

　　倒纏法是由手指纏至肩。此法內勁由指腹收於肘肩（圖 8-7）。

　　手臂纏絲勁由心發,行於肩,過肘至指,是屬於順纏法。此法由骨至肌膚,由肩至指,內勁由肩臂行於指尖（圖 8-8）。

　　圖中的箭頭方向為纏絲勁的運行方向。纏絲勁路是採用力學理論中的螺旋原理,利用曲率半徑的變化,迫使任一外加壓力著於這個螺旋半徑面上,無論壓力的大小,均會自然將壓力化去。因此可以說,纏絲勁是自然化勁的方式,也是引進落空的必備手法。

　　練習纏絲勁,可先練習掤勁和攔勁（即順纏絲勁和逆纏絲勁）,此順、逆纏絲勁也可按「雲手」動作的要求進行練習。順、逆纏絲是兩種不同勁別的運動方式,它貫串於陳氏太極拳整套架式的始終。太極拳的每一個架式,都是由這些不同大小、不同方位的順、逆纏絲勁別組成（每式最少有兩對以上纏絲勁）的。每對纏絲勁的練習,要注意在沒有直線,沒有平面,沒有凹凸之處,一環套一環,

開合虛實，節節貫串的前提下進行。這樣方可使太極拳功底增厚，內氣鼓蕩，循行無滯。

第三階段

歷經前兩個階段的架式和開合纏絲勁的練習後，已具有了一定的基礎。這一階段的練習，突出重點是個「意」字。《太極拳論》中曰：「以意行氣，以氣運身」，「全身意在神，不在氣，在氣則滯。」

關於「意」的解釋，《靈樞·本神篇》說：「心有所憶為之意。」明代醫學家張景岳在《類經》一書中，進一步解釋說：「心有所想，而無動作為之意。」《甲乙經·精神五臟論》一書中也說：「思發於脾而成於心為之意。」總之，意念的產生，是在心主神明的作用下所進行的精神意識思維活動。

因此在這一階段練習的主要目的，是將精神意識思維活動與套路架式密切配合，真正做到「形在意之內，意在形之中」，動作與內氣一致。意不動，內氣不動，外形亦然不動。意欲動，內氣動，外形隨之而動。靜則心無所思，意無所欲，形專於靜，靜如山岳。動則意動，內氣鼓蕩，形如閃電。

在這個階段，練習者可以自己覺察到，體內有內氣鼓蕩，練拳時氣到之處，有酸脹熱沉等感覺。練習套路架式時可以感覺到有許多不適之處。如感覺架子彆扭，運勁不那麼順隨，總覺得練習水平比以前下降，在發勁時「呼呼」帶風，震腳「咚咚」作響，可是推手時就是不順手，好像不得訣竅。

有些人在此階段，由於練習時氣沉不下，發生胸悶、脹憋，吃不進飯等現象，《太極拳論》中稱之為「橫氣填

胸」；或因不能以氣運身，使濁氣上逆，而感到頭昏腦脹。在出現上述情況時，不可急躁和泄氣，可請教拳師校正，除去弊端後，上述情況也自然會好轉或消失。

第三階段是學太極拳能否取得成功的關鍵階段，因在此階段容易產生灰心泄氣情緒，使之不能正常堅持。產生灰心有兩種情況：一種是練拳和推手結合不好，用不順手，懷疑教師藏技不傳，為此易間斷；另一種是本人意志力不夠，練拳之事常被其他雜事所誤，自己也曾下決心要堅持不懈，但總是受客觀因素的干擾。

要克服這些情況，方法有兩點：第一要有毅力和決心，排除一切干擾因素，每天無論工作多忙，都要擠出一定時間進行練習，要記住「決心是打開前進之門，毅力是取得成功之母。」第二，要在老師的指導下，循規蹈矩一招一式，認真練習每個動作，要細心體會，久而久之，自然會水到渠成，勝利度過難關。

經過以上三個階段的練習，太極拳套路已熟練順隨，動作架式能夠與呼吸自然配合，練習者已具有一定的功底，內氣已基本通運諸經，本人已具備自我糾正練拳所出現毛病的能力。但是，此時內氣尚不充盛，還必須循規蹈矩，承上啟下，一招一式認真練習，持之以恆，這樣自然會心領神會，以後無師也會大成。

經 絡 學 說

中醫經絡學說是研究人體經絡系統的生理功能、病理變化以及經絡與臟腑之間的相互關係的學說，是中醫學理論的重要組成部分，也是陳氏太極拳內氣理論的重要組成部分。

(一) 經絡概述

經絡，是經脈和絡脈的合稱，是人體運行氣血的通路。太極拳重在養氣、運氣，練拳不明經絡，猶如治水不懂江河湖海水流分布、大小，盲目妄行，定出差錯。所以，練拳者明了經絡是十分必要的。

「經」有路徑之意，「絡」有網絡之稱。「經」貫通上下，溝通內外，是經絡系統的主幹；「絡」是經的分支，較經脈細小，別出於經，縱橫交錯，遍布周身。《靈樞・脈度篇》說：「經脈為裡，支而橫者為絡，絡之別者為孫。」經絡內屬臟腑，外絡肢節，將人體聯繫成為一個有機的整體，使機體各組織器官保持協調平衡。在生理方面，經絡有運行氣血、協調陰陽的功能；在病理方面，經絡有抗禦病邪，反映症候的功能；在防治疾病方面，經絡有傳導感應，調整虛實的功能。

經絡包括經脈和絡脈，經脈包括十二經脈和奇經八脈，以及附屬於十二經脈的十二經別，十二經筋，十二皮

部。

絡脈包括十五絡脈，浮絡和孫絡。十二經脈即是手三陰經（手太陰肺經，手厥陰心包經，手少陰心經），手三陽經（手陽明大腸經，手少陽三焦經，手太陽小腸經），足三陰經（足太陰脾經，足厥陰肝經，足少陰腎經），足三陽經（足陽明胃經，足少陽膽經，足太陽膀胱經）的總稱，是經絡系統的主體，故稱「十二正經」。

奇經八脈包括任脈、督脈、沖脈、帶脈、陰維脈、陽維脈，陰蹻脈、陽蹻脈八條經脈。因其分布和作用有異於十二經脈，是十二經脈之餘，又無絡屬臟腑的表裡配偶關係，故稱奇經。

奇經八脈對其餘經絡起統率、聯絡和調節盛衰的作用。十二經別，是十二經脈在胸、腹及頭部的重要支脈，起溝通臟腑，加強表裡經聯繫的作用。十五絡脈，是十二經脈在四肢及幹軀前、後、側三部的重要支脈，起溝通表裡和滲灌氣血的作用。十二經筋是十二經脈之氣結聚於筋內關節的體系，是十二經脈的外周連屬部分，其作用是約束骨胳，利於關節活動。十二皮部是十二經脈功能活動在體表部位的反映，也是經脈之氣散布之所在，起衛外屏障作用。經絡系統的組成見表 8–1。

足少陰腎經——酉時（17 時～19 時）；

手厥陰心包經——戌時（19 時～21 時）；

手少陽三焦經——亥時（21 時～23 時）。

十二經脈的走行規律是「手之三陰，從藏走手；手之三陽，從手走頭；足之三陽，從頭走足；足之三陰，從足走腹」。手足各經脈相互連接，陰經上升，陽經下降，這說明氣血運行是「陰陽相貫，如環無端」的。

表 8-1　經絡系統簡表

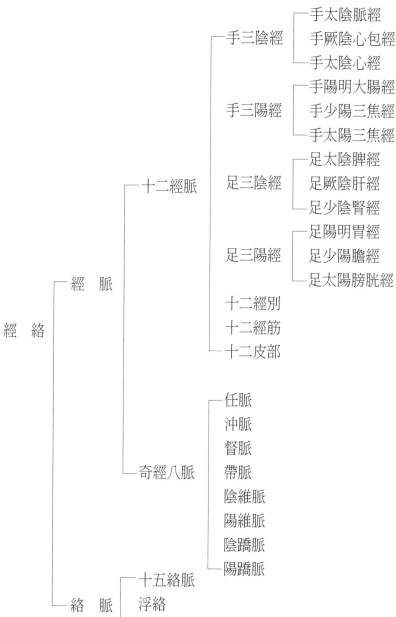

経絡
- 經脈
  - 十二經脈
    - 手三陰經
      - 手太陰脈經
      - 手厥陰心包經
      - 手太陰心經
    - 手三陽經
      - 手陽明大腸經
      - 手少陽三焦經
      - 手太陽三焦經
    - 足三陰經
      - 足太陰脾經
      - 足厥陰肝經
      - 足少陰腎經
    - 足三陽經
      - 足陽明胃經
      - 足少陽膽經
      - 足太陽膀胱經
    - 十二經別
    - 十二經筋
    - 十二皮部
  - 奇經八脈
    - 任脈
    - 沖脈
    - 督脈
    - 帶脈
    - 陰維脈
    - 陽維脈
    - 陰蹻脈
    - 陽蹻脈
- 絡脈
  - 十五絡脈
  - 浮絡
  - 孫絡

表 8-2　十二（四）經脈流注表

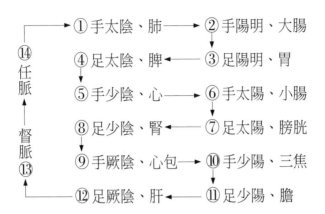

十二（十四）經脈的流注關係見表 8-2。

十二經脈經氣盛衰與十二時辰是相應的，習拳者可根據自身體質情況選擇最佳練拳時間，以便更有針對性。現將經氣最旺的時辰與十二經對應關係分列如下：

足少陽膽經——子時（23 時～1 時）；

足厥陰肝經——丑時（1 時～3 時）；

手太陰肺經——寅時（3 時～5 時）；

手陽明大腸經——卯時（5 時～7 時）；

足陽明胃經——辰時（7 時～9 時）；

足太陰脾經——巳時（9 時～11 時）；

手少陰心經——午時（11 時～13 時）；

手太陽小腸經——未時（13 時～15 時）；

足太陽膀胱經——申時（15 時～17 時）；

（二）十四經脈循行

1.手太陰肺經循行

《靈樞・經脈》：肺手太陰之脈，起於中焦，下絡大腸，還循胃口，上膈屬肺。從肺系，橫出腋下，下循臑內，行少陰、心主之前，下肘中，循臂內上骨下廉，入寸口，上魚，循魚際，出大指之端（如圖 8-9。圖中虛線為經脈內行線，無穴通路，實線為外行線，為有穴通路）

其支者：從腕後，直出次指內廉，出其端。

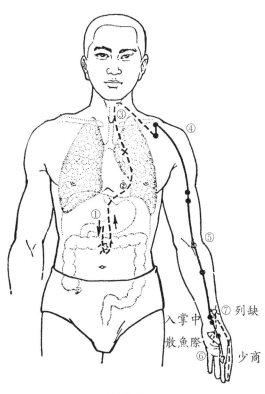

圖 8-9

2.手陽明大腸經循行

　《靈樞・經脈》：大腸手陽明之脈，起於大指次指①之端，循指上廉，出合谷兩骨之間，上入兩筋之中，循臂上廉，入肘外廉，上臑外前廉，上肩，出髃骨②之前廉，上出子柱骨之會上③，下入缺盆，絡肺，下膈，屬大腸（如圖 8-10）。

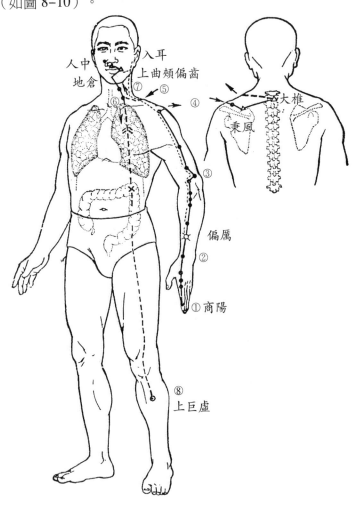

圖 8-10

其支者：從缺盆上頸，貫頰，入下齒中；還出挾口，交人中——左之右，右之左，上挾鼻孔。

【注釋】：

①大指次指——指食指。

②髃骨——指肩峰部。

③柱骨之會上——指鎖骨。

3.足陽明胃經循行

《靈樞·經脈》：胃足陽明之脈，起於鼻，交頞①中，旁約太陽之脈，下循鼻外，入上齒中，還出挾口，環唇，下交承漿，卻循頤②後下廉，出大迎，循頰車，上耳前，過客主人③，循髮際，至額顱（如圖8-11）。

其支者：從大迎前，下人迎，循喉嚨，入缺盆，下膈，屬胃，絡脾。

其直者：入缺盆下乳內廉，下挾臍，入氣街中。

其支者：起於胃④，下循腹裡，下至氣街中而合——以下髀關，抵伏兔，下膝髕中，下循脛外廉，下足跗⑤，入中指內間。

其支者：下膝三寸（10公分）而別，下入中指外間。

其支者：別跗上，入大指間，出其端。

【注釋】：

①頞——鼻根部。

②頤——口角後，下頷部。

③客主人——指上關穴。

④胃口——指胃的下口，即幽門部。

⑤足跗——足背。

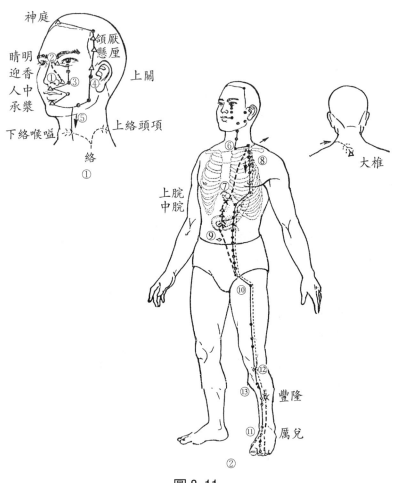

圖 8-11

4.足太陰脾經循行

《靈樞‧經脈》：脾足太陰之脈，起於大指①之端，循指內側白肉際，過核骨後②，上內踝前廉，上踹③內，循脛骨後，交出厥陰之前，上膝股內前廉，入腹，屬脾，絡胃，上膈，挾咽，連舌本④，散舌下（如圖 8-12）。

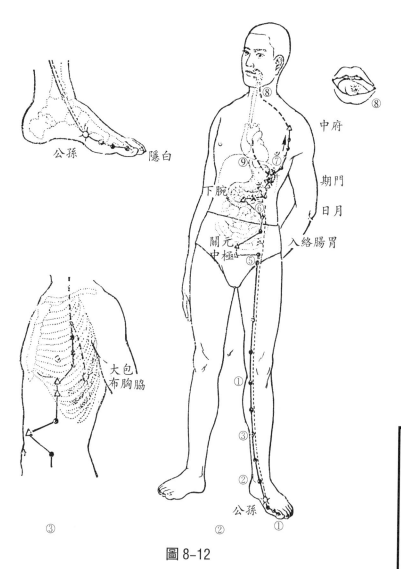

公孫　　隱白

中府

期門

日月

入絡腸胃

下脘

關元
中極

大包
布胸脇

③　　　②　　　①

公孫

圖 8-12

　　其支者：復從胃，別上膈，注心中（脾之大絡，名曰大包，出淵腋下三寸，布胸脇）。

　　【注釋】：

　　①指——通「趾」。

②核骨——第1蹠骨的頭部突起。

③踹——腓腸肌部。

④舌本——舌根部。

5.手少陰心經循行

《靈樞・經脈》：心手少陰之脈，起於心中，出屬心系，下膈，絡小腸（如圖8-13）。

其支者：從心系，上挾咽，繫目系①。

其直者：復從心系，卻上肺，下出腋下，下循臑內後廉，行太陰、心主之後，下肘內，循臂內後廉，抵掌後銳骨②之端，入掌內後廉，循小指之內，出其端。

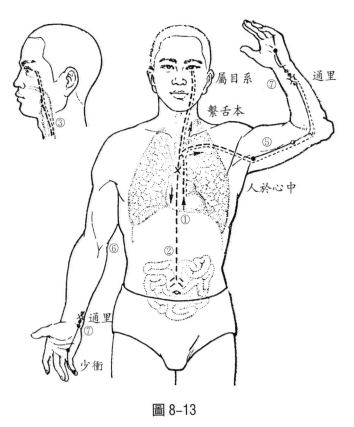

圖 8-13

【注釋】：

①目系——指眼後與腦相連的組織。

②掌後銳骨——指腕骨之豌豆骨。

6.手太陽小腸經循行

《靈樞・經脈》：小腸手太陽之脈，起於小指之端，循手外側上腕，出踝①中，直上循臂骨下廉，出肘內側兩骨②之間，上循臑外後廉，出肩解③，繞肩胛，交肩上，入缺盆，絡心，循咽下膈，抵胃，屬小腸（如圖8-14）。

其支者：從缺盆循頸，上頰，至目銳眥，卻入耳中。

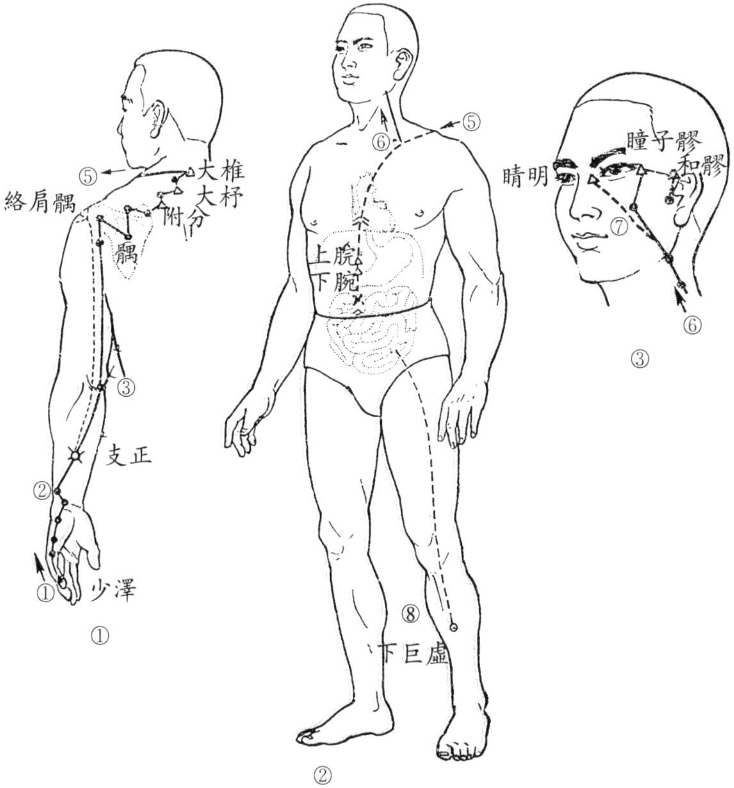

圖 8-14

其支者：別頰上䪼④，抵鼻，至目內眥（斜絡於顴）。

【注釋】：

①踝——手腕後方小指內側的高骨。

②兩骨——尺骨鷹嘴和肱骨內上髁。

③肩解——指肩關節縫。

④䪼——眼眶下方，包括顴骨內連及上牙床的部位。

7.足太陽膀胱經循行

《靈樞·經脈》：膀胱足太陽之脈，起於目內眥，上額，交巔①（如圖 8-15）。

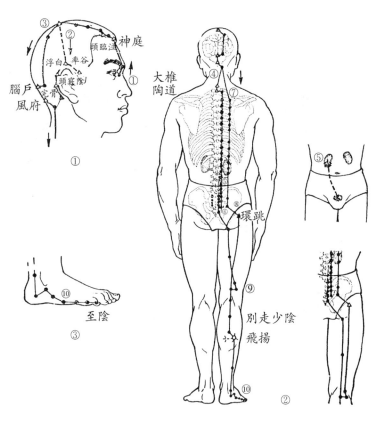

圖 8-15

其支者：從巔至耳上角。

其直者：從巔入絡腦，還出別下項，循肩膊內，挾脊②抵腰中，入循膂③，絡腎，屬膀胱。

其支者：從腰中，下挾脊，貫臀，入膕中。

其支者：從膊內左右別下貫胛，挾脊內，過髀樞④，循髀外後廉下合膕中——以下貫踹內，出外踝之後，循京骨至小指外側。

【注釋】：

①巔——百會穴處。

②挾脊——挾行脊柱兩旁。

③膂——挾脊兩旁的肌肉。

④髀樞——當股骨大轉子部，環跳穴處。

8.足少陰腎經循行

《靈樞・經脈》：腎足少陰之脈，起於小指（趾）之下，邪①走足心，出於然谷②之下，循內踝之後，別入跟中，以上踹內，出膕內廉，上股內後廉，貫脊屬腎，絡膀胱（如圖8-16）。

其直者：從腎上貫肝、膈，入肺中，循喉嚨，挾舌本。

其支者：從肺出，絡心，注胸中。

【注釋】：

①邪——通「斜」。

②然谷——舟骨粗隆。

9.手厥陰心包經循行

《靈樞・經脈》：心主手厥陰心包絡之脈，起於胸中，出屬心包絡，下膈，歷絡三焦①。

其支者：循胸出脅②，下腋三寸（10公分），上抵腋下，循臑內，行太陰、少陰之間，入肘中，下臂，行兩筋

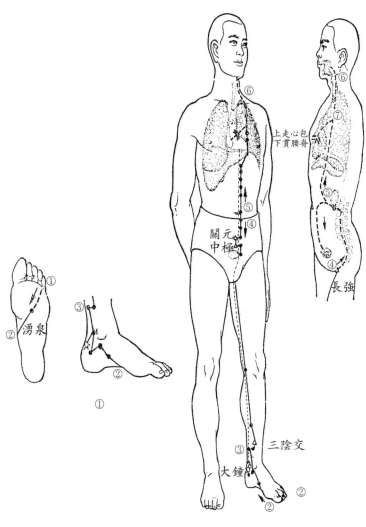

圖 8-16

之間，入掌中，循中指，出其端（如圖 8-17）。

其支者：別掌中，循小指次指③出其端。

【注釋】：

①歷絡三焦——指自胸至腹依次聯絡上、中、下三焦。

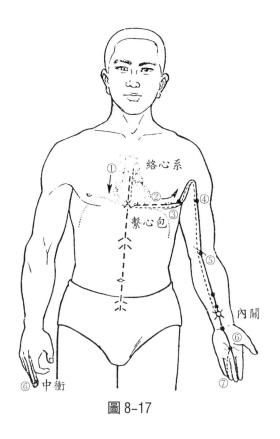

圖 8–17

②脇——乳下旁肋部。

③小指次指——指無名指。

10. 手少陽三焦經循行

《靈樞·經脈》：三焦手少陽之脈，起於小指次指之端，上出兩指之間①，循手表腕②，出臂外兩骨③之間，上貫肘，循臑外上肩，而交出足少陽之後，入缺盆，布膻中，散絡心包，下膈，遍屬三焦（如圖 8–18）。

其支者：從膻中，上出缺盆，上項，繫耳後，直上出耳上角，以屈下頰至䪼。

其支者：從耳後入耳中，出走耳前，過客主人，前交

頰，至目銳眥。

【注釋】：

①兩指之間──指第四、第五掌骨間。

②手表腕──指手背腕關節中。

③臂外兩骨──指前臂伸側尺、橈兩骨間。

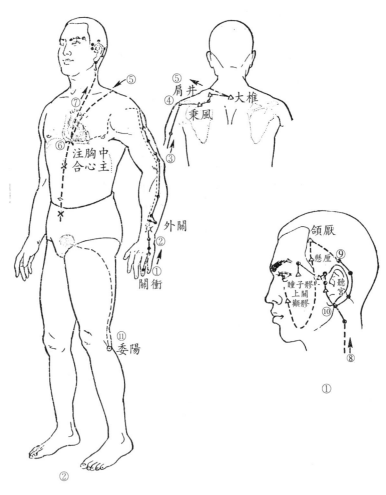

圖 8-18

11.足少陽膽經循行

《靈樞·經脈》：膽足少陽之脈，起於目銳眥，上抵頭角①，下耳後，循頸，行手少陽之前，至肩上，卻交出手少陽之後，入缺盆（如圖8-19）。

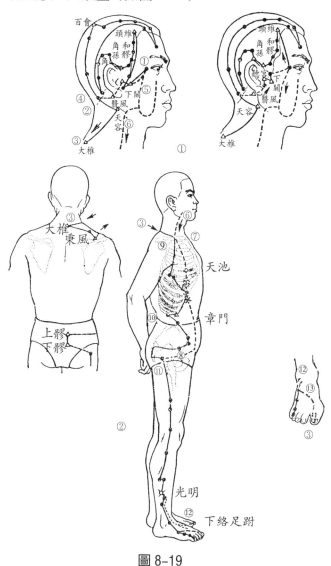

圖8-19

其支者：從耳後入耳中，出走耳前，至目銳眥後。

其支者：別銳眥，下大迎，合於手少陽，抵於頔，下加頰車，下頸，合缺盆——以下胸中，貫膈，絡肝、屬膽，循脅裡，出氣街，繞毛際②，橫入髀厭③中。

其直者：從缺盆下腋，循胸，過季脅，下合髀厭中——以下循髀陽④，出膝外廉，下外輔骨⑤之前，直下抵絕骨之端，下出外踝之前，循足跗上，入小指次指之間。

其支者：別附上，入大指之間，循大指岐骨內⑥，出其端，還貫爪甲、出三毛⑦。

【注釋】：

①頭角——額結節部。

②毛際——指恥骨陰毛處。

③髀厭——髀樞，環跳穴部。

④髀陽——大腿外側。

⑤外輔骨——指腓骨。

⑥大指岐骨——指第一、第二跖骨。

⑦三毛——足趾背短毛。

12. 足厥陰肝經循行

《靈樞‧經脈》：肝足厥陰之脈，起於大指叢毛之際，上循足跗上廉，去內踝一寸（約3.3公分），上踝八寸（約27公分），交出太陰之後，上膕內廉，循股陰①，入毛中，環陰器，抵小腹，挾胃，屬肝，絡膽，上貫膈，布脅肋，循喉嚨之後，上入頏顙②，連目系，上出額，與督脈會於巔（如圖8-20）。

其支者：從目系下頰裡，環唇內。

其支者：復從肝別貫膈，上注肺。

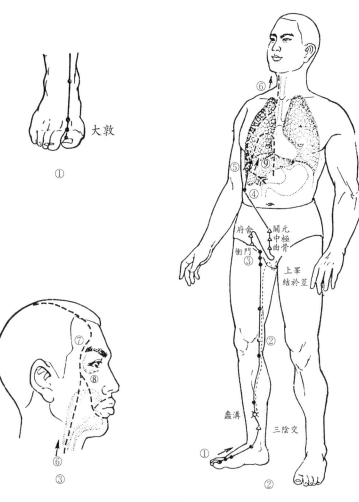

圖 8-20

【注釋】：

①股陰——大腿內側。

②頏顙——指喉頭和鼻咽部。

13.督脈循行分布

《奇經八脈考》：其脈起於腎下胞中，至於少腹，乃

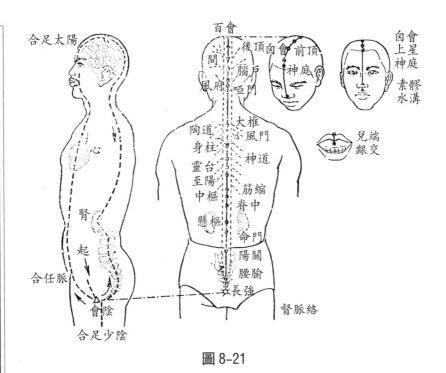

圖 8-21

下行於腰橫骨圍之中央，繫溺孔之端。男子循莖下至篡，
女子絡陰器，合篡間，具繞篡後屏翳，別繞臀，至少陰與
太陽中絡者合少陰上股內廉，由會陽貫脊，會於長強穴。
在骶骨端與少陰會，並脊裡上行，歷腰俞、陽關、命門
……大椎，與手足三陽會合，上啞門，上至風府，上巔，
歷百會至神庭，循額中，至鼻柱，經素髎、水溝，會於手
足陽明至兌端齦交，與任脈足陽明交會而終（如圖 8-
21）。

14.任脈循行分布

《素問·骨空論》：任脈者，起於中極之下，以上毛
際，循腹裡，上關元，至咽喉，上頤循面入目。

《靈樞·五音五味》：沖脈、任脈皆起於胞中，上循

背裡，為經絡之海；其浮而外者，循腹（右）上行，會於咽喉，別而絡唇口。

《靈樞·經脈》：任脈之別，名曰尾翳，下鳩尾，散於腹（如圖 8-22）。

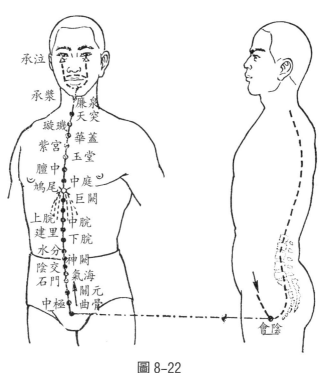

圖 8-22

常 用 腧 穴

(一)百 會

定位：在頭部，當前髮際正中直上約 17 公分，後髮際正中直上約 23 公分，兩耳尖連線的中點處。

功能：本穴屬督脈，督脈為陽脈之海，連繫手足各陽經，具有統調全身陽氣作用。百會穴為督脈、手足三陽經交會穴，能貫通諸條陽經，具有升陽益氣作用。

主治：氣虛下陷的病症和精血不能上充於腦，氣隨血脫，血隨氣脫引起的病症。

(二)氣海(下丹田)

定位：在臍下 5 公分，腹中線上，深部為小腸。

功能：本穴為任脈經穴，可大補元氣。或針、或灸、或周圍按摩、或意守之，功似人參黃芪、杜仲等。

主治：一切真氣不足，臟器虛憊。

(三)膻中（中丹田）

定位：在胸部，前正中線上，平第 4 肋間，兩乳頭連線的中點。

功能：瀉膻中能寬胸利膈，理氣通絡，清肺降逆，化痰。練拳時，「心氣下降」可平「橫氣填胸」之弊。

主治：咳喘，胸悶，胸痺，胸陽不足，乳汁缺乏。

(四)腎　　兪

定位：第二腰椎棘突下，旁開 5 公分。深部為腎臟。

功能：益腎壯陽，納氣利水。本穴為腎臟之氣輸注之處。

主治：因腎虛引起的多種病，如遺精、陽痿、月經不調、腰膝酸軟、耳鳴耳聾等。

太極拳家認為腎為內氣之源，故有「出腎入腎是真訣」之說。

(五)少　　商

定位：在拇橈側，距指甲角外上方 1 / 3 公分處。

功能：本穴為肺經井穴，所出為井，言其脈氣外發，點刺放血可清熱涼血，利咽開竅。

主治：肺衛病，神志病，咽喉病。

(六)命　　門

定位：在第 2 腰椎棘突下凹陷中。

功能：命門穴為督脈腧穴，為元氣之本，生命之門戶，故稱命門。命門之火起溫煦臟腑作用，故本穴有溫腎壯陽之功。

主治：腎陽不足所引起的陽痿、尿頻、腰痛等病症。

(七)神闕（臍）

定位：臍中央。

功能：回陽固脫，健運脾陽。

主治：脫症（四肢不溫、陽氣衰敗），泄瀉，蕁麻疹。多用灸法。

（八）關　元

定位：位於臍下三寸（10 公分），腹中線上，穴下是小腸、膀胱和子宮底部。

功能：溫腎、散寒、益氣。

主治：中風脫證，遺尿，陽痿，水腫等。

經常艾灸關元能夠強壯身體，預防疾病。

（九）人中（水溝）

定位：在面部，當人中溝上 1/3 與中 1/3 交點處。

功能：本穴屬督脈腧穴，具有醒腦開竅、回陽救逆功效。

主治：昏迷，暈厥，癲癇，小兒驚風等。

（十）內　關

定位：在前臂掌側，腕橫紋上約 7 公分，掌長肌腱與橈側腕屈肌腱之間。

功能：本穴為八脈交會穴，善治內臟疾患。針刺或指壓本穴可開竅醒神，理氣強心，和胃止嘔。

主治：癲癇，癔病，厥脫；可改善心臟功能，調整腦循環，調整血壓。

第九編
陳氏太極拳論

拳經總歌

陳王廷

縱放屈伸人莫知，諸靠纏繞我皆依。

劈打推壓得進步，搬撾橫採也難敵。

鉤掤逼攬人人曉，閃驚巧取有誰知。

佯輸詐走雖云敗，引誘回沖致勝歸。

滾拴搭掃靈微妙，橫直劈砍奇更奇。

截進遮攔穿心肘，迎風接步紅炮捶。

二換掃壓掛面腳，左右邊簪樁根腿。

截前壓後無縫鎖，聲東擊西要熟識。

上籠下提君須記，進攻退閃莫遲遲。

藏頭蓋面天下有，攢心剁肋世間稀。

教師不識此中理，難將武藝論高低。

太極拳經譜

陳　鑫

太極兩儀，天地陰陽，闔闢動靜，惟柔與剛，屈伸往來，進退存亡，一開一合，有變有常。虛實兼到，忽見忽藏，健順參半，引進精詳，或收或放，忽弛忽張，錯綜變化，欲抑先揚，必先有事，勿助勿忘，日就月將，質而彌

光。盈虛有象，出入無方，神以知來，智以藏往，賓主分明，中道皇皇，經權互用，補短截長。神龍變化，儔測汪洋，沿路纏綿，靜運無慌，肌膚骨節，處處開張，不先不後，迎送相當。前後左右，上下四旁，轉接靈敏，緩急異常，高擎低取，如願相償，不滯於跡，不涉於虛，至誠運動，擒縱由餘，天機活潑，浩氣流行。

　　虛中有實，制勝權衡，順來逆往，令彼莫測。因時制宜，中藏妙訣，外引（外面引誘）內擊（以內精進而擊之即半引半進也），中行無偏，聲東擊西，由來皆然，寒往暑來，誰識其端，千古一日，至理循環，上下相隨，不可空談，循序漸進，仔細研究，果能攻苦，終躋渾然，至疾至迅，纏繞迴旋，離形得似，何非月圓，精練至極小亦圈，日中則昃，月滿則虧，敵如詐誘，不可緊追，若逾界限，災難轉回，況一失勢，雖悔何追，我守我疆，不卑不亢，九折羊腸，不可稍讓，若讓他人，魂飛魄喪，急與爭鋒，能上能下，多佔一分，我據形勢，一夫當關，萬夫失勇，沾連黏隨，會神聚精，運我虛靈，彌加慎重，細膩熨貼，中權後勁，虛籠詐誘，只為一轉，來脈得勢，轉關何難？實中有虛，預防中變，虛中有實，孰策機關，不遮不架，不頂不延（遲也），不軟不硬，不脫不沾，突如其來，人莫知其所以然，只覺如風吹倒，靈敏難言，試一形容，有經有權，宜輕則輕，斟酌無偏，宜重則重，如虎下山，引視彼來，進由我去，來宜聽真，進貴神速，先窺其勢，繼窺其隙，其隙可乘，即時而入，失此機會，恐難再得，一點靈境，為君指出。

　　至於身法，原無一定，無定有定，在人自用。橫豎顛倒，立坐臥伏，中心莫亂，自有妙術，前俯後仰，左倚右

側，中氣貫通，無不皆得，變象無窮，難盡其形，氣不離理，一言可罄，開合虛實，即為拳經。用力日久，豁然貫通，默會融貫，漸臻神聖，渾然無跡，妙手空空，若有鬼神，助我虛靈，惟有此心，默持以敬。

太極拳拳譜

陳　鑫

中氣（即太和之元氣）貫足，精神百倍，臨陣交戰，切勿先進，如不得已，淺償帶引，靜以待動，堅持壁壘，堂堂之陣，整整之旗，有備無患，常守其真，一引一進，奇正相生，佯輸詐敗，反敗為攻，一引即進，轉（轉者方引而忽轉之）進如風，進至七分，即速停頓。兵行詭計，嚴防後侵，前後左右，俱要留心。

進步莫遲，不直不遂，足隨手運，圓轉如神，忽上（手足向上）忽下（手足向下），或順（用順纏法）或逆（用倒纏法），日光普照，不落邊際，我之進取，須令不防，人若能防，必非妙方，大將臨敵，無處不慎，四面旋繞，一齊並進（言被圍也），斬將奪旗，絕妙入神（言破敵也），太極至理，一言難盡，陰陽變化，存乎其人，稍涉虛偽，妙理難尋。

太極拳十大要論

陳長興

（一）理

夫物散必有統，分必有合，天地間四面八方，紛紛者各有所屬，千頭萬緒，攘攘者自有其源。蓋一本可散為萬殊，而萬殊咸歸與一本，拳術之學亦不外此公例。

夫太極拳者，千變萬化，無往非勁，勢雖不侔，而勁歸於一；夫所謂一者，自頂至足，內有臟腑筋骨，外有肌膚皮肉，四肢百骸相聯而為一也。破之而不開，撞之而不散，上欲動而下自隨之，下欲動而上自領之，上下動而中部應之，中部動而上下和之，內外相連，前後相需，所謂一以貫之者，其斯之謂歟，而要非勉強以致之，襲焉而為之也。

當時而動，如龍如虎，出乎爾而，急如電閃。當時而靜，寂然湛然，居其所而穩如山岳。靜無不靜，表裡上下全無參差牽掛之意。動無不動，前後左右均無猶豫抽扯之形，洵乎若水之就下，沛然莫能禦之也。若火機之內攻，發之而不及掩耳。不假思索，不煩擬議，誠不期然而已然。蓋勁以積日而有益，功以久練而後成，觀聖門一貫之學，必俟多聞強識格物致知方能有功；是知事無難易，功惟自進，不可躐等，不可急就按步就序，循序漸進，夫而後百骸筋節，自相貫通，上下表裡不難聯絡，庶手散者統

之，分者合之，四肢百骸總歸於一氣矣。

(二)氣

天地間未有一往而不反者，亦未常有直而無曲者矣；蓋物有對待，勢有回還，古今不易之理也。常有世之論捶者，而兼論氣者矣。夫主於一何分為二；報謂二者即呼吸也，呼吸即陰陽也。捶不能無動靜，氣不能無呼吸，呼則為陽，吸則為陰，上升為陽，下降為陰，陽氣上升而為陽，陽氣下行而為陰，陰氣上升即為陽，陰氣下降仍為陰，此陰陽之所以分也。

何為清濁，升而上者為清，降而下者為濁。清者為陽，濁者為陰，然分而言之為陰陽，渾而言之統為氣；氣不能無陰陽，即所謂人不能無動靜，鼻不能無呼吸，口不能無出入，而所以為對待回還之理也。然則氣分為二，而貫於一，有志於是途者，其勿以是為拘拘焉耳。

(三)三　節

夫氣本諸身，而身節中甚繁，若逐節論之，則又遠手拳術之宗旨，惟分為三節而論，可為得其截法；三節上、中、下或根、中、梢也。以一身言之：頭為上節，胸為中節，腿為下節。

以頭面言之：額為上節，鼻為中節，口為下節。以中身言之：胸為上節，腹為中節，丹田為下節。以腿言之：胯為根節，膝為中節，足為梢節。以臂言之：膊為根節，肘為中節，手為梢節。以手言之：腕為根節，掌為中節，指為梢節。觀於此，而足不必論矣。

然則至經至足，莫不各有三節也；要之，既莫非三節

之所，既莫非著意之處；蓋上節不明，無依無宗。中節不明，滿腔是空。下節不明，顛覆必生。由此觀之，身三節部，豈可忽也。至於氣之發動，要從梢節起，中節隨，根節催之而已。此固分而言之。若合而言之，則上自頭頂，下至足底，四肢百骸，總為一節，夫何為三節有哉；又何三節之中各有三節云乎哉！

(四)四　梢

試於論身之外，而進論四梢。夫四梢者，身之餘緒也；言身者初不及此，言氣者亦所罕聞，然捶以由內而發外，氣本諸身而髮梢，氣之為用，不本諸身，則虛而不實；不行於梢，則實而仍虛；梢亦可弗講乎！若手指足特論身之梢耳？而未及梢之梢也。

四梢惟何，髮其一也，夫髮之所繫，不列於五行，無關於四體，是無足論矣；然髮為血之梢，血為氣之海，縱不本諸發而論氣，要不可離乎血以生氣，不離乎血，即不得不兼乎髮，髮欲沖冠，血梢足矣。

抑舌為肉之梢，而肉為氣之囊；氣不能行諸肉之梢，即氣無以充其氣之量；故必舌欲催齒，而肉梢足矣。

至於骨梢者，齒也，筋梢者，指甲也，氣生於骨而聯於筋，不及乎齒，即不及乎骨之梢，不及乎指甲，即不及乎筋之梢，而欲足爾者，要非齒欲斷筋，甲欲透骨不能也。果能如此，則四梢足矣。四梢足，而氣自足，豈復有虛而不實，實而仍虛之弊乎！

(五)五　臟

夫捶以言勢。勢以言氣，人得五臟以成形，即由五臟

而生氣，五臟實為性命之源，生氣之本，而各為心、肝、脾、肺、腎也。心屬火，而有炎上之象。肝屬木，而有曲直之形，脾屬土，而有敦厚之勢。肺屬金，而有從革之能。腎屬水，而有潤下之功。此乃五臟之意而猶準之於氣，皆有所配合焉。

凡世之講拳術者，要不能離乎斯也。其在於內胸廓為肺經之位，而肺為五臟之華蓋，故肺經動，而諸臟不能不動也。兩乳之中為心，而肺抱護之。肺之下，膈之上，心經之位也。心為君，心火動，而相火無不奉命焉，而兩乳之下，右為肝，左為脾，背之十四節骨節為腎，至於腰為兩腎之本位，而為先天之第一，又為諸臟之根源；故腎足，則金、木、水、火、土，無不各顯生機焉。此論五臟之部位也。

然五臟之存乎內者，各有定位，而見於身者，亦有專屬，但地位甚多，難以盡述，大約身之所繫中者屬心，窩者屬肺，骨之露處屬腎，筋之聯處屬肝，肉之厚處屬脾。想其意，心如猛，肝如箭，脾之力大甚無窮，肺經之位最靈變，腎氣之動快如風，是在當局者自為體驗，而非筆墨所能盡罄者也。

(六)三　合

五臟即明，再論三合，夫所謂三合者，心與意合，氣與力合，筋與骨合，內三合也。手與足合，肘與膝合，肩與胯合，外三合也。若以左手與右足相合，左肘與右膝相合，左肩與右胯相合，右三與左三亦然。

以頭與手合，手與身合，身與步合，孰非外合。心與目合，肝與筋合，脾與肉合，肺與身合，腎與骨合，孰非

內合。然此特從變而言之也。總之，一動而無不動；一合而無不合，五臟百骸悉在其中矣。

(七)六　進

既知三合，猶有六進。夫六進者何也？頭為六陽之首，而為周身之主，五官百骸莫不體此為向背，頭不可不進也。手為先鋒，根基在腳，腳不進，則手卻不前矣，是腳亦不可不進也。氣聚於腕，機關在腰，腰不進則氣餒，而不實矣，此所以腰貴於進者也。意貫周身，運動在步，步不進而意則索然無能為矣，此所以必取其進也。以及上左必進右，上右必進左。共為六進。

此六進者，熟非著力之地歟，要之：未及其進，合周身毫無關動之意，一言其進，統全體全無抽扯之形，六進之道如是已。

(八)身　法

夫發手擊敵，全賴身法之助，身法維何？縱、橫、高、低、進、退、反、側而已。縱，則放其勢，一往而不返。橫，則理其力，開拓而莫阻。高，則揚其身，而身有增長之意。低，則抑其身，而身有攢足之形。當進則進，殫其力而往直前。當退則退，速其氣而回轉扶勢。至於反身顧後，後即前也。側顧左右，左右惡敢當我哉。而要非拘拘焉而為之也。

察夫人之強弱，運乎已之機關，有忽縱而忽橫，縱橫因勢而變遷，不可一概而推。有忽高而忽低，高低隨時以轉移，豈可熟一而論。時而宜進不可退，退以餒其氣。時而宜退，即以退，退以鼓其進。是進固進也，即退以實以

助其進。若反身顧後，而後不覺其為後。側顧左右，而左右不覺其為左右。

總之，觀在眼，變化在心，而握其要者，則本諸身。身而前，則四體不命而行矣。身而怯，則百骸莫不冥然而處矣。身法固可置而不論乎。

(九)步　法

今夫四肢百骸主於動，而實運以步；步者乃一身之根基，運動之樞紐也。以敵應戰、對戰，本諸身。而所以為身之砥柱者，莫非步。隨機應變在於手。而所以為手之轉移者，又在於步。進退反側，非步何以作鼓動之機，抑揚伸縮，非步何以示變化之妙。即為觀察在眼，變化在心，而轉彎抹角，千變萬化，不至窮迫者，何莫非步之司命，而要非勉強可致之也。

動作出於無心，鼓舞出於不覺，身欲動而以之周旋，手將動而步亦早為之催迫，不期然而已然，莫之驅而若驅，所謂上欲動而下自隨之，其斯之謂歟！且步分前後，有定位者，步也。無定位者，亦步也。如前步進，而後步亦隨之，前後自有定位也。若前步作後步，後步作前步，更以前步作後步之前步，後步作前步之後步，前後亦自有定位矣。總之，捶以論勢，而握要者步也。活與不活在於步，靈與不靈亦在於步也。步之為用大矣哉！

(十)剛　柔

夫拳術之為用，氣與勢而已矣。然而氣有強弱，勢分剛柔，氣強者，取手勢之剛，氣弱者，取手勢之柔。剛者，以千鈞之力而扼百鈞；柔者，以百鈞之力而破千鈞。

尚力尚巧，剛柔之所以分也。

　　然剛柔既分，而發用亦自有別，四肢發動，氣行諸外，而內持靜重，剛勢也。氣屯於內，而外現輕和，柔勢也。用剛不可無柔，無柔則環繞不速。用柔不可無剛，無剛則催逼不捷。剛柔相擠。則沾、游、連、隨、騰、閃、折、空、掤、攦、擠、捺，無不得其自然矣。則剛不可偏用，用武豈可忽耶。

用武要言和戰鬥篇

陳長興

　　「要訣云：捶自心出。拳隨意發，總要知己知彼，隨機應變。」

　　「心氣一發，四腳皆動，足起有地，動轉有位，或沾而游，或連而隨，或騰而閃，或折而空，或掤而攦，或擠而捺。」

　　「拳打五尺以內，三尺以外，遠不發肘，近不發手，無論前後左右，一步一捶，遇敵以得人為準，以不見形為妙。」

　　「拳術如戰術，擊其無備，襲其不意，乘機而襲，乘襲而擊，虛而實之，實而虛之，避實擊虛，取本求末，出遇眾圍，如生龍活虎之狀，逢擊單敵，似巨炮直轟之勢。」

　　「上中下一氣把定，身手足規矩繩束，手不向空起，亦不向空落，精敏神巧全在活。」

「古人云：能去、能就、能剛、能柔、能進、能退，不動如山岳，難知如陰陽，無窮如大地，充實如太倉，浩渺如四海，眩耀如三光，察來勢之機會，揣敵人之短長，靜以待動，動以處靜，然後可言拳術也。」

「要訣云：借法容易，上法難，還是上法最為先。」

「戰鬥篇云：擊手勇猛，不當擊梢，迎面取中堂，搶上搶下勢如虎，類似鷹鷂下雞場；翻江撥海不須忙，丹鳳朝陽最為強；雲背日月天交地，武藝相爭見短長。」

「要訣云：發步進入須進身，身手齊到是為真，法中有訣從何取，解開其理妙如神。」

「古有閃過打顧之法：何為閃，何為進，進即閃，閃即進，不必遠求。何為打，何為顧，顧即打，打即顧，發手便是。」

「古人云：心如火藥，手如彈。靈機一動鳥難逃，身似弓弦，手似箭，弦響鳥落顯奇神。起手如閃電，電閃不及合眸。擊敵如速雷，雷發不及掩耳。左過右來，右過左來。手從心內發，落向前落。力從足上起，足起猶火作。」

「上左須進右，上右須進左，發步時足跟先著地，十趾要抓地，步要穩當，身要莊重，去時撒手，著人成拳，上下氣要均停，出入以身為主宰；不貪，不欠，不即，不離。拳由心發，以身催手，一肢動百骸皆隨；一屈，統身皆屈；一伸，統身皆伸，伸要伸得盡，屈要屈得緊。如捲炮捲得緊，崩得有力。」

「戰鬥篇云：不拘提打，按打，擊打，沖打，膊打，肘打，胯打，腿打，頭打，手打，高打，低打，順打，橫打，進步打，退步打，截氣打，借氣打以及上下百般打

法，總要一氣相貫。」

「出身先佔巧地，是為戰鬥要訣。骨節要對，不對則無力，手把要靈，不靈則生變。發手要快，不快則遲誤。打手要狠，不狠則不濟。腳手要活，不活則擔險。存心要精，不精則受愚。」

「發身：要鷹揚勇猛，潑皮膽大，機智連環。勿畏懼遲疑，如關臨白馬，趙臨長坂，神威凜凜，波開浪裂，靜如山岳，動如雷發。」

「要訣云：人之來勢，務要審察，足踢頭前，拳打膊乍，側身進步，伏身起發。」

「足來提膝，拳來肘撥，順來橫擊，橫來捧壓，左來右接，右來左迎，遠便上手，近便用肘，遠便腳踢，近便加膝。」

「拳打上風，審顧地形，手要急，足要輕，察勢如貓行，心要整，目要清，身手齊到始成功，手到身不到，擊敵不得妙，手到身亦到，破敵如催草。」

「戰鬥篇云：善擊者，先看部位，後下手勢。上打咽喉，下打陰，左右兩肋並中心。前打一丈不為遠，近打只在一寸間。」

「要訣云：操演時面前如有人，對敵時有人如無人。面前手來不見手，胸前肘來不見肘。手起足要落，足落手要起。」

「心要佔先，意要勝人，身要攻人，步要過人，頭須仰起，胸須現起，腰須豎起，丹田須運起，自項自足，一氣相貫。」

「戰鬥篇云：膽戰心寒者，必不能取勝。不能察形勢者，必不能防人。」

「先動為師，後動為弟，能教一思進，莫教一思退。膽欲大而心欲小，運用之妙，存乎一心而已，一而運乎二氣，行乎三節，現乎四梢，統乎五行。時時操演，朝朝運化，始而勉強，久而自然。拳術之道學，終於此而已矣。」

太極拳論分類語錄

陳長興　　陳　鑫

(一)心靜身正　以意運動

「學者上場打拳，端然恭立，合目息氣，兩手下垂，身樁端正，兩足並齊，心中一物無所著，一念無所思，穆穆皇皇，渾然如大混沌無極景象，故其形無可名，名之曰無極，象形也。」

「太極者，生於無極也。陰陽由微至著，循環無端，即其生生之機也……打拳上場手足雖未運動，而端然恭正之中，其陰陽開合之際，消息盈虛之數，已俱寓於心腹之內。此時一志凝神，專著於敬，而陰陽開合，消息盈虛，持未形耳。時無可名，亦名之曰太極。言此以學者初上場時，先洗心滌慮，去其妄念，平心靜氣，以待其動。如此而後可以學拳。」

「拳名太極，實天機自然之運行，陰陽自然之開合也，一絲不假強為，強為者非太極自然之理，不得名為太

極拳。」「精神貴乎蘊蓄，不可外露圭角。」

「靜以待動。」「太和元氣到靜時，不靜不見動之奇。」「不矜不張，局度雍容，雖曰習武，文在其中矣。」

「身必以端正為本。」

「身法端凝莫測，收斂精神，別無他訣，心平氣和則得。」

「身法正者，身樁端正，無所偏倚，虛靈內含，故不懼他人推倒。」

「不偏不倚，無過不及。」

「不偏不倚，非形跡之謂，乃神自然得中之謂也。」「若兼帶俯仰伸縮法，規矩方為完全合一。久練純熟則起落進退，旋轉自由，而輕重虛實，剛柔齊發。」

「打拳原是備身法，身法有正有邪，有直有曲，有順有逆；有偏前，有偏後，有偏左，有偏右；有偏上，有偏下；有在地上坐，有在空中飛；有束住，有散開。種種身法，不可枚舉，皆由中氣以貫之。此臨時以意會之自知。」

「身雖有時歪斜，而歪斜之中，自寓中正不可拘泥。」

「間架即有時身法歪斜，是亦中正之偏，偏中有正，具有真意，有真意其一片，纏綿意致，非同生硬挺霸，流於硬派。」

「以心中浩然之氣，運於全體，雖有時形體斜倚，而斜倚之中，自有中正之氣以宰之。」

「至於身法，原無一定，無定有定，在人自用，橫豎顛倒，立坐臥挺，前俯後仰，奇正相生，回旋倚側，攢躍皆中，千變萬化，難繪其形。」

「身法不論大身法轉關，或小身法過角，以靈動敏捷為尚。」

「能會此身轉移法，神機變化在其中。」

「打拳心是主。」「以心為主，而五官百骸無不聽命。」

「天君有宰，百骸聽命。」

「運用在心，此是真訣。」「中和元氣，隨意所之，意之所向，全神貫注。」

「動靜緩急，運轉隨心。」「運化全在一心中。」

「四體從心而運，官骸皆悅以順從，而要皆以乾坤正氣行之也。」

「心中一物無有，極其虛靈，一有所著，則不虛不靈，惟靜以持之，養其誠以至動靜咸宜，變化不測。」

「妙機本是從心發。」

「問：運行之主宰？曰：主宰於心。心欲左右更迭運行，則左右手足更迭運行；心欲用纏絲勁順轉圈，則左右手用纏絲勁順轉圈；心欲沉肘壓肩，肘即沉，肩即壓；心欲胸腹前合，腰勁淯下，襠口開圓，而胸向前合，腰勁塌下，襠即開圓，無不如意；心欲屈兩膝，兩膝即屈，右足隨右手運行，左足隨左手運行，而膝與左右足皆隨之，不然多生疵累，此官骸之所以不得不從乎心也。吾故曰：心為一身運行之主宰。」

「或曰：拳之大概即聞命矣，而要打不出神情，何也？曰：此在平居去其欲速之心，如孟子所言，必有事焉而勿正，心勿忘，勿助長焉。臨場先去其輕浮慌張之氣，清心寡欲，平心靜氣，著著循規蹈矩，積久功熟，然後此中層累曲折，歷盡難境，苦去甘來，機去橫生，淳不可

遏，心中有情有景自然打出神情來。要之此皆人力所能為者，至於無心成化，是在涵養，日久優游，以俟其自至則得矣。」

「一片靈機寫太和，全憑方寸變來多，有心運到無心處，秋水澄清出太阿。」

「拳雖小技，皆本太極正理。」

「拳雖武藝，得其正道，無往不宜。」

(二)開合虛實　呼吸自然

「開合虛實，即為拳經。」

「以吾身本有之元氣，運於吾身，其屈伸往來，收放擒縱，不過一開一合與一虛一實焉已耳。」

「一開一合，拳術盡矣。」

「動靜循環，豈有間哉！吾所謂：一動一靜，一開一合，足盡拳中之妙。」

「一開一合妙如微，上下四旁濁化機，縱使六子俱巧舌，也難描寫雪花飛。」

「開合原無定，屈伸勢相連。太極分陰陽，神龍變無方。」

「蓋闢剛柔順自然，一揚一抑理循環。」

「一開一合，有變有常，虛實兼到，忽現忽藏。」

「開中有合，合中有開，虛中有實，實中有虛。」

「實中有虛，虛中有實，太極自然之妙用，至結果之時，始悟其理之精妙。」

「周身一齊合到一塊，神氣不散，方能一氣流通，衛護周身。」

「打拳以調養血氣，呼吸順氣自然。調息綿綿，操固

內守，注意玄關……輕輕運行，默默停止，惟以意思運行。」

「頭直眼平視，肩與肩合，肘與肘合，手與手合，大腿根與大腿合，膝與膝合，足與足合，平心靜氣，說合上下一齊合住，氣歸丹田，合法皆用倒（逆）纏法。」

「開則俱開，合則俱合。」「至合之時，氣必歸於丹田。」「一開一合，莫非自然。」

「非但合之以勢，宜先合之以神。」

「合者合其全體之神，不但合其四肢。」

「一開一合陰陽備，四體股勤骨節張。」

「每日細玩太極圖，一開一合在吾身。」

「心要虛，心虛則四體皆虛，丹田與腰勁足底要實，三處一實則四體之虛者皆實，此之為虛而實。」

「天地陰陽之理，不過消息盈虛而已，故孔子尚消息盈虛，打太極拳亦是消息盈虛。息者，喘息也，呼吸之氣也，生長也，故人之子謂之息，以其所生也，因氣微，故謂之息。消者，減也，退也，盈也，中間充滿也。虛者，中間空也。」

(三) 輕靈圓轉　中氣貫足

「能靜能敬，自保虛靈。」

「心身不可使氣，輕輕運動。」「以靈動敏捷為尚。」

「且心一虛，則全體皆虛，惟虛則靈，靈足以應敵。」「打拳者，手極虛極靈，物有挨著即知，即能隨機應之，不惟手，即背面全身盡是虛靈。」

「往來屈伸，如風吹楊柳，天機動蕩，活潑潑地毫無

滯機。」

「以虛靈之心，養剛中之氣。」

「至於手足運動，不外一圈，絕無直來直去。」「所畫之圈有正斜，無非一圈一太極。」「沿路纏綿，靜運無慌。」「足隨手運，圓轉如神。」

「離形得似，何非月圓，精練已極，極小亦圈。」「圈是周身轉，不但手足，而手足在外易見，故以手轉言之。」

「越小小到沒圈時，方歸太極真神妙。」

「打拳中氣所在，人孰能禁。」

「以浩然之氣行之，無往不宜。」

「心勁一發，而周身之筋脈骨節，無不隨之，外之所形，皆由中之所發，故曰內勁。」

「內勁何發何行？發於一心，而行於四肢之骨髓，充於四肢之肌膚。」

「不滯不息，不乖不離，不偏不倚，即是中氣。」

「中氣得十分滿足，氣勢盛足。」

「拳以中氣運行，人乃心腹，斯即化成天下。」

「以引足為止，學者多性躁，未下功夫，先好打人，不知侵到何處，即以何處引擊，不拘定格。」

「中氣貫足，物來順應，物莫能違。」

「拳家手成，能平其志，自無橫氣。」

「中氣運到手指頭方為運足。」

「足大趾待手氣走足後，乃與手一起合住，此時方可踏實。」

「其勁皆發於心內，入於骨縫，外達於肌表，是一股勁，非有幾股勁，即氣之發於心者。得其中正即為中氣，

養之即為浩然之氣。」

「中氣貫脊中。」

「若問此中真消息，須尋脊背骨節中。」

「中氣上自百會穴，下貫長強穴，如一線穿成也。」

「中氣貫於心腎之中，上通頭頂，下達會陰……中氣充實於內，而後開合擒縱，自無窒礙。」「中氣必由胳膊中徐徐運行，不可慌張忽略，順其當然之則，運其自然，勿令偏倚，而以心氣行於兩肱之中，是為中氣。」

「其形若止，其意不止，漸漸充其內勁，必使勁由骨縫中充至肌膚，以及指頭，待內勁十分充足，則下勢之機致自動。」

「一氣運行，絕不停留，純是浩氣流轉於周身，勢不可遏。」

「但憑得周身空靈，一縷中氣隨勢揚。」

「兩人相敵，性命所關，外觀諸人，內觀諸己，知己知彼，百戰百勝，而一以中氣禦之，不失大中至正之道。」

「以心中之中氣運乎四肢之中，是人所不見己，我獨知之地，須時時神而會之，久而自明。」

「頂勁領起來，頂勁何在？在百會穴，其意些須領住就算，不可太過，過則下掤上懸，立而不穩，此是一身關鍵，中氣之所通者，不可不知。中氣上通百會，下通二十椎，此處一通則上下皆通，全體之氣脈胥通，自無倒傾之弊。腦後二股筋是佐中氣之物，二筋之間其無筋處乃中氣上下流通之路，下行脊骨之中至二十一椎止。即前後任督二脈亦皆是輔吾之中氣。」

「中氣最難名，即中氣所行之路以最難名，無形無

聲，非用功夫久，不能知也。所以不偏不倚，非形跡之謂，乃神自然得中之謂也。即四肢中所運之中氣亦即此中氣之旁流，非另有一中氣。此處不偏，而後四肢之中氣皆不偏，雖四體形跡呈多偏勢，而中氣之流於肢體中者自是不偏，此意第可神而明之。」

「氣非有二，其柔百勁者為中氣，一味硬者為橫氣。其為用地，不偏不倚，無過不及，是中氣之用，非中氣之體。中氣之體即吾心中陰陽之正氣，即孟子所謂配道義浩然之氣也。」

(四)纏繞運動　舒暢經絡

「凡經絡皆有益於拳。」

「打太極拳須明纏絲勁，纏絲者，運中氣之法門也，不明此，即不明拳。」

「太極拳纏絲法也。進纏退纏，左右纏，上下纏，裡外纏，大小纏，順逆纏，而要莫非即引即纏，即進即纏，不能各是各著；若各是各著，非陰陽互為其根也。」「渾身俱是纏絲勁，大約裡纏外纏，皆是隨動而發，有左手前，右手後，右手前，左手後，而以一順合者，亦有左裡合，右背合者；亦有用反背勁而往背面合者，各因其勢之如何而以自然者運之。其勁皆發於心內，入於骨縫，外達於肌膚，是一股勁，非有幾股勁。即氣發於心者，得其中正，則為中氣，養之即為浩然之氣。」

「此中意趣，莫割斷神氣，神氣不斷，血脈自然流通。」

「天地間未有一往而不反者，亦未嘗有直而無曲者矣。」

「蓋物有對待，勢有回還，古今不易之理也。」「衛生之本，還氣妙訣。能善運氣，始能衛其生命。」

「自當從良師，又宜訪高朋，處處循規矩，一線啟靈明；一層深一層，層層妙無窮，一開連一合，開合遞相承。」

「五運六氣司變化，武術得之自通神。」

「此勁皆由心中發，股肱表面似纏絲，斜纏順逆原有定，最耐淺深細究研。研究功夫真積久，一旦豁然太極拳，人身處處皆太極，一動一靜皆混然。」

「胳膊勁由心發，行於肩過肘，至指，此是順纏法。由骨至肌膚，由肩至指，出勁也。由指至肩倒（逆）纏法，所謂入勁者，引之而來，使敵近於我也。」

「兩腿之勁，皆由足大趾領起，過湧泉，上纏過外踝，向裡纏，斜行而上，過三里，越膝，俞血海，至大腿根，兩腿根間謂之襠，即會陰穴也。運動足後跟踏地，漸至趾通谷，大鐘，外腓以及隱白，大敦，厲兌，實實在在踏於地上。」

「官體之勁，各隨各經絡運行，無纖悉之惑差。」

「一往一來運一周，上下氣機不停留，自古太極皆如此，何須身外妄營求。」

（五）上下相隨　內外相合

「一身必令上下相隨，一氣貫通。」

「內外上下必隨，其勁不可拂逆。」

「發令者在心，傳令者在手，觀色者在目。此心、手、眼三到之說，缺一不可。」

「上下手足各相隨，後往前轉莫遲遲。」

「不先不後，迎送相當，前後左右，上下四旁，轉接靈敏，緩急相將。」

「上面手如何運，下肢足如何運，上下相隨，自然合拍。」

「耍手全在手掌，手指領起周身運動，足隨手尤其緊要。」「足隨手運，圓轉如神。」

「中間胸腹手足運，上下一氣貫通，說動一齊動，說止一起止。」

「擊首尾動精神貫，擊尾首動脈絡通，當中一擊首尾動，上下四旁扣如弓。」

「內外一氣流轉。」

「八體（頂、襠、心、眼、耳、手、足、腰）關緊君須記，人力運成奪天工。」

「太極拳千變萬化，無往非勁，勢雖不侔，而勁歸一。夫所謂一者，自頂至足，內有臟腑筋骨，外有肌膚皮肉，四肢百骸相聯而為一者也。破之而不開，撞之而不散。上欲動而下自隨之，下欲動而上自領之，上下動而中部應之，中部動而上下和之，內外相連，前後相需，所謂一以貫知者，其斯之謂歟！」

「心與身不可使氣，輕輕遵住規矩，順其自然之勢而運之，以手領肘，以肘領肩；下則以足領膝，以膝領大股。其要處全在以手足指頭領住運行。或問：手足全不用氣，何以運動？曰：手中之氣，不過緊緊領住肩臂而已，不可過，過則不靈。至於足，較之手稍重而已。」

（六）著著貫串　勢勢相承

「拳之一道，進退不已，神氣貫串，絕不間斷。」

「初學用功，先求伏應，來脈轉關，一氣相生。」「上著下著，一氣承接，勿令神氣間斷。」「打拳全在起勢，一起得勢，以下無不得勢。即無敵人徒手空運，亦覺承接得勢，機勢靈活，故吾謂每一勢全在一起，於接骨斗榫處彼勢如何落下，此勢如何泛起，須要細心揣摩。又全在一落必思如何才算走得十分滿足，無少欠缺。神氣即足，此勢似可停止，而下勢之機已動，欲停而又不得停；蓋其欲停將停之機，又已叫起下勢矣。吾故曰：此時之境，似停不停（不停者，神未足也），不停而停（所停者只一線，下勢即起）。」

「學太極拳著著當細心揣摩，一著不揣摩，則此勢機致情理，終於茫昧。即承上啟下處尤當留心，此處不留心，則來脈不真，轉關亦不靈動，一著自成一著，不能自始至終，一氣貫通矣。不能一氣貫通，則與太和元氣終難向津」。

「平素打拳，全在一起一轉，所謂『得勢爭來脈，出奇在轉關』，本勢手將起之時，必先使手如何承住上勢，不令割斷神氣血脈；即承接之後，必思手如何得機得勢。來脈真，機勢得，轉關自然靈動。能如此，他日與人交手，自能身先立與不敗之地，指揮如意。」

「每勢將成跡似停，氣卻不停，必待內勁徐徐運到十分充足，下勢之機躍躍欲動，方能上勢與下勢打通，中無隔閡，一氣流行，不但一勢如是，拳自始至終，每勢之末，皆如是。」

「接骨斗榫，細心揣摩。」

「理精法密，條理縷析。」

「層累曲折，胥致其極。」

（七）虛領頂勁　氣沉丹田

「問：打拳關鍵在何處？曰：在百會穴下，自腦後大椎通向長強，其動處在任督二脈。」

「百會穴領起全身。」

「頂勁者，是中氣上沖於頭頂者也。不領則氣塌，領過不惟全身氣皆在上，足底不穩，病失上懸，即頂亦失於硬，扭轉不靈，亦露笨象，是在似有似無，折其中而已。」

「打拳全是頂勁，頂勁領好，全身精神為之一振。」「提綱全在頂勁，故頂勁一領，而周身精神皆振。」「頂勁中氣是股正氣，心中意思領起即行到頭頂上，中氣自然領起來，非有物以提之，是意思如此。」

「拳自始自終，頂勁決不可失，一失頂勁，四肢若無所附的，且無精神，故必領起，以為周身綱領。」

「頂勁上領，意思如上頂破天，不可用氣太過。」

「頂勁領起斜寓正，襠間撐合半月圓。」

「中氣上至百會穴，下貫長強穴，如一線穿成也。」

「頂勁領起來，領頂勁非硬蹬腦後二大筋之謂，乃是中氣上提，若有意，若無意，不輕不重，似有似無，心中一點忽靈動，流注於後頂，不可提過，亦不可不及，提過則上懸，不及則氣留胸中，難於下降，此頂勁式。」

「中氣貫於心腎之中，上通頭頂，下達會陰。」

「頂勁上領，濁氣下降，中氣蓄住入於丹田。」

「人之一身，以腰為中界，氣往上下行，中間以腰為界。」

「孟子曰：志者氣之帥，氣者體之充。心如將軍氣如

兵，將軍一出令，則士卒皆聽命。清氣上升行於手，濁氣下降行於足，氣皆行列到指頭乃止，丹田為全體氣之歸宿處，如兵馬屯處，氣之上行下行似兩橛，其實一氣貫通也。」

「百會穴領其全身，要使清氣上升，濁氣下降。清氣如何上升？非平心靜氣不可，濁氣必下降至足。一勢即完，上體清氣皆始歸於丹田，蓋心氣一下，則全體之氣無不俱下。」

「周身之勁往外發者，皆發於丹田；向裡收者，皆收於丹田。然皆以心宰之，處處皆見太和元氣氣象。」「氣歸丹田，上虛下實，中氣存於中，虛靈含於內。」

「勢既成，心平氣和，中氣歸於丹田。」

「丹田氣一分五處，其實一氣貫通。上下不可倒塌，一也。心氣一領，丹田氣上行，六分至心，又一分兩股，三分上行到左肩，三分上行到右肩，皆是由肩骨縫中貫到左右指頭，其在骨縫中者為之中氣，其行肌膚者為之纏絲勁；其餘四分，亦分兩股，二分行於左股，二分行於右股，皆是由骨縫中貫至左右足趾。」

「至於中氣歸丹田之說，不必拘泥，但使氣降於臍下小腹而已。若細研之，丹田非氣之源，何以獨言歸此？此不過略言大意而已，若究其原，周身元氣皆出腎，腎水足則氣自壯；養於胃，胃得其養則氣亦壯；藏於肝，肝氣一動，逆氣橫生，氣不得其平；涵泳於心，心無妄念則心平者氣自和；肺主聲，實鳴之於心，心機何往，不必聲出諸口而心先喻也；壯於膽，膽則無前，氣亦隨之；運於脾，是經多氣少血，聞聲則動，動則運化不已，心一動脾即動也。佐以大腸為多氣少血，且為傳道之官；又輔於小腸，小腸在前臍上，後附脊，滓穢不存，濁氣去而清氣來矣。

以上經絡，皆有益於拳，故及之。若專言腎，腎者，作強之官，技巧出焉，是經少血多氣，藏經於志，精神之舍，性命之根。腎有兩枚，枚各兩條，一繫於心，一上通於腦，氣之所生，實始於此，歸宿必歸到此。至於命門，實兩腎之間，氣所出入之門戶，故曰命門。」

「命脈者，腎也，中氣之所由來也。動則出，靜則入。有定而無定，言不時變易勢，故陰陽二氣變易亦不定。」「出腎入腎是真訣。」

「跨虎勢定勢：腰以上背後魄戶，膏肓向肋前合，胸前左右肋第一行淵液，大包屬三焦，二行輒筋，日月亦屬少陽經，三行雲門、中府，胸鄉屬肺與脾，四行厥陰期門，天池屬肝膽，五行陽明大腸缺盆，氣戶、梁門、關門屬腸胃。第六行少陰腧府、神藏、幽門、通谷，屬心腎，中一行華蓋，紫宮、玉堂、膻中、中庭、鳩尾。」

「左右肋由淵液，大包以致幽門，通谷兩邊，皆向玉堂，膻中合住，左右各肋皆相呼應，此左右肋腰以上之式。」

「腰以下左右氣沖，維道皆向氣海、關元、中極合住，此左右軟肋下式。」

(八)含胸塌腰　沉肩墜肘

「胸要含住勁，又要虛。」

「胸要虛含如磬。」「胸如鞠躬向前微彎，四面包含住。」

「中間腹胸自天突穴至臍陰交、氣海、石門、關元，如磬折如鞠躬形，是謂含住胸，是為合住勁，要虛。」

「平心靜氣，勿使橫氣填塞胸中。」

「腰要含蓄，氣降丹田，無留橫氣於以上。」

「胸隔橫氣卸到腳底，即不能，亦當卸到丹田。」

「胸間鬆開，胸一鬆，全體舒暢，不可有心，亦不可無心。自華蓋至石門要虛虛含住，不可令橫氣橫於胸中。」

「胸亦隨手轉圓。」

「（白鶴亮翅勢）胸間勁亦若隨住右手與左手先從右向下，而左而上至右，繞一大圈。」

「胸中內勁如太和氣轉圓。」

「太和元氣運胸中，一動一靜合輕重。」

「打拳運動全在於手領，轉關全在鬆肩，功久則肩之骨縫自開，不能勉強，左右肩鬆不下，則轉關不靈。且鬆肩不是鞸婀肩，骨節開則肩自鬆下。」

「肩塌下，不可架起來。」

「轉圈機關，全在於肩，故肩中骨縫，宜令開張。」

「胳膊如在肩上掛著一般。」

「肩髃、肩井、扶突，皆鬆下。」

「肩膊頭骨縫要開，始則不開，不可使之強開，功夫未到自開時心說已開，究竟未開；必攻苦日久，自然能開，方得算開。此處一開，則全胳膊之往來曲伸，如風吹楊柳，天機動蕩，活潑潑的毫無滯機，皆繫於此。此肱之樞紐，靈動所關，不可不知。」

「兩肩要常鬆下，見有泛起，即將鬆下；然不得已上泛，聽其上泛，泛畢即鬆，不鬆則全肱轉換不靈。故宜泛則泛，宜鬆則鬆。每勢畢，胸向前合，兩肩彼此相呼應。此兩肩式。」

「俯肩一靠破銅牆。」

「兩肘當沉下，不沉則肩上揚，不適於用。」

「肘尖向下……膝蓋與肘尖上下相照。」

「肘在前後、左右、上下，要呼應合住勁。」

(九)運柔成剛　剛柔相濟

「打拳以鼻為中界，左手管左半身，右手管右半身，各足隨各手動之。心身不可使氣，輕輕運動，以手領肘，肘領臂，手中之氣僅僅領起手與臂而已，不可過，過則失與硬。上體手如何運動，下肢亦隨之，上下相隨，中間自然皆隨，此為一氣貫通。襠勁要開要虛，襠開然後心氣發動，肌膚骨節處處開張。」

「欲剛先柔，欲揚先抑。」

「世人不知，皆依太極拳為柔術，殊不知自用功亦來，千錘百煉，剛而歸之於柔，柔而造至於剛，剛柔無跡可見。但就其外而觀之，有似乎柔，故以柔名子耳，而豈然哉？且柔者，對乎剛而言之耳。是藝也，不可謂之柔，亦不可謂之剛，第可名之太極。太極者，剛柔兼至，而渾於無極之謂也，其為功也多，故其成也難。」

「陰陽互為其根，不可分為兩橛。」

「克剛易，克柔難。」

「柔能克剛，以退為進者，坤道也；坤錯乾，乾，剛也。坤至柔而動也剛。皮拳外面似柔，其實至剛。」

「故拳術以柔克剛，因而中也。」

「打拳何尚不用氣。不用氣則全體何有運動？但本其至大至剛之氣，以直養無害焉已耳。」

「一陰一陽，要必以中峰運之，中峰者，不偏不倚，即為心之中氣（不滯不息，不乖不離，不偏不倚即是中氣），所謂浩然之氣也。」

「此氣行於手足中，不剛不柔自雍容。」

「渾灝流行，自然一氣，輕如楊花，堅如金石，虎威比猛，鷹揚比疾，行同乎水流，止俟乎山立。」「以虛靈之心，養剛中之氣。」

「胸中一團太和元氣，充周四體，至柔至剛，實備乾健坤順之德。當其靜也，陰陽所存，無跡可尋；及其動也，看似至柔，其實至剛，看似至剛，其實至柔，剛柔皆具，是謂：陰陽合德。」

「運動似柔而實剛，精神內藏而不露，此為上乘。」「坤至柔，而動也剛。」「柔順濟以剛直。」

「乾剛，坤柔，陰陽並用，不偏不倚，無過不及。」

「陰陽互用，天道所藏，動靜無偏，乃爾之強。」

「久練純熟，則起落進退，旋轉自由，而輕重，虛實，剛柔齊發。」

「任人四面來悔，此身全仗虛靈，官骸無所不顧……任你奸巧叢生，自是剛柔素具。」

「拳以太極名，古人必有深明於太極之理，而後於全體之上下、左右、前後，以手足旋轉運動，發明太極之蘊，立其名以為成憲，義至精也，法至嚴也……雖曰拳為小道，而太極之大道存焉……後之人，事不師古，不流於狂妄，即涉於偏倚，而求一不剛不柔，至當恰好者，以與太極之理相吻合者，蓋亦戛戛呼其難矣。」

「虞廷執中，孔門一貫，此外無餘溫……神而明之，存乎其人。」

「然剛柔既分，而發用有別。四肢發動，氣形諸外，而內持靜重，剛勢也；氣屯於內而現輕和，柔勢也。用剛不可無柔，無柔則環繞不速；用柔不可無剛，無剛則催逼

不捷。剛柔相濟，則沾、游、連、隨、騰、閃、抖、空、掤、攦、擠、捺，無不得其自然矣。剛柔不可偏用，用武豈可忽耶。」

（十）先慢後快　快而復慢

「由起至上，須慢慢運行，能慢盡管慢，慢到十分功夫，既能靈到十分，惟能靈到十分火候，斯敵人跟不上我，反以我術為奇異，是人之恆情也，殊不知是先難之功之效也。」

「每著之中，五官百骸順其自然之勢，而陰陽五行之氣運乎其中，所謂：動則生陽，靜則生陰，一動一靜，互為其根。是所謂：陽中有陰，陰中有陽，此即太極拳之本然。」

「練太極拳之步驟有三層功夫，第一步，學時宜慢，慢不宜痴呆；第二步，習而後快，快不可錯亂；第三步，快後復緩，是為柔，柔久剛自在其中，是為剛柔相濟。」
（此段為陳復元語錄）

（十一）竄奔跳躍　忽上忽下

「青龍出水是直進平縱法，左足隨右足向前飛縱，襠中會陰、長強勁隨頂勁上提，前縱如靈貓撲鼠，純是精神，又虛又靈。」

「引蒙：指襠捶下接青龍出水，二勢夾縫中先將右肩鬆下，右半個身隨之俱下，下足再泛起來往前縱，未縱時右手捶如繩鞭穗欲往前擊，先向後收，然後從後翻上向前繞一大圈擊去，身亦隨之前縱。其縱之訣，前面手向前領，後面右足則隱白、大敦、厲兌、竅陰、俠貂皆用勁。勁由足底過湧泉至足踵翻上去，逆行而上，俞委中、殷

門、承扶、環跳，斜入扶邊，上行過魂門、魄戶，至附分，再斜上行，由曲垣俞小海，斜入支溝、陽池，沿路翻轉。將手展開，束住五指，右手領身縱向前去，左腳用力往下一蹬，隨右手皆至於前，左手也隨身至前，腳落地後左手落於右乳前停住。」

「內勁：右半身皆用右轉勁（右轉即順轉，從裡往外轉），右手用纏絲勁由腋上行，從裡向外斜纏於指肚，右足亦用纏絲勁，順纏至大腿根，上行與扶邊相會，一起上行附分，分行至腋，斜纏至指肚；左手左足須用倒纏勁，而後才能隨著右手右足轉圈前縱之，本全由於心，心勁一提，上邊頂勁領住，中間丹田勁發，上行偏於右半身，下行兩足，右足用躍法，右足掌用力後蹬；未縱以前，全是蓄勁，聚精會神，團結其氣；方縱之時純是向前撲勁，一往直前；右手帶轉帶進，如鶻子撲鵪鶉，蒼鷹捉狡兔一樣，其志專，其神凝，其進速，其氣穩。玉女穿梭平縱身法，此亦平縱法，愈遠愈好，要皆本自己的力量為之，必得優游氣象，勿露努張之氣方好。」

「其內勁發源最遠，由僕參逆行而上，俞背後至附分，以至右指。」

「玉女穿梭是順轉平縱法……其進如風……手法，步法，轉法，愈快愈好……上雖憑手，下尤憑足，足快尤顯手快之能……至起勢至勢終，右手足雖是順纏法，而周身皆是倒轉勁，連三趄進，皆是進步。至於內勁，至頂勁至腳五指，法皆與前同，始終以右手右腳為主，而以左手左腳佐之。右手順轉，左手必是倒轉，纏絲勁即道也者，不可須臾離也。右手以轉大圈為式，功久自然小方好。」

「此勢是大轉身法，上承野馬分鬃下來，右手趁其在

下之勢，不容少停，即以右手用纏絲勁從下握上，沿路斜行飛風向東去，指如鋼椎，亦全賴右腳在後隨住右手，亦用順纏絲勁就住上勢，大鋪前身，盡力向東連進三大步，方夠一大圈，約八九尺許（約3公尺）。尤在頂勁提好，襠勁不得滿足，身隨右手如鳥疾飛而進，莫能遏抑，步落沾地即起。」

「玉女穿梭已成之式，似與攬擦衣大同小異，然其實大不相同，彼則身不轉動，專心運其右手右足，其氣恬，其神靜；茲則連轉身帶運手足以防身禦敵，且以快為事，故其氣猛，其神忙，非平素實有功夫，臨事以氣貫其上下全體者，不能獲萬全。何也？蓋以出入廣眾之中，以寡抵眾，旁若無人，惟天生神勇，其膽正，其氣剛，其練氣純熟，故披靡一切裕如也。」

「轉引轉擊出重圍，宛同織女弄織機，此身直進誰比速，一片神行自古稀。」

「二起腿是上躍法……何謂二起，左右二腳相繼一齊離地四五尺（約1.5公尺）而躍起也，故名踢二起……然必左足先用力狠上踢，而後右腳始踢高，腳面要平，二起純是用全體升提法，身法心勁上一提，全身精神振奮，皆往空中聳躍，右足能高頭頂方合式。身隨頂勁用力往上縱，愈高愈好，有縱過頭頂者，非身輕力大不能……上身向上縱，下身愈得用力隨之上縱，其縱之法，必左右足用力往下一蹬，足蹬愈重，則身起愈高。」

「心勁一領起來，而五官百骸皆隨之而起。」

「二足連環起，全身躍半空。」

「中氣提來臂力剛，連環二起上飛揚。」

「何謂跌岔？身從空中跌下，兩腿岔開，方為跌岔，

此勢左腿展開，右腿屈住，此為單跌岔；以雙跌岔非用縱法不能起來，不若單跌岔只用左腳踵往前一合，右膝往外一開，右足重用力一翻，即遂起遂落，較之稍易，故用之亦能制勝；且今之拳家皆如此，故從之。」

「跌岔與二起回顧照應，二起從下而上，飛向半空；此則由半空而下，兩腿著地，天然照應，不做牽合，此古人造拳法律之嚴如此。」

「上驚下取君須記，左足擦地蹬自利。」

「不是肩肘能破敵，一足蹬倒鳳凰臺。」

「若非此身成鐵漢，擲地何來金石聲。」

「解圍即在一蹬中，非有大功夫，不能以一足勝人也。」

「蹬一跟，，吾以左腳踢敵，敵以右手攔住吾腳，欲扭轉吾腳，令吾疼痛撲地，或上提吾腳欲吾全身離地而後顛起打之。吾即順勢倒轉兩手捺住地，而以右腳順住左腿逆行而上，蹉敵人搦吾左腳之右手，難即解矣。或又以敵人搦吾左腳，吾即以右腳蹬敵人右肘尖或蹬其手節，皆可解之。此是蹬一跟之大略。」

「人來蹬吾，吾即以左腳往後退一步，以防蹬吾鳩尾與承漿以下至咽喉。」

「然慎之於蹬之時則已晚，不若慎之於上勢將踢之時，視其可踢則踢之，不可踢則不踢，不可妄用其踢也。」

「即有隙可乘，踢貴神速，不貴遲緩，貴踢關緊穴俞，不貴踢寬髀厚肉不著痛癢處，此要訣也，踢者須知。」

「野馬分鬃勢：兩手握地轉如飛，中間一線貫無倚。

兩手擦地而上，上下全體皆能顧住；中氣上至百會穴，下貫生強穴，如一線穿成。兩手如兩個圓環，互相上下，更迭而舞，其剛莫折，其銳無比，其轉無間，故能禦敵。」

「鋪地錦勢與跌岔相呼應，跌岔懸空直下，右腳跺地如金石聲，以跺敵人之足，左足蹬人臁骨，可敵其勇，展開右胳膊握地而上，左手前沖以推敵人之胸；此則以髖股後坐坐人之膝，右手拳屈有欲前擊意，左腿展開如不得勝，兩手右向捹地，用掃堂鞭以掃群敵下臁，則難自解。此以同類相呼應者如此。又與金雞獨立相呼應，金雞獨立左腿豎起，此則左腿橫臥，金雞右膝欺人，此勢亦以右膝屈住，金雞獨立左手下垂，右肱向上伸，此則右手屈住，左手向上沖，故以上下相呼應，又與二起相呼應，二起身飛半空，此則身落地面，故亦以上下作呼應。」

「前後左右，上下四旁，轉接靈敏，緩急相得，高擎低取，如願相償……上行下打，斷不可偏，聲東擊西，左右威宣……橫豎顛倒，坐立臥挺，前俯後仰，奇正相生，回旋倚側，攢躍皆中。」

「足隨手運，圓轉如神，忽上（手足向上）忽下（手足向下），或順（用順纏法，其勁順）或逆（用倒轉法，其勁逆）。」

「倒捲肱是退行以避左右；白鶴亮翅是右引左擊兼上引下擊法；摟膝拗步是六封（上下，前後，左右皆封住門）、四避（東南西北四方令人無隙可攻）；閃通背是前閃（後往前閃）、後滑（是後面捹不住，強捹則滑而跌之）進擊法；攬擦衣與單鞭皆是一引一進（此進字是進而擊之）法；運手是左右一引一進的擊法；高探馬是左肱背折肘法；左右插腳是下體前攻褡法，中單鞭是左右上下足

並擊法；擊地捶是攻下法，身後兼滑跌法，訣竅以上兩腰之中兩腎之間命門為上下體之關鍵樞紐，管鍵上下皆是倒轉勁，身帶側橻住，右後肋向上，左後肋向下襠勁下好，足踏穩，人遭著背後，身即扭轉，愈速愈好，能蹲足法，則人自一滑跌倒矣。踢二起與踢一腳、蹬一跟是倒轉大轉身法，兼以兩足上攻法（手當足用，足當手用也）；演手捶、小擒打是前攻上下法；抱頭推山是逆轉（謂身也）進推法；單鞭是順轉（順轉也是謂身法）左右引擊法。

以上數十勢是以一人抵數十人大戰也；至於避敵之法，不越上下兩旁，哪面緊先解哪面圍；一齊來者，中氣一動，即令一起皆散，非有功夫不能。」

（十二）剛柔俱泯　一片神行

「運動之功久，則化剛為柔，練柔為剛，剛柔得中，方見陰陽，故此舉不可以剛名，亦不可以柔名，直以太極之無名名之。」

「當其靜也，陰陽所存，無跡可見；及其動也，看似至柔，其實至剛，看似至剛，其實至柔。剛柔互運，無端可尋。」

「太極理循環，相傳不計年，此中有精義，動靜皆無偏……開合原無定（活潑潑地），屈伸勢相連（卻有一定）。太極分陰陽，神龍變無方，天地為父母，摩蕩柔與剛，生生原不已，奇正不尋常。乾坤如橐籥，太極一大囊，盈虛消息故，皆在此中藏。至終復自始，一氣運弛張，有形歸無跡，物我兩相忘。」

「闔闢剛柔順自然，一揚一抑理循環。」

「終而復始，始而復終，惟始與終，循環不窮。」

「太極不過陰陽之渾淪耳……泯然聲臭之俱無，纖巧悉備者，化工也。渾乎雕刻之不作。」

「一來一往運一周，上下氣機不停留。」

「天機活潑，浩氣流行，動靜緩急，運轉隨心……至疾至迅，纏繞回旋，離形得似，何非月圓。精練已極，極小亦圈。」

「純乎天則打拳皆隨天機動宕，莫非自然百然，活潑潑地，太極原象，皆從吾身流露。」

「人身處處皆太極，一動一靜俱渾然。」

「至虛至靈，一舉一動，俱是太極圓象。」

「圓轉自如，渾浩流行，絕無滯機，每勢完仍歸到渾然一太極氣象，絕無跡象可尋，端緒可指。」

「打拳熟而又熟，無形跡可擬，如神龍變化，提摸不住，隨意舉動，自成法度，莫可測度，技至此，真神品矣。太極之理，發於無端，成於無跡，無始無終，活盤托出，噫！觀止矣！拳雖小道，所謂即小以見大者，蓋以此拳豈易言哉！」

「故吾身之運行或高或低，或反或正，且忽遲忽速，忽隱忽現，或大開而大合，忽時行而時止，莫非一片靈氣，呈於色象，真如鳥飛魚躍，化機活潑，善觀拳者必不在於耳目手足之鼓舞於跡象間者深嘉賞也。故學者必先研其理，理明則氣自生動靈活，非氣之自能生動靈活，實理使之生動靈活也。知此而後可與言內勁。如第以由內發外者為內勁，此其論猶淺焉者也。」

「誠於中，形於外，千變萬化自無窮，火候到純青，法密理精，渾身輕靈，左右拿出應應應。」

「神穆穆，貌皇皇，氣象渾淪，虛靈具一心，萬象藏

五蘊，寂然不動若愚人，誰知道，陰陽結合在此身。任憑他四面八方人難進，縱有那勇猛過人，突然來侵，傾者傾，跌者跌，莫測其神；且更有去難去，進難進，如站在圓石頭上立不穩，實在險峻，後悔難免隕。豈有別法門，只要功夫純；全憑著，一開一合，一筆橫掃千人軍。」

「太極陰陽真造化，鴛鴦肅出從君看。」

「腳踢拳打下乘拳，妙手無處不渾然，任他四圍都是敵，此身一動悉顛連。我身無處非太極，無心成化成珠圓，遭著何處何處擊，我亦不知玄又玄。」

「一氣旋轉自無停，乾坤正氣運鴻蒙，學到有形歸無跡，方知玄妙在天工。」

(十三)培養本元　勤學苦練

「心為一身之主，腎為性命之源，必清心寡欲，培其根本之地，無使傷損，根本固而後枝葉榮，萬事可作，斯為至要。」

「任說千言萬語，舉莫若清心寡欲，培其本源，以養元氣，身本強壯，打拳自勝人一等。」

「用功各因自己力量運動，其遍數一遍可，十遍亦可，不拘遍數；有力盡管運動，無力即止，不必強為運動，以致出乎規矩，惟順其自然則得矣。」

「每一勢拳，往往數千言不能罄其妙，一經現身說法，甚覺容易，所難者功夫，所尤難者長久功夫。諺語曰：拳打萬遍、神理自現，信然。」

「空耍拳勢，原為定格……平居耍拳，不可不守成規，亦不可拘泥成規，是在學者能善用其內勁。至於形跡，或為地勢所限，隨其地勢斟酌運用可也。」

「自初勢到末勢，所圖者皆有形之拳；惟自有形造至於無形，而心機入妙，終歸於無心而後可以言拳，可見拳在我心；我心中天機流動，活潑潑地觸處皆拳，非世之以拳為拳者比也。此是終身不盡之藝非知之艱，行之惟艱。所圖之勢皆太極中自然之機……千變萬化錯綜無窮，故終身行之不能盡。學者勉之。」

「拳當功力既熟，端正恭肅，敬其所事，不敢自滿。」

「孟子曰：大匠誨人，必以規矩。規矩者，方圓之至也。以之論人是則大匠所能也，至於巧，大匠不能使，惟在學者。苟至於巧，則是遵規矩而不拘泥規矩，脫規矩而自中規矩，而要志不可滿。諺語有曰：天外還有天，一滿即招損。」

「或者曰：此拳不能打人。不能打人只是功夫不到，若是功夫純熟，由其大無外之圈，造到極小無內之境，不遇敵則已，如遇勁敵，則內勁猝發，如迅雷烈風摧枯拉朽，孰能當之。」

「今之學者未用功而先期效，稍用力而即期成，其如孔子所謂先難後獲何，問：功夫何以用？必如孟子所謂必有事焉而勿正，心勿忘，勿助長也而後可。理不明，延明師，路不清，訪良友。理明路清而猶未能，再加終日乾乾之功，進而不止，日久自到。問：得幾時，小成則三年，大成則九年，至九年之後，可以觀矣。抑到九年之後，自然欲罷不能，蒸蒸日上，終身無駐足之地矣。神手復起，不易吾言矣。躁心者其勉諸。」

「人言此藝別有訣，往往不肯對人表，吾謂此藝無甚奇，自幼難以打到老，打到老年自然悟，豁然一貫神理妙。回頭試想懶惰時，不是先知未說到，說到未入我心

中，我心反覺多煩惱。天天說來天天忘，有心不用何時曉？有能一日用力尋，陰陽消長自有真。每日細玩太極圖，一開一合在吾身，循序漸進功夫長，日久自能聞真香。只要功夫能無間，太極隨處見圓光，此是拳中真正訣，君試平心細思量。」

「人人各具一太極，但看用功不用功，只要日久能無懈，妙理循環自然通。」

附錄一
陳氏太極拳家傳略

陳氏太極拳家簡介

據溫縣縣志記載：「明洪武初年，因元鐵木耳守懷慶（懷慶即今沁陽）管轄八縣（溫縣在內），明兵久攻不下，急於統一天下，太祖遷怒於民，大加屠戮，時溫民死者甚多……」相傳有三洗懷慶之言。人煙幾絕，乃遷民填補，屯田墾荒，十有八九由山西洪洞遷來。當地至今尚有「問我祖先何處來，山西洪洞大槐樹」的說法。

陳氏始祖陳卜，原籍山西澤州郡（今晉城），後由澤州搬居山西洪洞縣。明洪武 5 年（1372 年）遷居河南懷慶府東南 30 里一小鄉村居住。因始祖陳卜為人寬厚，精通拳械，深為近鄰鄉民所敬重，故將其居住的村莊叫陳卜莊（解放後陳卜莊畫歸溫縣，至今仍叫陳卜莊），後因陳卜莊地勢低窪，常受澇災，明洪武七年（1374 年）又遷居溫縣城東十里的常陽村（常陽村是因村西頭有一常陽古寺而得名）。

常陽村背伏一嶺，名謂「青峰嶺」，彼時嶺內藏有土匪很多，打家劫舍，人不能安居樂業。始祖陳卜，為保衛桑梓，地方得安，在村中設武學社，教授子孫習拳舞械。為奠定家業基礎，偏重於墾種興建，先是六世同堂，七世

分家，興家立業，人繁家盛。隨著陳氏人丁繁衍，村中又有一條南北走向的深溝，常陽村遂改名為陳家溝。

陳琳——陳氏第三世。始祖陳卜有五子：維、綬、綱、絃、綖。老三陳綱獨子陳琳。現在陳家溝人是陳琳這一支的後裔，故有「卜爺子孫琳爺後」的說法。

據陳氏家譜記載：陳琳「當年好勤儉，嘗積粟萬石遇人患難，輒行解圍。苦值荒歲，傾囊賑濟，一里相賴以安。且又施捨寺廟，田糧無冥，樂善行仁，聲聞遐邇焉」，在家境好轉，人壽年豐之時，以不忘祖訓，帶領子弟兒孫，農忙時種田，家閑習武練拳。

陳王廷——字奏庭，陳氏第九世。明末清初人（1600—1680）。自幼勤奮好學，習文練武，不但深得家傳武學奧秘，出類拔萃，且熟讀諸子百家，學識淵博，可謂文武兼備。

據《溫縣志》中記載，明崇禎五年（公元 1632 年）陳王廷曾任「鄉兵守備」，清乾隆十九年（公元 1754）譜序，道光二年（公元 1882 年）接修的《陳氏家譜》在陳王廷名下記曰：「王廷，又名奏庭。明末武庠生，清初文庠生。在山東稱名手，掃蕩群匪千餘人。陳氏拳手、刀槍創始之人也。天生豪杰，有戰大刀可考。」

明朝末年，陳王廷到開封考武舉時，一馬三箭，三馬九箭，箭箭不離金錢眼。報把人只擂一通鼓，看得滯呆了，以後射中的沒有報把，末報把就等於末射中，就落選了。陳王廷一怒之下，策馬上前，拔劍將鼓吏殺死，跑出考場，直向西奔，不知不覺來到登封境內。陳王廷人困馬乏，飢餓難忍，在一山洞旁坐下休息，此時，一壯漢提刀闖來，要陳王廷留下買路錢。

陳王廷好話相勸，大漢不但不聽，舉刀就掄，三招兩式，因不是陳王廷對手，拔腿就跑。陳王廷拍馬後追，大漢跑得飛快，直跑進一個山寨。陳王廷拍馬進山，山上放下輪木滾石，王廷公用槍將輪木滾石一一挑進山溝。山上又放亂箭射身，王廷將亂箭躲過直奔山寨。有人早報寨主，寨主聞聽甚喜：「我現在正在招兵買馬，如得此將，必有大用。」於是急忙離坐，下山迎接。二人相見，互通姓名，原來山上寨主是揭竿而起佔據玉帶山的農民起義領袖李際遇。二人均互聞大名，只恨相見太晚，寨主當即為陳王廷大擺宴席，接風洗塵。酒過三巡，開懷暢談：明王朝政治腐敗，內憂外患，橫征暴斂，民不聊生，怨聲載道。兩人談得十分投機，在李際遇的提議下，結為金蘭之好。此時，在山下攔路的壯漢挑帘而入，「撲通」跪在陳王廷腳下說道：「我蔣發自幼失去雙親，歷遭磨難，多虧李頭領重用，委我巡山官。今日見到陳師父，是我三生有幸，我願拜您老為師，學習武藝，殺盡貪官污吏，為民除害。」說完伏地就拜，其情感人。李際遇也從中說合，陳王廷才答應了蔣發的要求。他們相約，陳王廷回陳家溝，暗中聯絡村民，待機協助闖王橫渡黃河，殺向北京。

陳王廷回到家中，如約行事，一直未得消息。後來李際遇兵敗被殺。蔣發隱居陳王廷府中，隱姓埋名，充當僕人（後陳家溝有王廷公年老畫像，蔣發持刀侍立背後，以做紀念）。

陳王廷正值明末清初，改朝換代，社會動蕩時期，他久不得志。晚年時期，乾脆閉門不出，吟詩習拳，自娛自慰。因他文武兼備，結合他多年的練功體會，在家傳拳術功法的基礎上，依據《易經》陰陽之理、中醫「經絡」學

說，導引、吐納術以及力學的槓桿原理，綜合性地創造了一套具有陰陽性質、剛柔相濟、快慢相間、鬆活彈抖的特點，以及符合人體生理規律和大自然運轉規律的拳術運動，故名「太極拳」。

特別是他創造的雙人推手和雙人粘杆，在徒手實戰技擊方面和拼刺上均起到了良好的作用。

此後，陳家溝練拳的風氣更濃，世代沿襲，名手輩出，歷久不衰。

陳王廷生平著作甚多，只是年代久遠，幾經戰亂，多遭佚失。現存《拳經總歌》和詞一首。

陳汝信、陳所樂，均為陳氏第十世孫。從陳王廷學拳，是陳王廷創定為「太極拳」之後的一代宗師。在陳王廷拳論與技術的薰陶下，功夫日臻精通，達到爐火純青。

陳所樂，家境寬餘，在陳家溝村南頭有一所座北朝南的深宅大院，上下客屋，亭臺樓閣，雄偉的青石碑坊豎立大門前面（1967年左右才拆掉），威武壯觀。

俗話說：「窮習文，富練武。」陳所樂因家境富裕，不愁吃穿，故在家設館授徒。有時也受朋友所托出去跑趟鏢事，但不以保鏢為業。他性情豪爽，善打抱不平。授徒很多，惟有他的孿生兒子申如、恂如，功夫精湛，名噪一時。

大㴇、大鵬、申如、恂如，為陳氏第十一世，均為一代太極名師。尤以申如、恂如青少年時的傳奇故事在陳家溝一帶傳為佳話。

相傳清乾隆年間，陳家溝村東八里北平皋村有一姓王員外。一天，一伙手持利器的響馬要在北平皋過夜，硬逼王員外交出金銀古玩。否則要血洗王府。王無奈，只好答

應。一邊安排食宿，設宴招待，一邊讓家人到陳家溝請陳所樂前來解圍。

王員外家人急急忙忙，跑得滿身大汗，來到所樂公府上，氣喘噓噓，連聲大喊：「所樂公救命！」陳家人同申如、恂如問明情況後說：「所樂公被縣衙請去有要事相商，至今未回。」

王家人聞言，像泄了氣的皮球，軟癱在地。申如、恂如說：「別怕，俺兄弟二人願往。」王府家人一看，他們都不過是十五六歲的孩子，怎能除暴安良？只瞪他二人一眼，沒有吭氣。這下可把小弟兄倆氣壞了，看出他瞧不起自己，兄弟倆一眨眼，同時上前抓住他的肩頭衣服向上一扔，將王府家人拋起一丈多高，眼看就要落地摔死，兩人同時上前接住輕輕放在地上。王府家人嚇得面如白紙，只聽申如、恂如說道：「趕快回去告訴王員外，好酒招待響馬賊，我們馬上就到。」王府家人點頭稱是，拔腿就跑，返回報信去了。

申如、恂如兄弟二人商量後將家裡安排好。眼看太陽落山，月掛樹梢，二人直奔北平皋村而來。來到王府，大門不走，二門不進，單由後花園躍牆而過。見到王員外，行過賓主之禮，談了情況。那伙響馬正在客屋大廳猜拳行令，酒正喝到興頭上。申如、恂如吩咐王員外讓家裡人不要亂走動，免得誤傷。

兄弟二人來到客廳門外，往裡一瞧，見有二十幾人正吆五喝六，推杯換盞，得意忘形。兄弟倆你推我搡，互相謙讓，你讓他進，他讓你進，最後申如一靠，將恂如打進房內，隨即掏出一把豌豆打出，將幾支蠟燭打滅並射向眾匪。恂如一縱身上到房樑上。頓時廳內大亂，有人大喊：

「不好！有強人偷襲，抄家伙！」傾刻間，有的喊，有的叫，有的抄器械亂吹亂碰，有的抱頭外竄，申如在門外見一個殺一個。這時，恂如在樑上大喊：「還不交械投降，大天神二天神在此。」為首的響馬一聽，心想：今日犯了咒神，氣數已盡，必死無疑。趕快投降。因這幫強盜由山東出發時，自以為武藝高強，天下無敵，故對天發誓：走遍天下無敵手，除遇天兵天將能降服。所以，賊寇聽到「大天神二天神在此」，馬上投降。遂將一伙強盜交於縣衙處治。

王員外為感謝小兄弟的英雄俠膽、見義勇為，特將此事編成戲劇《雙英破敵》，在陳家溝唱了三天三夜。申如、恂如也有了「大天神二天神」之美稱。

陳氏善通、善志、敬柏、繼夏為十二世孫，均是一代宗師。傳奇軼事頗多，現僅舉敬柏、繼夏為例。

陳敬柏，清乾隆年間，陳家溝流傳有陳敬柏打死「黑狸虎」的故事。那天上午，在溫縣城東關泰山廟前集上，有一位綽號叫「黑狸虎」的武師拉開場子，舞刀弄棒。立即招來一些看熱鬧的人圍攏過來。人越來越多，「黑狸虎」把三節棍掄得呼呼帶風，然後由地上「嗖嗖」踢起兩把單刀，伸臂接刀在手。「叭叭」將刀拍二下說道：「諸位，久聞貴方寶地素有拳鄉之稱，練拳習武之風世代相傳，本人千里迢迢，慕名而來，拜師學藝，但是俺拜師有一條件。」他指著地上的一碗清水說道：「兄弟這雙刀耍起來針插不進，水潑不進。哪位能將這碗水潑到我身上一點，我願拜為師。」說著就纏頭裹腦，纏腰持背呼呼帶風的掄了起來。

在圍觀的人群中，有一位由陳家溝來的拾糞老頭，叫

陳敬柏。他背著糞筐，戴著爛草帽，站在外圍。看到「黑狸虎」氣勢洶洶、趾高氣揚，一副傲慢的神態，早就有點看不慣。在「黑狸虎」掄刀正熱鬧時，陳敬柏找個破綻，一個箭步，伸手將自己頭上的草帽扣在「黑狸虎」的頭上，轉身就走。「黑狸虎」知道遇上了高手，拋掉雙刀，追上陳敬柏口稱：「師父」。遂伏地磕頭。陳敬柏忙將其攙起，開導說：「成手不狂，狂手不成。練拳習武之人貴在誠實，切不可自吹自擂。」「黑狸虎」口中稱是，心裡卻不服，分手時對陳敬柏說「3 年後見」。

彈指 3 年已過。陳敬柏已是 80 老翁。殊不知這 3 年中，「黑狸虎」訪遍名師，功夫大有長進。這天，「黑狸虎」為報當眾受辱之仇，專程來到陳家溝。聽說陳敬柏到鄰村趕集拾糞去了，就向西迎去。到常陽古寺西邊，看到陳敬柏背著糞筐走來，便攔住去路。

陳敬柏早就把教訓「黑狸虎」的事忘到九霄雲外。以為是問路找人，忙說：「你到哪去？找誰？」「黑狸虎」說：「別裝糊塗，我到這兒就是找你！走吧，到廟裡我告訴你。」兩人進了廟裡，「黑狸虎」把廟門插上拴，並抱了一塊石碑把廟門頂得牢牢的。回頭對陳敬柏說：「你還記得 3 年前在縣東關，你讓我！『黑狸虎』當眾出醜之事嗎？我今日非和你比個高低不可，不然的話，別想出這廟門。」陳敬柏一聽恍然大悟，拱手施禮道：「當初我苦口相勸，看在同是武林之人份上，絕無讓你出醜之意。較量在於切磋技藝，以求上進，不可賭氣傷身。我 80 老朽，年邁體弱，你和我較量什麼？」「黑狸虎」不等陳敬柏說完厲聲喝道：「少廢話，當眾羞辱之仇不報，誓不為人！」說著便向陳敬柏撲去。餓虎撲食，猛虎掏心，黑虎鑽襠，

一連三招都被陳敬柏化過。「黑狸虎」第四招使出鎖喉絕技欲置陳敬柏於死地。陳敬柏不由火起，怒不可遏地說道：「我讓你三招，算你贏了，拾回面子還不行？不要欺人太甚！」「黑狸虎」這時哪能聽得進勸阻，卡喉大手已到陳敬柏喉前，說時遲那時快，只見陳敬柏身子一側，腰轉身抖發了個迎門靠，肩頭打在「黑狸虎」的胸脯上，將其打起 2 公尺多高向前飛去，只聽一聲慘叫，「黑狸虎」一頭撞在頂門的石碑上，石碑被震斷為兩截，「黑狸虎」腦漿塗地，一命嗚呼。

陳敬柏畢竟是 80 老人，體力不支，回到家中就病倒了，幾天後謝世。至今在陳家溝仍流傳「打死黑狸虎，累死陳敬柏」的故事。

陳繼夏，字炳南，清乾隆末人，精太極拳。由於家境貧窮，每日以給人磨麵粉為生。由於買不起牲口，大石磨只有用人力來推。陳繼夏用手推磨，後遞減為一指推磨，且奔而推之，從不間斷。

陳繼夏閑餘時間，不是繪畫，就是練拳。日長月久，他不但繪畫塑像技藝高超，更精於家傳太極拳。趙堡鎮、關帝廟等處壁畫均出於陳繼夏之手。他為人和善，弟子們都愛跟他開玩笑。這一天，他正在村西古聖寺繪佛像。有人自身後輕輕走到背後，雙手按住陳繼夏兩肩。陳公正忙沒顧上回頭看是誰，只是肩頭一抖，使出太極拳「周身無處不是拳」的功夫，把那人打了個雙腳離地，在空中翻了個跟頭。此人「哎呀」一聲，心想今天摔不死也得受重傷。可他落地時穩穩當當，不由暗自稱奇。原來此人是萇家拳創始人，汜水縣萇家村人萇乃周（公元 1724—1783 年）。此人少年時拜洛陽閻聖道為師，學習少林拳，力大

無比。可惜只會用笨力，不會使巧勁，於是決定到陳家溝學拳。萇乃周從地上爬起來後，拜陳繼夏為師。從此，萇乃周和陳繼夏結為至交，兄弟相稱。陳繼夏教萇乃周以巧取勝的太極內勁；萇乃周將自己創編的子午鴛鴦鉞套路傳給了陳繼夏。兩人每日切磋技藝，相得益彰。

陳繼夏的肘法極精，並與陳敬柏的靠法齊名。陳家溝有「陳繼夏肘，陳敬柏靠」之稱。

陳氏第十三世孫有秉奇、秉壬、秉旺、陳公兆、陳耀兆等，均為一代名師。

陳秉奇、陳秉壬、陳秉旺，是親叔伯兄弟，他們從小同拜族叔陳繼夏為師學拳，5 年功夫過後，陳繼夏便把他們分開，個別傳授技擊、點穴、卸骨等技藝。兄弟三人各得其真技後，個個技藝超群，被譽為「陳氏三雄」。

陳耀兆，字有光，性癖，陳氏第十三世孫，太極拳當時武士皆沐其教，然精妙未有出其右者。他生於乾隆，卒於道光，壽 80 歲。

陳公兆，陳氏第十三世孫。他功夫高超，壽高八旬還力鬥瘋牛。清乾隆 60 年（1795 年）中秋節，當時執政的高宗皇帝愛新覺羅・弘曆為顯示太平盛世，倡揚敬老之風，下詔全國 80 歲以上，有德有才，兒孫滿堂之人到京皇宮太和殿參加「千叟宴」。千位老人中，陳家溝佔兩名：有十二世 85 歲的陳善和十三世 88 歲的陳毓英。兩位老人離京返鄉中，河南巡撫王大人和懷慶府劉知府親自迎送，到陳家溝後舉行了掛匾儀式。全村上下像過年一樣慶賀一番。一年輕後生放鞭炮時，無意中把一個炸雷擲到正在村邊吃草的老公牛身上，把牛炸驚了，牛發瘋似地向家廟廣場衝來，年輕人手拿家伙向牛身上打去。

這一打不當緊，牛反而瘋得更厲害。只見牛一轉身，蹺起蹄子，弓著頭，兩牛角像利劍一樣，向王巡撫和劉知府坐的方向跑來。在這千鈞一發之際，一位老人從人群中，三步兩步竄到牛的正面，扎一個騎馬蹲襠勢，用身子護住了二位大官人。待牛衝來的一剎那抖動雙臂，兩手抓住牛角向下猛按。牛角被抓住，牛勁更大，前腿弓，後蹄蹬，把地蹬得陷下去多深，向老人胸部撞去。老人兩手一鬆，撤步閃到一旁，接著屈臂撐腰，用肩頭扛住牛的肋骨，大呵一聲，猛地發力，竟把老公牛掀翻倒地。一場災難避免了。王巡撫和劉知府得救了。當他們從驚嚇中醒過來時，對老人佩服得五體投地，連連驚呼「真乃神人也！」此老人就是第十三世孫名拳師陳公兆。當時他已是80高齡。至今陳家溝還流傳著他的《養生歌訣》：

三十年不停拳（堅持鍛鍊）

三十年不飽飯（不暴飲暴食）

三十年獨自樂（精神愉快樂觀）

三十年獨自眠（節慾）

陳有恆、陳有本，為陳氏第十四世孫，是一母同胞的親兄弟。其父是「神力鬥瘋牛」的陳公兆。陳有恆，字紹基，道光初入庠。對太極拳極有揣摩，壯歲溺於洞庭湖。弟有本，字道生，36歲入庠。習太極拳，尤得驪珠。子侄之藝，皆其所成就。當時精太極拳者，率出其門。兄友弟恭，始終如一，怡怡如也。有本門人陳清萍、陳有綸、陳奏章、陳三德、陳運棟均有所得。

陳長興（1771—1853），字雲亭。其技由乃父秉旺所傳。著有《太極拳十大要論》、《太極拳戰鬥篇》、《太極拳用武要言》，在祖傳套路的基礎上，他將太極拳套路

由博歸約，精煉歸納，形成太極拳一路、二路（炮捶），後人稱為太極拳老架（大架）至今廣為流傳。長興公以保鏢為業。走鏢山東，在武術界享有盛名。村中看戲，立於百人中，無論眾人怎樣推、揎、擠、擁，其腳步絲毫不動，幾近其身者，如水觸石，不抗自頹。其拳勢立身端正，周身協調，不偏不倚，雙腳落地生根，下盤穩如泰山。故時人贊美為「牌位大王」，在陳德瑚家設館教拳，教有名弟子，如其子陳耕耘，還有陳花梅、陳懷遠、楊福魁（露禪）等。

陳耕耘，字霞村，陳氏第十五世孫。藝冠當時，承父業保鏢山東，威鎮一方，盜寇聞風喪膽。清光緒年間，山東萊州府城中立有碑曰：「數年來，萊州地界盜賊蜂起，打家劫舍，強搶民財，來往客商、黎民百姓深受其害，苦不堪言。雖官軍屢次剿捕，收效甚微。幸有豫省，溫縣陳家溝拳師，陳公耕耘，保鏢到此，只身闖入賊巢，捨命拼殺，力戰賊魁，一舉全殲。解百姓以倒懸，救商賈出苦海，可謂英雄虎膽，武功蓋世。萊州各界士農工商，三教九流，感其大恩，無以為報，特聚斂銀兩，立碑記之，永傳後世。」咸豐三年，耕耘同仲甡戰匪有功。教有名弟子延年、延熙等。

陳清萍（1795—1868），為陳氏批十五世孫，從師於陳有本，得太極拳理，19歲上到贅婿趙堡鎮吳家。趙堡鎮一系皆其所傳。廣平府武禹襄初學於楊福魁，然精微所在，秘不外傳，武前往陳家溝拜長興學藝，長興因年歲已高，其子耕耘保鏢在外，故介紹前往趙堡鎮請益於清萍，其名之盛如是，弟子中以李景延為最。

陳花梅，字鶴齊，從學於長興，功夫頗純，其技亦能

縱橫一時，子五典、五常能繼其業。

陳仲甡，字志曛，又字宜賓，號石廠。生於 1809 年，卒於 1871 年，享年 62 歲。兄弟三人（伯甡、仲甡、季甡）同乳而生，貌酷似，鄉鄰難辨。傳說 3 歲誤入於井，有白虎負之，水深丈餘，衣未濕。熟經文，通兵法，文武皆備，韜略技藝無不精通，能運使鐵槍重 15 公斤左右，尤稱武勇，然循循儒雅，從不與人爭，義聲著於世。入武庠。

陳季甡，字仿隨（1809—1865），陳家溝陳氏第十五世孫。父有恆以祖傳太極拳擅名，叔父有本悟太極拳真傳，不受其限，不斷創新，自成一脈，被譽為一代太極高手，名震武林。季甡幼受父輩薰陶，少年有志，涉經史，讀兵書，鑽研武學。少年即與兄仲甡同入武庠。重禮儀，守孝道，廣交友，與兄仲甡齊名。

咸豐三年，楊輔清率軍入溫，騷擾百姓，閤郡惶惶。邑令親自登門，請禦敵，仲甡、季甡念及桑梓，義不容辭，遂披堅執銳，倡議鄉勇，率徒及眾勇，衝鋒陷陣，於柳林殺敵指揮數人，敵潰退。敵再犯，大肆焚殺，所過皆墟。仲甡、季甡督眾搏戰，以一當百，仲甡設伏數路，自率眾誘敵，手刃驍將大頭王，敵復敗。創鄉勇禦強敵之首例，聲名大震。六年，亳州之戰，連獲五勝。七年，匪踞六安州，仲甡、季甡率子淼及眾人三日破城，旨封二人六品。八年，四方盜賊蜂起，張樂行犯汜水，二人奉諭招募鄉勇沿河設防，賊畏其畏，不戰而逃，溫境獲寧。九年，蒙城、阜陽失守，二人率眾連破數寨，收復二城。皆晉五品，堅辭不受，後皆改封為武節將軍。終不為功名所動，乃歸故里安心奉母。母病，仲甡親伺湯藥，衣不解帶年

餘。母仙逝，弔客數郡畢至。自是一意授徒，弟子盈門。仲甡逝後，鄉鄰俱哀，感其恩德，合議尊稱英義公。

陳氏十六世名拳師甚多，個個藝高超群，戰績累累，文能著書立說，武能定國安邦，如陳鑫、陳森、陳淼、陳焱、陳垚、陳延年、陳延熙、陳復元等。

陳淼（1840—1868），字淮三，清道光年間，季甡長子。幼隨父習文練武，敏而好學，熟讀兵書，精於拳法，文韜武略，無一不精，在陳氏家族第十六世中，出類拔萃，名聲最著。咸豐三年，17歲始隨父輩仲甡、季甡上陣殺敵，即建奇功。六年，亳州之戰，連獲五勝，復克亳州。七年，匪踞六安州，隨父晝夜環攻，3日城破奏偉功。八年，四方盜賊蜂起，侵犯氾水，奉諭守城，賊無計逃遁，溫境獲安，鄉民業樂。九年，蒙城、阜陽失守，率眾馳救擊賊，連破數寨，收復二城。同治六年十二月十四日，匪犯懷慶府，淼以數千人之眾，對敵10萬餘人，自晨酣戰至午，殺敵無數，身負重創，仍奮勇死鬥，因馬失前蹄不幸中炮陣亡，卒年28歲。

陳垚（1841—1926），字坤三，仲甡長子，排行為二，為陳氏家族第十六世孫。幼年隨父習武，父寄厚望，傾其所學。陳垚潛心鑽研苦練，不負所托，拳術精湛，無人能比，少年有成，19歲入武庠，仍年練拳萬遍，20年不懈，武功上乘，達爐火純青境地。冬穿單衣不冷，夏穿夾衣不熱，蚊蠅不近身。一日，遇一賣炭青年將牲畜橫飲於道，阻人行，陳垚見壯不平，左手柱拐杖，右手托豆腐，上前理論，青年發橫，驚馬傷人，陳垚拋起豆腐，右手拳出，馬腿折臥地不起，復接空中豆腐於手，世人稱奇。咸豐三年，16歲即隨父輩上陣殺敵，征戰10餘年，參加大

小戰役不計其數，未曾受挫。

陳森（1846—1935），字槐三，季甡次子，排行為三，為陳氏家族十六世孫。幼隨父兼習文武，聰慧好學，天賦極佳，精武術，擅文才，雙手能書梅花篆字。因父兄英年早世，母恐其不測，遂促森棄武從文，教書為生。陳森為使陳氏太極拳歷史不致中斷湮沒，晚年續寫家譜，以傳後世。據武術史家唐豪考證，陳森所續陳氏家譜，為陳氏太極拳源流當今最可考信之直接史料。

陳焱，1847年出生，陳仲甡次子，排行為四，為陳氏家族十六世孫。自幼隨父研文習武，雖武藝不及兄垚精，習文不及弟鑫高，但也是陳氏第十六世太極拳的佼佼者，焱與弟鑫同獲歲貢生。陳焱為人忠厚，孝敬父老，寬厚待人，兄友弟恭，其德其拳皆受贊揚。

陳鑫（1849—1929），字品三，陳仲甡三子，排行為五，為陳氏家族十六世孫。自幼隨父習武，深諳太極武功之精奧。後遵父命從文，獲歲貢生，文武兼備有成。晚年，為使太極拳世代相傳，發憤著書立說，著有《陳氏太極拳圖說》四卷、《陳氏家乘》五卷、《太極拳引蒙入路》和《三三六拳譜》等著作。《陳氏太極拳圖說》四易其稿，親手抄寫，歷經嚴寒酷暑12載，方完其書，耗費陳鑫大量心血，是其代表作，也是首次對陳氏太極拳歷史的全面總結。陳鑫膝下無子，書成後，恐失真傳，遂傳於兄子椿元。並囑椿元：「能傳則傳之，不能傳則焚之，勿與妄人」。陳鑫卒後三年，《陳氏太極拳圖說》四卷方才問世。後人稱其為一代太極拳理論大師，在國內外享有極高聲譽。

陳延年、陳延熙為陳氏第十六世孫，同胞兄弟，陳耕

耘之子。兄弟二人承父業，拳藝高超，耕讀之餘，教習子孫，代代相傳，延繼家風，名手輩出。光緒二十六年（1900年）袁世凱督魯，見耕耘公碑記，知太極拳為陳氏所專精，派人來訪，聘延熙公前往教其子侄。各派拳師，凡遇其比較者，無不心服。延熙公隨袁自魯而津，教授6年，後以母老辭歸，以行醫終。

陳復元，字旭初，陳氏十六世孫。初學於耕耘，功成後復從仲甡習新架（現稱小架），故發手能柔如綿、堅如剛。在理論方面造詣頗深，有拳論傳於世，由其子子明闡發。復元功夫純厚，往來口外數十年未遇敵手。

陳連科、陳登科為陳氏十七世孫，自幼承祖訓，刻苦練習太極拳，拳藝精湛。登科多年在陝、甘一帶經商授拳，其子照丕15歲就常隨其左右，故後照丕閱歷深厚。

陳發科（1887—1957），字福生，陳氏第十七世孫。陳發科秉承祖業，自幼習武，功夫純厚，技藝超群，是近代陳氏太極拳的代表人物，曾任北京武術社社長。

陳發科幼年體弱多病，苦練太極拳3年由弱轉強，百病盡除。此後日練拳數拾遍，20歲時功夫已達上乘，仍堅持不懈，以至功入化境。發科先是教授其子弟及村中青年，1926年前後，地方治安混亂，土匪猖獗，應溫縣縣政府之邀，率領陳德裕、陳照丕等數十名弟子組成陳家溝武術隊，在溫縣一帶赤手空拳突擊捉拿持槍土匪，幾年間為民除害不計其數。特別是與紅槍會道徒一戰，尤顯神功，至今流傳。當時紅槍會已攻陷幾座縣城，數千名道徒自稱刀槍不入，個個光膀持槍攻打溫縣城，膽小者聞風而逃。陳發科手持白臘木杆站立橋頭，敵首衝前，以長矛刺陳發科胸部，陳發科以杆梢向外一攔，敵矛脫手而飛，隨即合

把直刺敵腹，杆頭穿背而出。敵群見狀，喪膽而逃。

1929 年，陳發科應邀到北京。某次練拳，曾將鋪地大方磚震碎，眾皆驚異。當時北京眾多名手前來較量，如北京國術館副館長許禹生、李劍華等。陳發科擲放跌打，威力驚人，在京獨步一時。楊季子詩云：「都門太極舊尊楊，遲緩柔和擅勝場，不意陳君標異幟，纏絲勁勢特剛強。

陳發科在北京授拳近 30 年，不為名利所動，講信義，重武德，尊重他人，愛人才，京都武術界尊為拳術大師「太極一人」，並贈銀盾紀念。其著名弟子有李劍華、許禹生、洪均生、馮志強等。

陳椿元（1877—1949），陳氏十七世孫。其父陳森文武雙全。陳椿元幼年隨父習文研武，文武兼備，身材魁梧，儀表堂堂。1929 年前在湘設館授拳，兼做生意。1929年後，其叔父陳鑫年邁，膝下無子，恐所著《陳氏太極拳圖說》因分門別戶，失其真傳，即召椿元返鄉，授椿元《陳氏太極拳圖說》手稿，囑其妥為保存，並希望盡快出版。陳椿元為不負重托，拋捨在湘生意和武館，回到家鄉，在焦作開設武館。從此陳椿元不再經商，騰出精力，同其兄雪元，其女淑貞，其侄金鰲、紹棟等人，對《陳氏太極拳圖說》手稿整理補遺。歷經 3 年，於 1933 年由開封開明書局出版。方使陳氏太極拳真傳得以留傳至今。

陳寶璩，陳氏十七世孫，自幼隨堂伯父延年、延熙學拳，後從堂兄發科練習。拳藝精湛，尤以輕功絕頂而著稱，八九尺高牆一縱而過。後經照丕介紹，在西安、鄭州、南京、江西等地教拳，與眾多名師較量，無不嘆服。

陳子明，陳氏十七世孫，復元之子。幼年隨乃父習

拳，功夫純厚，且備明拳理，以教拳為業。授拳之餘，捉筆構思，著有《陳氏世傳太極拳術》一書，舊南京國術館館長張之江、教務處朱國福、河南國術館劉丕顯、滄州名手姜容樵等為之作序。該書 1932 年由上海出版，對陳氏太極拳的傳播起了積極作用。

陳省三（1880—1942），陳氏十七世孫，先從延熙學拳 15 年，後從陳鑫，拳、理兼修，拳藝精湛。

陳照丕（1893—1972），字績甫，登科之子，陳氏十八世孫。照丕幼承家訓，學習太極拳，勤學苦練，拳藝高超。1914 年嘗遊秦、隴、直隸等地傳拳。1927 年返籍，在溫縣國術社任教。1928 年受聘到北京傳拳，應約在宣武樓立擂，17 天未遇敵手，聲譽大震，北平市政府，朝陽大學、中國大學等 17 個單位慕藝延聘，陳氏太極拳之精奧始為人知。南京市長魏道明慕名邀請，於 1930 年到南京市政府、全國民營聯合會等處授拳，並兼任中央國術館名譽教授。1933 年，任全國運動會國術裁判和第二屆國術國考評判委員。1937 年抗日戰爭爆發，南京淪陷，陳照丕不願在敵佔區教拳，毅然返溫，在抗日將領范廷蘭部教部隊大刀，直接抗戰。1940 年赴洛陽，在第一戰區長官司令部、河南省教育廳、直接稅務局等處教拳。1942 年應黃委會委員長張含英之請去西安教拳。抗戰勝利後，隨黃委會遷回開封，1948 年參加革命。1958 年由黃委會退休返溫，同年 3 月參加省武術賽，獲太極拳第一名。1962 年全國武術大會，被授於「太極拳名家」稱號。1964 年當選全國武術協會委員。

陳照丕晚年家居，在家自辦武校培養一代新人，當今享譽中外的陳氏太極拳諸名手，均受益於公之教培。照丕

學識淵博，深以拳理，著作有《陳氏太極拳匯宗》、《太極拳入門》、《陳氏太極拳理論十三篇》等；照丕武德高尚，耿直無私，「文革」逆境，仍矢志不移，實乃陳氏太極拳發展史上、承上啟下、繼往開來的一代宗師。

陳照奎（1928—1981），陳氏十八世孫，陳發科幼子。照奎自幼隨父學拳，精通陳氏太極拳理論和擒拿術及各種技擊方法，善於精巧細膩的攻防技術，對推廣、普及和提高陳氏太極拳貢獻巨大。

陳照奎先在北京協助父親教拳，1960年應邀到上海體育宮介紹表演陳氏太極拳，當時轟動上海武術界。後於1963年在上海公開辦學習班多期，深受人們喜愛。陳照奎先後在南京、北京、鄭州、焦作、石家莊等全國各地巡回教拳20年，踏遍祖國大地，嘔心瀝血，為普及陳氏太極拳貢獻了畢生精力。照奎的授拳教案和自編的教材，已由其弟子們整理成書出版。70年代他幾次返鄉，在陳家溝一住數月，教授村中青年，為太極拳的普及和提高立下不朽功勛。

陳照旭（1909—1960），陳氏第十八世孫，發科次子。照旭自幼隨父習拳，勤學苦練，20歲時，功夫已達很高水準，與人交手，能輕易制服對手。照旭同時學書畫並愛拉二胡。某次與父親陳發科推手，被父親一個抖勁發放，身子騰空數尺高，後感自己功夫相差很遠，乃將筆墨樂器焚毀，發憤深造太極拳，日練大身法架30遍。苦練3年，內氣充盈，精神飽滿，功夫已達高級境界。

陳照池，陳氏十八世孫，連科三子。自幼隨父輩習家傳拳藝，功夫純厚，臂力過人，尤以臘木杆為最，能將丈餘長大杆抖得呼呼帶風。與人比試，能將對方帽纓打掉而

人不知。

陳照海（1899—1950），陳氏十八世孫，登科四子。照海幼承家訓，習練拳械，因其天資聰穎，膽識過人，加之吃苦耐勞，肯下功夫，故拳藝達相當高水準。抗戰時期，隨抗日將領范廷蘭、范思勤部常孤身搗毀敵巢，屢立戰功，有「孤膽英雄」之稱。

陳金鰲（1899—1971）。陳氏十八世孫，生於拳術世家。自幼隨祖父和父親上元學文習武，為人少言耿直，剛正不阿，拳術精湛，為陳氏家族十八世小架代表人物，也是陳鑫著《陳氏太極拳圖說》四卷參訂人之一。

1921年金鰲參加溫縣西鄉土匪平亂，數捷有功。1928年被開封河南大學聘為武術教師。後因社會動蕩，先後在武漢、寶雞、西安謀生。凡到一處都設館授拳，教徒數百人之眾。他授拳重德，深受晚輩尊敬，雖膝下無子，但侄兒及門徒關懷備至，過世後為其樹碑立傳。

陳克忠，陳氏十八世孫，自幼隨陳鑫學拳，刻苦練功，拳藝精湛，現今陳家溝所練小架的一代新人均隨其學拳。

五伯父照丕公小傳

五伯父照丕公（1893—1972），字績甫，陳氏十八世孫。他幼承家學，刻苦用功，勤學苦練，功夫純厚，拳藝高超，21歲就開始到甘肅，河北等地教拳。

1926年，伯父返鄉，任縣國術社教練。時值軍閥混戰，匪盜猖獗，民不聊生。伯父遂帶領子弟，朝夕練拳，保衛家園，使那些平日橫行鄉里，為非作歹之徒聞風斂跡。

1928 年，伯父應北京著名國藥店同仁堂老板樂佑申和樂篤同兄弟之聘，赴京教拳。當時，河南同鄉會的清末翰林李慶臨，以太極拳發源於自己的故鄉而感到自豪，遂投書《北平晚報》廣為宣傳，文稱：「太極拳發源於河南溫縣陳家溝，陳王廷、陳長興等諸先輩拳術早已聲震全國。今有陳長興公四世孫陳照丕，漫遊到平，小作逗留，暫下榻南門外打磨場杜盛興號內，如有愛好，莫交臂而失機之，貽誤終身，悔之莫及。「一時間，北京各界武術愛好者均手持報紙，紛紛來訪，每日裡應接不暇。後伯父曾應約與人在宣武樓交手，連打 17 天，從未敗北。從此，名聲大振。各機關單位競相聘請伯父教授拳術。市政府、朝陽大學、中國大學、宇文大學等 17 個單位紛紛聘請伯父為教練。

　　1930 年，南京市市長魏道明，又慕名派人到北京延聘伯父至南京。先後在南京市政府、僑務委員會和全國民營電業聯合會等處教拳。同時，兼任中央國術館名譽教授。1933 年，伯父曾擔任全國運動會國術裁判和全國第二屆國術國考評判委員。

　　1937 年，抗日戰爭爆發。1938 年，南京淪陷，伯父不甘在日佔區教拳，遂返故鄉，加入了抗日將領范庭蘭將軍的部隊任武術教官。平時，教授戰士武術，訓練戰士近戰本領，戰鬥吃緊時，伯父便親率敢死隊出生入死，戰鬥在第一線。1940 年，伯父又往洛陽教拳，任第一戰區司令部、河南省教育廳和河南省直接稅務局國術教練。1942 年，黃河水利委員會委員長張含英（解放後曾任水利部副部長）聘請伯父到西安，在黃河水利委員會擔任武術教官。1945 年，抗日戰爭勝利後，伯父又隨黃河水利委員會東遷至古城開封。

1948 年，開封解放，伯父遂參加革命工作，在黃河修防段當保管員，他除了做好自己本職工作，仍繼續教授太極拳。1958 年，伯父退休回溫。同年三月，參加了河南省武術表演賽，榮獲太極拳第一名。1960 年，參加了全國武術大會。在這次全國武術界的盛會上，他被授予「全國太極拳名家」稱號。1964 年，當選為全國武術協會委員。

伯父回到家鄉，眼見練拳者日少，深恐陳氏太極拳後繼無人，遂在自己家裡辦起武術學校，集中村裡年輕人培養，訓練，一切費用全由自己承擔。他曾作詩曰：「慢云七十古來稀，余今八十興不萎，老骨跌岔能鋪地，二起雙足滿天飛，煉身如鐵為人民，立志要學董存瑞。老當益壯從何起，朝夕鍛鍊偷天機，世人不識太極妙，變化無窮奇更奇，或問此技當何用，強身健體為人民」。文化大革命中，伯父雖然受到無情批鬥，但仍認真地耐心教拳。在他遭受迫害最嚴重的時候，不少青年再也不敢到他家裡學拳了。年近八旬的老伯父怎麼也想不出練拳有什麼罪，他心急如焚，冒著受更大迫害的風險，走到哪裡，說到哪裡，唱到哪裡，練拳到哪裡。他說：「你們不叫練太極拳，我練的是語錄拳，詩詞拳」。邊說邊唱：「鐘山風雨起蒼黃」，邊比畫一個起勢，「百萬雄師過大江」，通一聲，一個金剛搗碓，族人難過地說：「這老漢是不是氣瘋了」？伯父聽了遂高聲說：「說我瘋來我就瘋，說我顛來我就顛，為啥作這瘋顛事，決心培養人接班」。在一個冬夜，伯父讓伯母準備好茶水，獨自披衣坐在床上，直等到夜半更深，竟沒一個人前往學拳。後睡著又被凍醒，仍不見一人，遂苦苦一笑，下床練拳舞劍，直到大汗淋漓。伯父想著眼前的一切，心裡很不平靜，遂佔小詩一首曰：

「大夢誰先覺，武場人獨眠。樵樓三鼓響，揮劍斬寒光。汗流似春雨，冬天變伏天。猜透太極妙，賽過活神仙。」

「文革」後期，這種嚴禁練拳的怪現象漸漸改變。可能是1969年吧，報紙上發表了一條毛主席有關提倡打太極拳的語錄。一天夜裡，伯父跑到我餵牲口的飼養室，悄悄對我說：「小雷，練拳不犯法啦，毛主席他老人家還說叫打拳呢。」說著像掏寶貝一樣從懷裡掏出那張報紙讓我看。當時，我們伯侄倆個眼噙熱淚，好久說不出話來，不知是苦、是辣、是高興、是心酸？伯父說：「以後只要叫打拳，我還要為國家做點貢獻呢！光教你們幾個可不行，我還要把太極拳理論好好寫一下，貢獻給國家，讓更多的人學習它」。

說幹就幹。從那天開始，伯父每天都要坐到深夜認真地整理，讓我幫他抄寫。當時雖然發表了語錄，但是村裡仍沒有公開號召練拳，我們伯侄兩個基本上還是秘密地做。就這樣，一冬一春，伯父終於寫出了《太極拳理論十三篇》，由我抄寫五份，除自己留一份外，其餘四份分別寄給了國家、省、地區、縣體委，伯父為推廣普及太極拳耗費了多麼大的心血！

1972年9月份，省裡要舉行武術表演賽。指定要陳家溝參加，伯父興奮極了。當時，他已被公開聘任為村小學拳術教練，現在又要加緊培訓參加比賽的隊員，時間十分緊迫，但伯父毫無怨言每天白天在學校教拳，早上、晚上培訓隊員，任務十分繁重。許多高難度和低架子的動作都要他親自示範，培訓場所離學校又足足1公里。伯父畢竟是上了年紀的人了。這樣，從6月份到9月份整整跑了3個月，腳都跑腫了，涼鞋穿不上，就自己把鞋後跟剪掉，

用繩頭絆著腳面，整天都是一路小跑。縣體委一位負責人心痛地說：「陳老師，真把你給累壞了。」伯父輕鬆地笑著說：「這有啥，腳離心還遠著嘿。」

伯父終於是累垮了。從省裡參賽回來，我見他滿臉黑氣森森，心裡非常難受。陳家溝隊被選拔上了省代表隊，11月份代表河南省去濟南參加全國比賽，他還得領著訓練，不到半個月，伯父突患急性黃疸性肝炎住了院。病情稍微好轉，他就出院了。

出院後，由於訓練任務重，他無法遵照醫囑休息養病，在過於頻繁的接待，講解，演練中，終於舊病復發，第二次住進醫院，僅僅四天，便與世長辭了。一顆太極之星殞落，族人莫不悲痛。伯父實乃陳氏太極拳承上啟下的一代宗師，他為太極拳史書寫了極其輝煌的一頁。老人家的精神，老人家的著作《陳氏太極拳匯宗》、《太極拳入門》、《太極拳引蒙》、《陳氏太極拳理論十三篇》等，將永遠留在人間。

堂叔父照奎公小傳

堂叔照奎（1928—1981），是著名太極拳家發科公幼子，陳氏十八世孫。堂叔4歲隨父到北京，7歲從父學拳，所學即今社會上所稱之新架太極拳。此拳架勢低，發勁多，難度大，承家父嚴教，堂叔練起來十分刻苦。13歲時，曾與圍打的十幾個學生搏鬥，驅散人群，突圍而出，之後練拳興趣日濃。

堂叔在北京志城中學畢業後，因家境困難，沒能繼續升學，遂在家專業練拳，並幫父親教拳。

解放後堂叔考入北京市第五建築公司材料科工作，仍

朝夕練拳不輟。我親聽堂叔講過：「做什麼事都得用心、專心，練拳也是這樣，有時間認真練，沒時間找時間練。我在北京曾當過公共汽車售票員，每天坐車，我就結合實際想了個練法，乘客佔了座位，我就站在那裡屈膝鬆胯，周身放鬆，隨車移動調整身法，保持平衡」。可想堂叔平時練功多麼認真，不然他會有那樣卓絕超群的功夫嗎？

60年代初，應顧留馨之邀，堂叔曾往上海教拳，為推廣、普及陳氏太極拳，堂叔毅然辭去了北京的工作，捨棄了鐵飯碗。後又到南京，所到之處，因堂叔功夫純正，拳藝精湛，倍受眾學者歡迎。

1965年2月，為了豐富教學內容，堂叔曾回故鄉跟我伯父照丕公學習刀、槍等各種器械，之後到北京又開始傳授刀、槍、劍等器械套路。在此期間，堂叔開始給我和堂兄小旺傳授新架。

「文革」開始，教拳被視為「走資本主義道路」，堂叔無法教拳，又無工作，一切收入全無，生活十分困難。不能教拳，使堂叔失去了精神支柱，一段時間內，堂叔心情很不好。

「文革」後期，教拳已不再被視為異端，堂叔就又在鄭州、開封、焦作等地教拳多年，直至病故。

我從堂叔學拳是1973年以後的事。說來頗有迷信色彩。1972年，伯父照丕公剛剛去世，我處在無比悲痛之中。一次夢見伯父，他老人家嘆息之餘告訴我：「小雷，伯父不能再教你了，很是慚愧，以後就請你十叔（指照奎公）繼續教你吧！」1973年見了堂叔，我說了這個夢。誰知堂叔說：「真怪，我也做個夢，你五伯父把你托囑給了我。」當然這是巧合，也許是心靈感應吧。自從堂叔學拳

以後，堂叔對我非常器重，對我要求十分嚴格。一次他語重心長地對我說：「小雷，要想功夫超過常人，就得下超過常人的功夫。一般人每天練 10 遍，你就得練 30 遍。一般人每天練 30 遍，你就得練 90 遍、100 遍。功夫三倍於人，必出超人之功。沒有這種思想準備，不願吃這種苦頭，那就趁早換別的飯碗。」堂叔的教誨，我記憶至深。不僅學拳，凡想成就一番事業的人，不都可以從堂叔的話裡得到某種啟示嗎？

我跟堂叔學拳很用心。說來奇怪，堂叔所比的每招每勢，直到現在我只要閉眼一想，堂叔的身姿，他的每一個舉手投足，就會清晰地呈現在我的眼前。堂叔還給我說過：「不要認為我只在教你一個人時才是在教你，我在教別人時你在一旁坐也是教你。有時候直接給你捏架、比試，反不如看著給別人捏架、比試你記得快，記得牢。這也許就是旁觀者清，當事者迷的道理吧！」我就按照堂叔的要求去做，自己也覺得進步很快，堂叔很喜歡我，有時教人乾脆讓我直接領著人去練。

最難忘的是 1978 年春天，堂叔在我家裡整整住了 4 個月，我嫌他住的房子不好，就和新婚愛人讓出了我們的新屋。堂叔很不好意思，見我們執意要讓他住，才不得不住下。這段時間裡，堂叔向我講述了他的身世，並把我所練的新架從頭至尾極其認真地一一校正，其真傳密授，使我得益非淺。

堂叔是我從學中的第二位恩師，我練的新架一、二路，擒拿等技巧，都是從堂叔那裡學來的。堂叔的不幸病逝，使我萬分哀痛，我一定要像堂叔那樣，好好練拳，並為推廣、普及陳氏太極拳竭盡平生之所能。

附錄二
作者履歷簡述

1949 年 5 月，出生於鄭州市，10 月返回陳家溝生活。

1950 年 10 月父親陳照海去世，隨母親在陳家溝。

1957 年，在陳家溝小學上學，成績始終名列前茅，歷任班長。

1958 年，伯父陳照丕由河南省黃河水利委員會退休返鄉，開始隨其學習太極拳老架一路、二路、推手、刀、槍、劍、棍等器械及理論知識。

1973 年後連續三年春節在陳家溝隨堂叔照奎老師研習新架一路、二路、推手、擒拿等技藝。

1974 年 9 月，代表新鄉地區參加了河南省第三屆全運會（鄭州），獲表演優秀獎。

1976 年 9 月，參加河南武術運動會（鄭州），獲表演優秀獎。

1977 年 9 月，參加河南省武術運動會（鄭州），獲表演優秀獎。

1978 年 7 月至 9 月，在河南省體校集訓 3 個月後，參加在湖南湘潭舉行的全國武術運動會，獲特邀表演獎。10 月，參加河南省第四屆運動會，獲表演優秀獎。

1979 年 10 月，開始在平頂山舉辦兩期太極拳培訓班，在以後的幾年內，在全國各地舉辦培訓班多期，培養

學生上千人。有的學生在省級比賽和全國比賽中獲得好成績。

1981 年 3 月，開始接待來訪和學習的全日本太極拳協會理事長三浦英夫先生一行 30 餘人，在以後的幾年內，接待日本、韓國、英國、法國、瑞士、馬來西亞、澳大利亞、義大利、美國和港臺等國家和地區來訪和學習的團隊已逾百批。

1981 年 10 月，參加河南電視臺錄製的電視片《拳鄉行》。

1982 年 9 月，與堂兄陳小旺一起參加南京國際武術友好表演賽。10 月，被平頂山太極拳協會聘為顧問。

1983 年元月，正式調到省體委武術館任教練，兼溫縣體委陳家溝體校教練。7 月，作為陳家溝第一次出訪人員到日本訪問、交流。訪問了東京、大阪等八個城市。日本天皇御弟三笠宮殿下兩次觀看表演，並邀請到皇宮作客。10 月，參加天津「武林精英表演會」。

1984 年 6 月至 10 月在省體委舉辦了兩期「全國陳氏太極拳培訓班」，各省市體委派 150 餘人參加，與陳小旺一起為主講教練。

1985 年 5 月，被湖南湘潭大學、株州大學分別聘為武協名譽會長，河南省陳氏太極拳協會秘書長，還被日三浦英夫正式聘為全日本太極拳協會顧問。7 月，被安陽市陳氏太極拳協會聘為名譽主席。並第二次受全日本太極拳協會三浦英夫先生邀請，同陳小旺、陳桂珍一起到東京、福島等地訪問講學。天皇御弟三笠宮殿下觀看表演後第二次邀請其到皇宮作客，並合影留念。訪日期間，受到新加坡駐日本大使李炯才先生及夫人的盛宴熱情款待。

1986 年 5 月，河南省體委批轉為省武術館正式教練。並在全國武術觀摩交流大會上，獲國家體委頒發的「金獅獎」。會議期間，參加了上海電視臺攝製的電視片《劍與劍的傳說》，後被選為政協焦作市七屆常委。7 月，在《少林武術》發表論文《陳氏太極拳對周身各部位的要求》。10 月，以領隊、教練兼運動員身份參加了在太原舉行的全國首屆太極拳、劍比賽，獲陳式太極拳第一名。12 月，去四川成都參加《全國太極拳名家研討會》，發表《陳氏太極拳十段功法論》，並被選為《武林》太極拳學術研究會常務理事。之後又被日本陳氏太極拳研究會聘為名譽會長。

　　1987 年 3 月，河南省體委授於國家武術一級裁判員。5 月，任陳家溝太極拳學校校長。6 月，任溫縣隊教練參加河南省太極拳、劍、推手比賽（焦作），獲八塊金牌、三塊銀牌。7 月，成立「中國陳家溝太極拳推廣中心」，任總教練。9 月，任河南省隊教練參加全國散打、推手賽（哈爾濱），獲金牌二枚，銀牌一枚。10 月，任河南隊領隊、教練兼運動員，參加全國太極拳、劍比賽（湖北孝感），獲二枚金牌、二枚銀牌。本人獲陳氏太極拳第一名。9 月，「中國體育報」發表專題報導，題為《太極傳人的心願》。12 月，被聘為湖南大學武術協會名譽會長。

　　1988 年元月，當選為河南省第七屆人大代表。3 月，被江西陳氏太極拳社聘為顧問。6 月，取得河南大學體育系函授畢業文憑，並到北京由高等教育出版社錄製電視教學片《世傳陳氏太極拳術》。7 月，被調到平頂山體委任「太極、少林武術研習院」副院長兼總教練，被江西省陳氏太極拳研究會聘為顧問，獲得河南省體委頒發的中

級武術教練資格證書。10月，被聘為河南省武術館教練員。

1989年元月，應日本「武術太極拳聯盟」專務理事、亞洲武術聯會副主席村岡久平先生邀請，同陳小旺一起到東京、千葉縣、橫濱、名古屋、京都、大阪等地訪問講學，受教者500餘人。12月，《陳氏太極拳械匯宗》第一冊由高等教育出版社出版發行。

1990年4月，被美國舊金山陳氏太極拳研究會聘為顧問。8月，任河南省武術隊領隊兼教練，參加在安徽黃山舉行的全國太極拳、劍、推手比賽，獲金牌2枚、銀牌3枚。8月，日本日中武道研究會會長江口充章先生帶團來鄭州學習，並邀聘為研究會顧問。11月，與王西安、高艷春應邀，到瑞士、法國進行訪問講學。

1991年元月，應義大利武術聯合會邀請，在義大利的米蘭、羅馬等地進行為期一個月的訪問講學。米蘭市政府授予銀質獎牌，並被聘為義大利「陳氏太極拳聯合會」顧問；同時，還被少林弟子國際武術院聘為太極拳總教練。3月，被選為焦作市武術協會副主席，陳氏太極拳協會副主席。應日中武道研究會邀請，到日本京都訪問講學。6月，被列入香港經濟出版社出版的《中國當代技術人材薈萃》。7月，率隊參加在北京體院舉行的全國太極拳、劍、推手比賽，獲金牌2枚、銀牌4枚。8月，被法國陳氏太極拳研究會聘為顧問。

1992年元月，被聘為《武術健身》雜誌太極拳苑顧問，並被列入《1992年中國人物年鑒》。3月，應日中武道研究會邀請，到京都、大阪、滋賀縣進行訪問教學。7月，率隊在遼寧錦州參加全國太極拳、劍、推手比賽，獲

金牌2枚、銀牌4枚。8月，被列入遼寧人民出版社出版的《中國當代教育名人辭典》；應邀到日本參加由日本《棒球》雜誌社「出版的日文版《陳氏太極拳》教課書發行儀式。同月，獲得河南省人民政府頒發的武術高級教練員資格證書。9月，在溫縣舉辦「中國溫縣國際太極拳年會」暨「太極武術館」開典儀式。被選為「年會」副秘書長。被縣委縣政府任命為「太極武術館」副館長兼總教練，並記大功一次。同月，參加了韓國KBS電視臺張海明先生一行來溫縣拍攝的《中原文化》記錄片。

1993年元月，被選為溫縣陳氏太極拳研究會會長。4月，被日本「陳氏太極拳學會」聘為顧問。5月，應邀到波利尼西亞（法）進行訪問講學。7月，應邀到馬來西亞訪問講學；12月被載入中國人事出版社出版的《當代改革英才》徵文選集。

1994年6月帶隊參加全國武術錦標賽（太極拳、劍、推手）（北京體育學院），四個學生共獲四枚金牌、二枚銀牌。同月，《陳氏太極拳械匯宗》第二、第三冊由高等教育出版社出版。7月撰著的《太極神功》大型畫冊由人民體育出版社出版發行。9月調到河南省武術館工作。同月，被選為第三屆國際太極拳年會副秘書長；所寫的《論陳氏太極拳的纏絲勁》被評為優秀論文，並被評為國際太極拳大師；應臺灣「中國佛武禪協進會」理事長吉岳先生邀請，赴臺灣進行為期50天的首次海峽兩岸太極拳學術交流活動。

1995年7月，帶隊參加全國武術錦標賽（太極拳、劍、推手）（寧波），獲3枚金牌，3枚銀牌。11月至12月，攜夫人路麗麗應邀到馬來西亞、香港、廣州等地進行

太極拳講學，歷時 50 餘天。12 月，被評為中國當代《十大武術名師》，國家體委在山東萊州頒發證書。

　　1996 年元月，應中國武術協會、人民體育出版社、《中華武術》雜誌社邀請，參加「中華武術系列展現工程」活動。拍攝了陳氏太極拳老架一路、二路，太極劍、推手、養生功等系列套路教學片。6 月，應日本三重縣日中友協邀請，參加三重縣與河南省締結友好省縣十周年紀念活動。在此期間進行了太極拳講學。8 月，應美國武術院裴康凱先生邀請，中國武術協會派遣，到美國華盛頓講學。同月，被聘為馬來西亞太極拳總會顧問。10 月，參加在南京舉辦的中日太極拳賽和國際武術邀請賽，做仲裁委員會工作。11 月，帶隊參加在江西吉安舉行的全國武術錦標賽（太極拳、劍、推手），獲 3 枚金牌，1 枚銀牌。同月，增選為中國武術協會委員；被任命為河南省武術館副館長。12 月，在陳家溝舉行收徒儀式和紀念照丕老師逝世 25 周年活動。

（截止 1996 年 12 月）

彩色圖解太極武術

1 太極功夫扇

定價220元

2 武當太極劍
定價220元

3 楊式太極劍
定價220元

4 楊式太極刀

定價220元

5 二十四式太極拳＋VCD

定價350元

6 三十二式太極劍＋VCD

定價350元

7 四十二式太極劍＋VCD
定價350元

8 四十二式太極拳＋VCD

定價350元

9 楊式十八式太極劍 拳

定價350元

10 楊氏二十八式太極拳＋VCD

定價350元

11 楊式太極拳四十式＋VCD

定價350元

12 陳式太極拳五十六式＋VCD

定價350元

13 吳式太極拳五十六式＋VCD

定價350元

14 精簡陳式太極拳八式十六式

定價220元

15 精簡吳式太極拳架・推手三十六式

定價220元

16 夕陽美功夫扇

定價220元

17 綜合四十八式太極拳＋VCD

定價350元

18 三十二式太極拳 四段
定價220元

19 楊式三十七式太極拳＋VCD

定價350元

20 楊氏五十一式太極劍＋VCD

定價350元

21 嫡傳楊家太極拳精練二十八式

定價220元

22 嫡傳楊家太極劍五十一式

定價220元

23 嫡傳楊家太極刀十三式
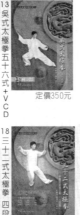
定價220元

國家圖書館出版品預行編目資料

陳氏太極拳術 / 陳正雷　著
－初版－臺北市：大展，2009【民 98.06】
面；21 公分－（武術特輯；110）
ISBN 978-957-468-691-9（平裝）
1. 太極拳
528.972　　　　　　　　　　98005982

陳氏太極拳術

著　　者／陳　正　雷
責任編輯／楊　丙　德
發 行 人／蔡　森　明
出 版 者／大展出版社有限公司
社　　址／台北市北投區（石牌）致遠一路 2 段 12 巷 1 號
電　　話／(02) 28236031・28236033・28233123
傳　　真／(02) 28272069
郵政劃撥／01669551
網　　址／www.dah-jaan.com.tw
E-mail／service@dah-jaan.com.tw
登 記 證／局版臺業字第 2171 號
承 印 者／傳興印刷有限公司
裝　　訂／眾友企業公司
排 版 者／弘益電腦排版有限公司
授 權 者／山西科學技術出版社
初版 1 刷／2009 年（民 98）　6 月
初版 2 刷／2017 年（民 106）　4 月

定價／600 元

●本書若有破損、缺頁敬請寄回本社更換●

大展好書　好書大展
品嘗好書　冠群可期

大展好書　好書大展

品嘗好書・　冠群可期